ミネルヴァ日本評伝選

只天下のためを存おり候

高田屋嘉兵衛

生田美智子著

ミネルヴァ書房

刊行の趣意

「学問は歴史に極まり候ことに候」とは、先哲荻生徂徠のことばである。

歴史のなかにこそ人間の智恵は宿されている。人間の愚かさもそこにはあらわだ。この歴史を探り、歴史に学んでこそ、人間はようやくみずからの正体を知り、いくらかは賢くなることができる。新しい勇気を得て未来に向かうことができる。徂徠はそう言いたかったのだろう。

「ミネルヴァ日本評伝選」は、私たちの直接の先人について、この人間知を学びなおそうという試みである。日本列島の過去に生きた人々の言行を、深く、くわしく探って、そこに現代への批判を聴きとろうとする試みである。日本人ばかりではない。列島の歴史にかかわった多くの異国の人々の声にも耳を傾けよう。

先人たちの書き残した文章をそのひだにまで立ち入って読み、彼らの旅した跡をたどりなおし、彼らのなしとげた事業を広い文脈のなかで注意深く観察しなおす――そのとき、はじめて先人たちはいまの私たちのかたわらによみがえってくる。彼らのなまの声で歴史の智恵を、また人間であることのよろこびと苦しみを、私たちに伝えてくれもするだろう。

この「評伝選」のつらなりのなかから、列島の歴史はおのずからその複雑さと奥ゆきの深さをもって浮かび上がってくるはずだ。これを読むとき、私たちのなかに新たな自信と勇気が湧いてきて、その矜持と勇気をもって「グローバリゼーション」の世紀に立ち向かってゆくことができる――そのような「ミネルヴァ日本評伝選」にしたいと、私たちは願っている。

平成十五年（二〇〇三）九月

上横手雅敬
芳賀　徹

高田屋嘉兵衛

北夷団附図

（箱館に上陸したリコルド一行。先頭がリコルド）

俄羅斯人生捕之図（部分）

（クナシリ島へ上陸し捕縛されたゴロヴニン一行，先頭がゴロヴニン。奥文に「身長七尺位，面躰懼《ヲソロ》シキ者ニ御座候」と書かれている）

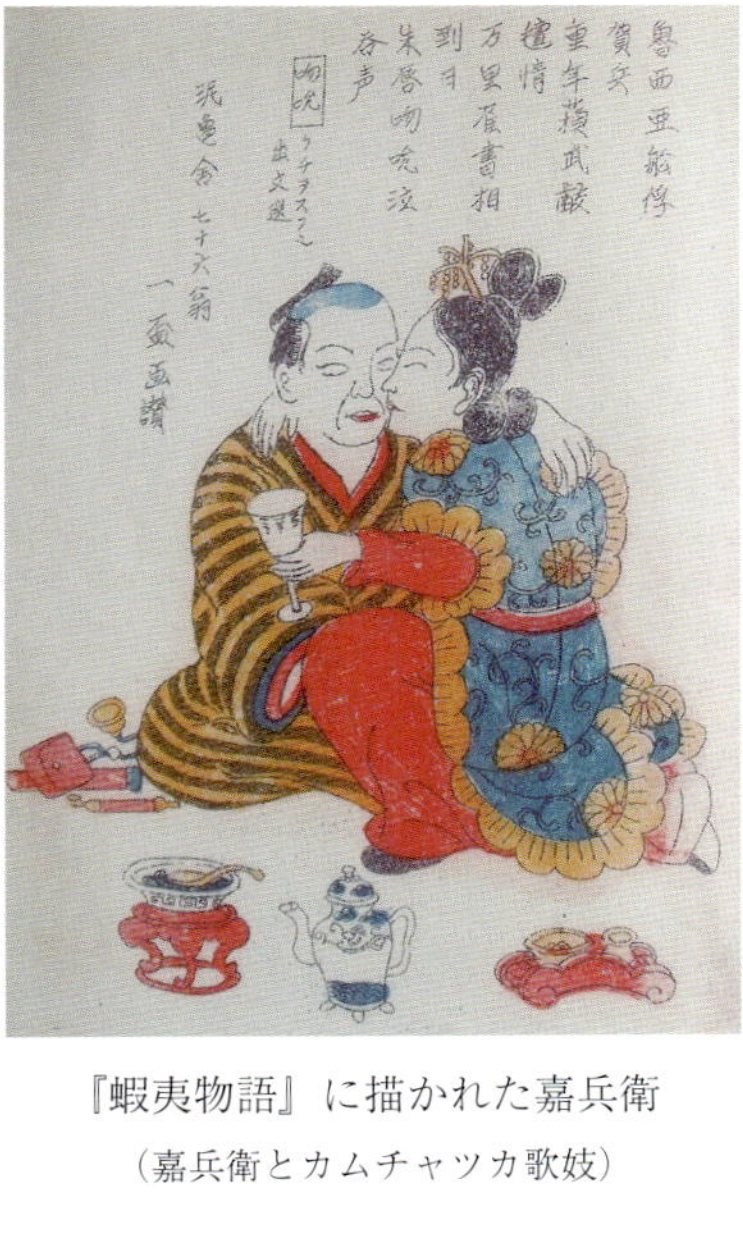

『蝦夷物語』に描かれた嘉兵衛

（嘉兵衛とカムチャツカ歌妓）

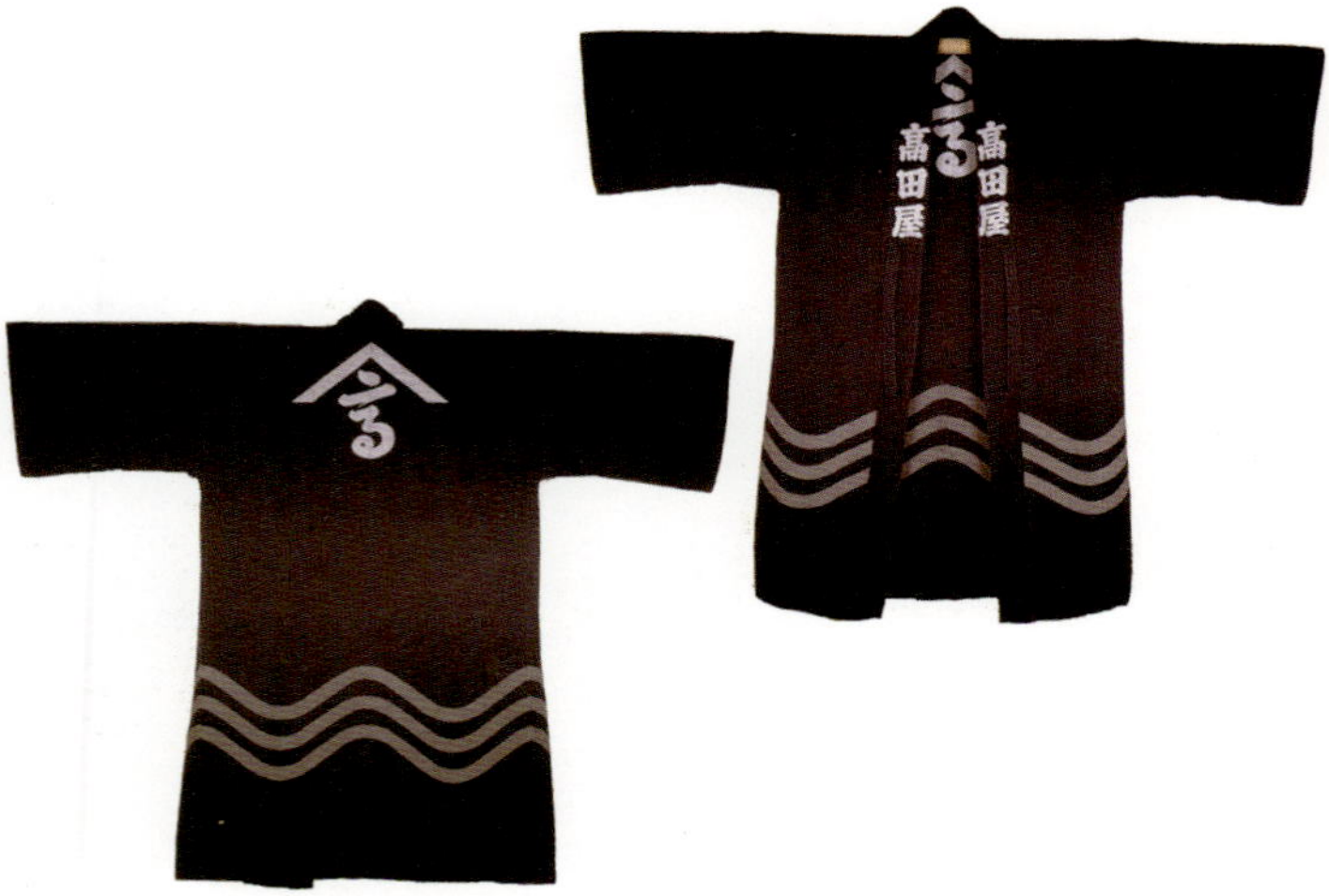

高田屋船羽織

（高田屋が使用していた船羽織。前には高田屋の屋号が入り，後ろにはやま高のロゴマークがついている。全体に大胆な裾模様があしらわれた斬新なデザインである）

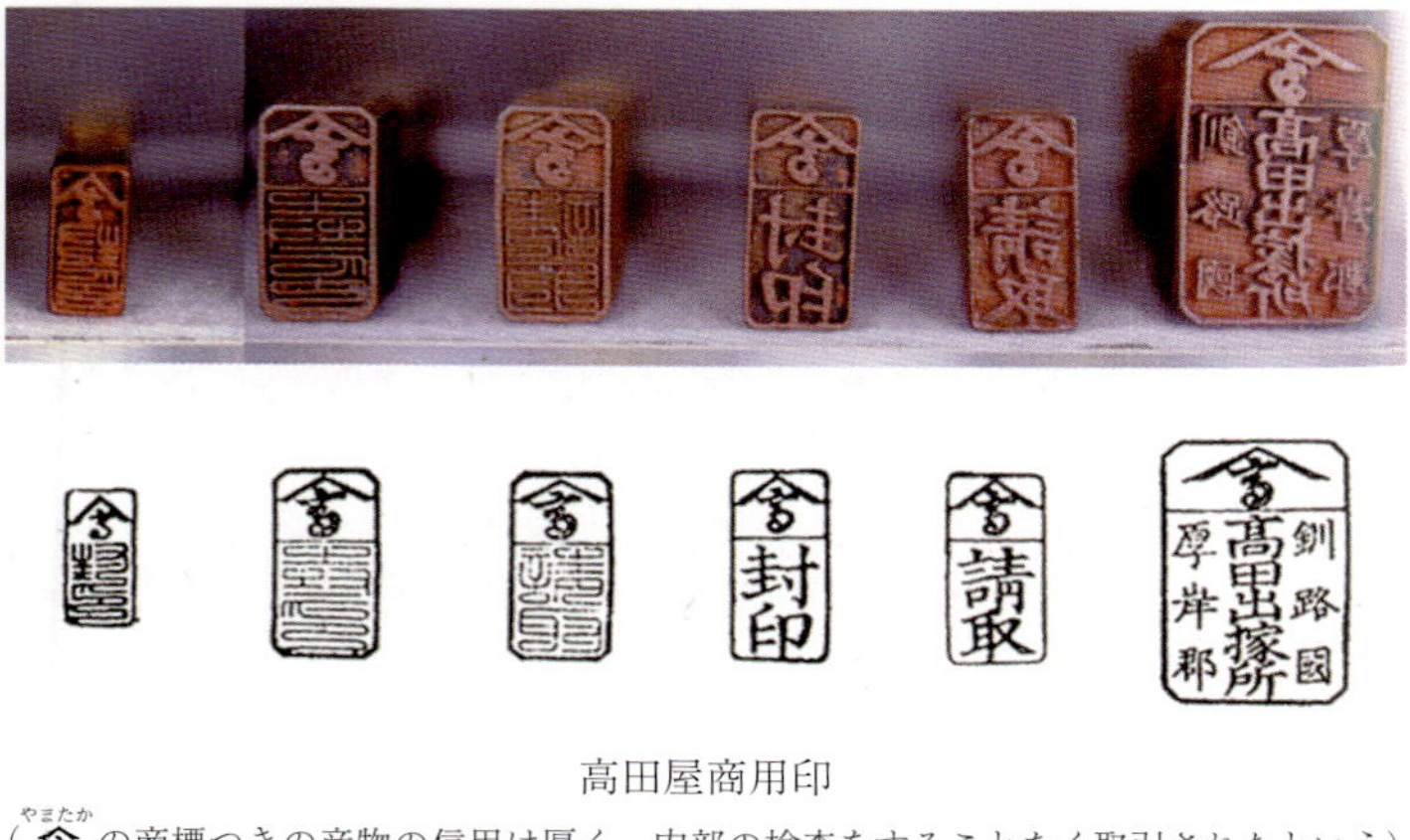

高田屋商用印

（《やまたか》の商標つきの産物の信用は厚く，内部の検査をすることなく取引されたという）

はしがき

二〇一一年は、ゴロヴニン事件勃発二〇〇周年という節目の年にあたる。この出来事は、現在に至るも日本ではゴロヴニン幽囚事件として語られ、ロシアでは「クリリスカヤ・ポエマ（クリル叙事詩）」の中の一コマとして、北太平洋交易国家建設を夢みたロシア人のロマンとして語られてきた。事件の原因について認識の異なる日露が対話により紛争を円満に解決できたのは、高田屋嘉兵衛の尽力によるところが大であった。日露間で領土交渉が暗礁にのりあげている昨今、江戸時代に日露の紛争連鎖を見事に断ち切った高田屋嘉兵衛の評伝を、この節目の年にまがりなりにも脱稿することができたのは、望外の喜びである。

高田屋嘉兵衛（一七六九～一八二七年）の評伝を書くのは大変な作業だった。高田家ゆかりの人やそうでない人の手による評伝そのものに限っても、枚挙に暇がない。ざっとそれらの副題をひろうと、「北海の豪商」「日露危機を救った幕末傑物」「日露交渉の先駆者」「北方の王者」「朔風に挺して」「平和の使者」「北海を翔けた男」「千島を守った男」「北前船の豪商」というフレーズがおどっている。ジャンルも伝記、小説、戯曲、テレビドラマ、修身の教科書、文部省検定唱歌、嘉兵衛まつり音頭、アニメ映画と多岐にわたっている。立身出世を成し遂げた豪商、聖人君子、国難を救った英雄として嘉兵衛は称えられてきた。今までこの評価がぶれることはなかった。たしかにその業績はいくら評価してもしすぎることはない。しかし、彼を聖人君子やスーパーマンにすることで、かえって今まで見えていなかった側面もある。

評伝を書くことは一般的に言って、過去の再構成の試みである。実証を積み重ねなければならないが、そこにはかならず選択行為がある。従来は聖人君子像に合うもののみが選択されがちであった。たとえば『蝦夷物語』という嘉兵衛関連の文書がある。嘉兵衛の弟の話を淡路の渡辺月石という文人が聞き取った物語で、話の内容はおおむね類書の評伝と同じである。類書には女性の影がほとんどないのに対し、両性間の関係を含め嘉兵衛の日常生活が出てくるところにこの文書の特徴がある。しかし、カムチャツカで嘉兵衛の身の回りの世話をした女性の図が、ロシア美人とは程遠いとされ、文書自体も「荒唐噴飯に値する」とされてきた。とはいえ、カムチャツカにはロシア美人だけでなく、先住民族もいたことを念頭にいれると、江戸時代の絵としてはさほど荒唐無稽ではない。英雄としての嘉兵衛像にとって不謹慎なことが書いてあるからといって、それを一蹴することはできない。

本書では、艶話や風聞なども含めて、人間としての嘉兵衛を再現しようと思う。そうすることで、彼の偉業がやすやすと達成できたものでないことを明らかにしたい。そのために、時空間という概念を枠組みに利用することにする。特定の時間（クロノス）とそれが必然的に結びつく空間（トポス）には、独自の行為・表現のスタイルがあるという考え方である。

本書では、嘉兵衛をこうした時代と空間の特徴を刻印された人物として考察する。彼が生きた時代は、世界史的には北太平洋時代の幕開け、日露関係ではロシアの南下によって特徴づけられる。日本史では幕藩体制の動揺期、北方史では前期幕領時代にあたる。また、彼が活躍した空間は、淡路島、兵庫津、箱館、エトロフ島、クナシリ島、カムチャツカと、すべて海に面した境界地点にある。特に、嘉兵衛の成功物語において大きな比重を占める蝦夷地とカムチャツカに着目したい。理由は、第一に、それらが異域や異国との接点に位置していたからである。そこには境界地特有の人間、すなわち、漂流民、捕虜、両方のコトバが話せる人間、歌妓、混血児などがいた。第二に、カムチャツカと蝦夷地は、もともと先住民が社会・経済ネットワークを形成し、異域や異国同士を連結する世界であったからである。

これを前提に、本書は以下の項目を中心に嘉兵衛の生涯を考察する。第一に、どのようにして嘉兵衛はコトバの壁をのり越えたのか。短期間でコトバのハードルを越え、見事に外交折衝を行うことができたのは何故か。第二に、対外認識の異なる日本とロシアがどのように合意を達成したのか。第三に、嘉兵衛は抑留中の身であるにもかかわらず、なぜ対等に物が言えたのか。第四に、嘉兵衛がディアナ号艦長リコルドに提案した紛争解決のシナリオが、幕府の意向とぴたりと一致したのはなぜか。第五に、晩年の家族の悲劇はなぜおこったのか。

以上の課題を明らかにするために、本書では公文書だけでなく、私的文書、当時の雑誌、地図、絵画、墓碑の碑文、過去帳、言い伝えなども射程にいれたい。

全体として、なぜ嘉兵衛は余人には真似ができないような偉業を達成することができたのか、そしてそれに至るプロセスに関し、その人となりがどのようにして形成されたのか、周囲の人々をどのようにして人的ネットワークに組み入れ、彼を支援する力にかえていったのかがあきらかになればと思う。

高田屋嘉兵衛——只天下のためを存おり候

目次

目　次

第十章　箱館における日露交渉……235

図版一覧

関係系図

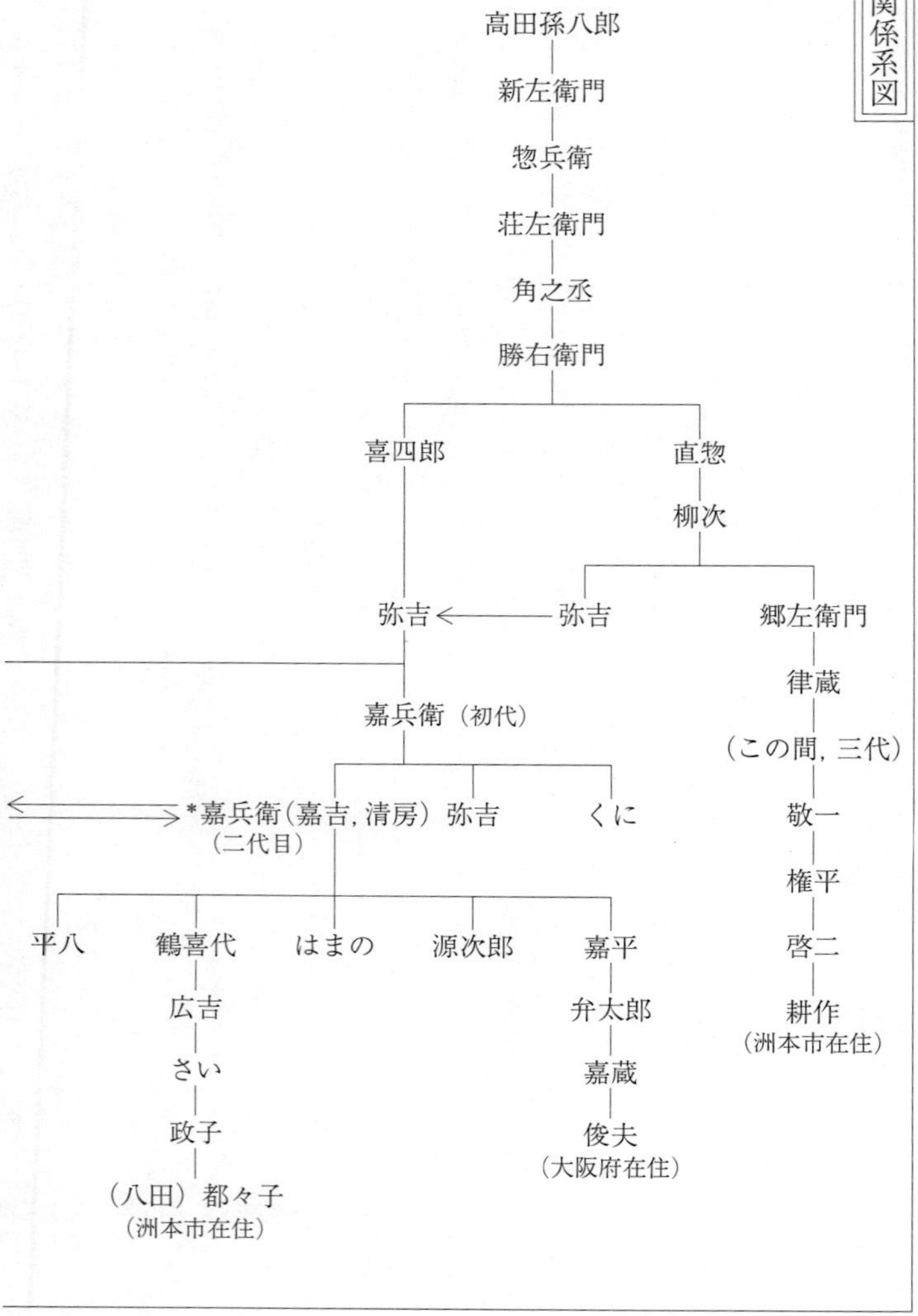

高田孫八郎
新左衛門
惣兵衛
荘左衛門
角之丞
勝右衛門
喜四郎
直惣
柳次
弥吉
弥吉
郷左衛門
律蔵
（この間，三代）
敬一
権平
啓二
耕作
（洲本市在住）
嘉兵衛（初代）
*嘉兵衛（嘉吉，清房）
（二代目）
弥吉
くに
平八
鶴喜代
はまの
源次郎
嘉平
広吉
さい
政子
（八田）都々子
（洲本市在住）
弁太郎
嘉蔵
俊夫
（大阪府在住）

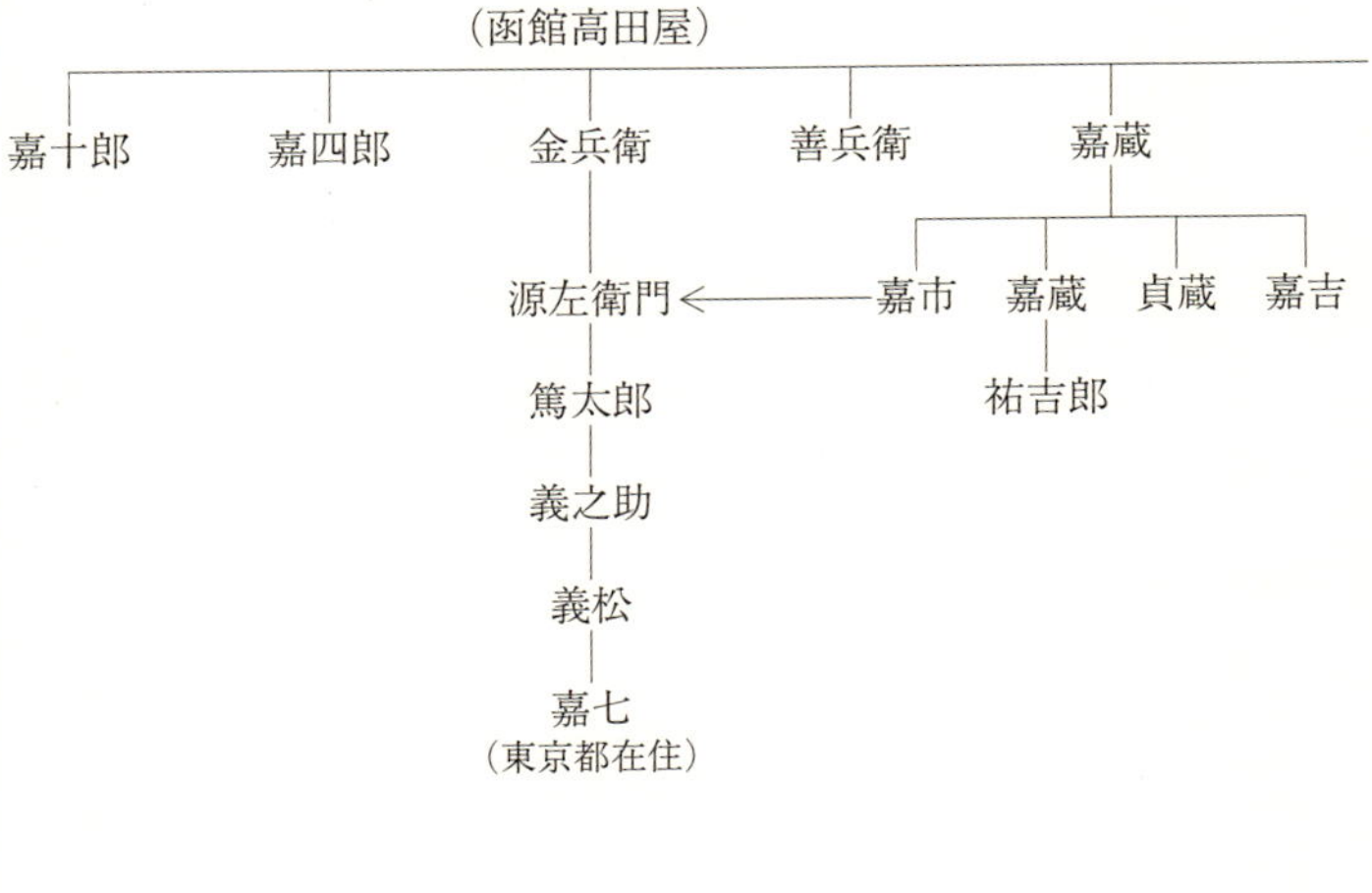

＊嘉兵衛の庶子であるが，嘉蔵から養子にきたことにして育てられた。

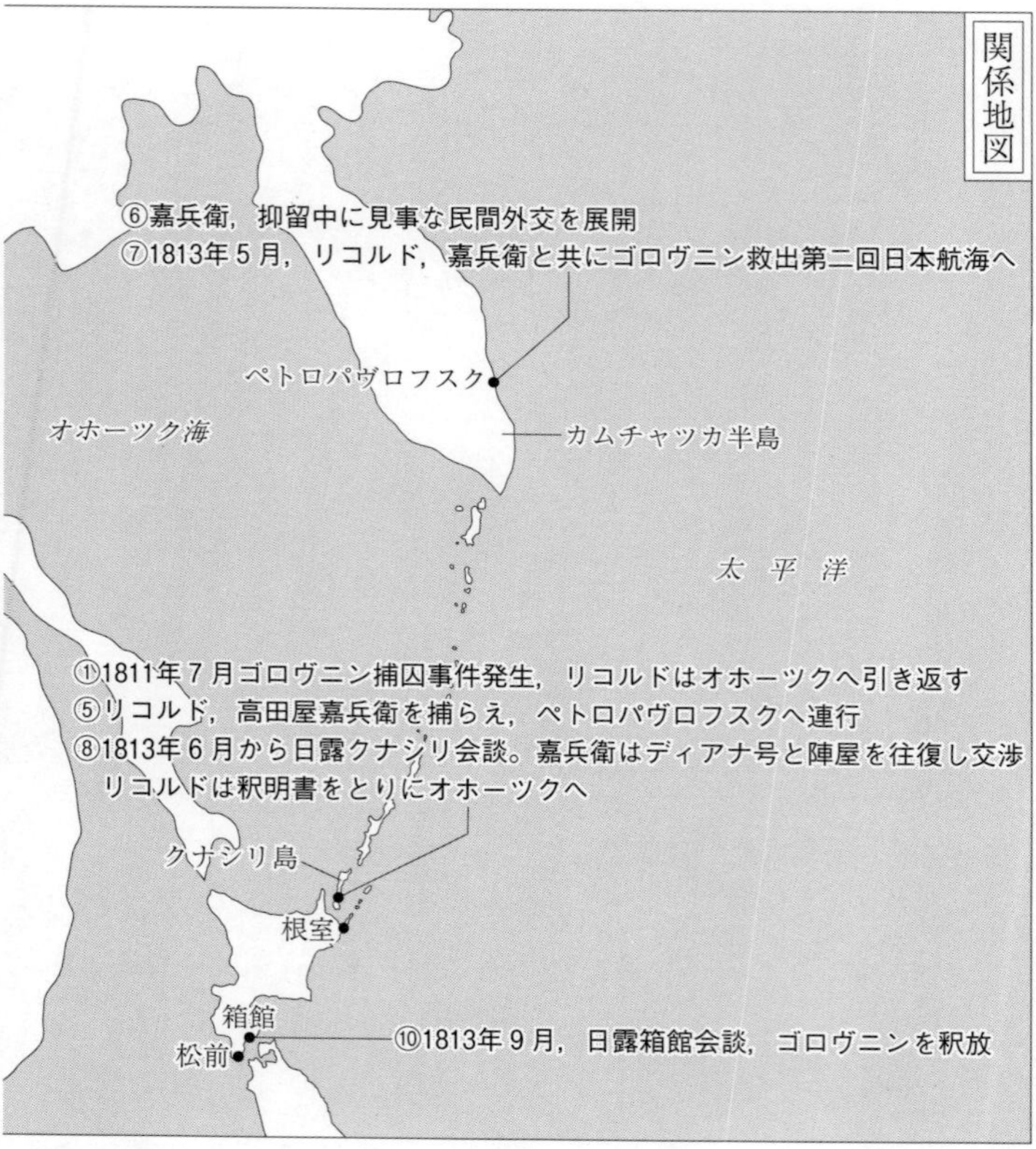

関係地図
⑥嘉兵衛，抑留中に見事な民間外交を展開
⑦1813年5月，リコルド，嘉兵衛と共にゴロヴニン救出第二回日本航海へ
ペトロパヴロフスク
オホーツク海
カムチャツカ半島
太平洋
①1811年7月ゴロヴニン捕囚事件発生，リコルドはオホーツクへ引き返す
⑤リコルド，高田屋嘉兵衛を捕らえ，ペトロパヴロフスクへ連行
⑧1813年6月から日露クナシリ会談。嘉兵衛はディアナ号と陣屋を往復し交渉
リコルドは釈明書をとりにオホーツクへ
クナシリ島
根室
箱館
松前
⑩1813年9月，日露箱館会談，ゴロヴニンを釈放

に関連する地

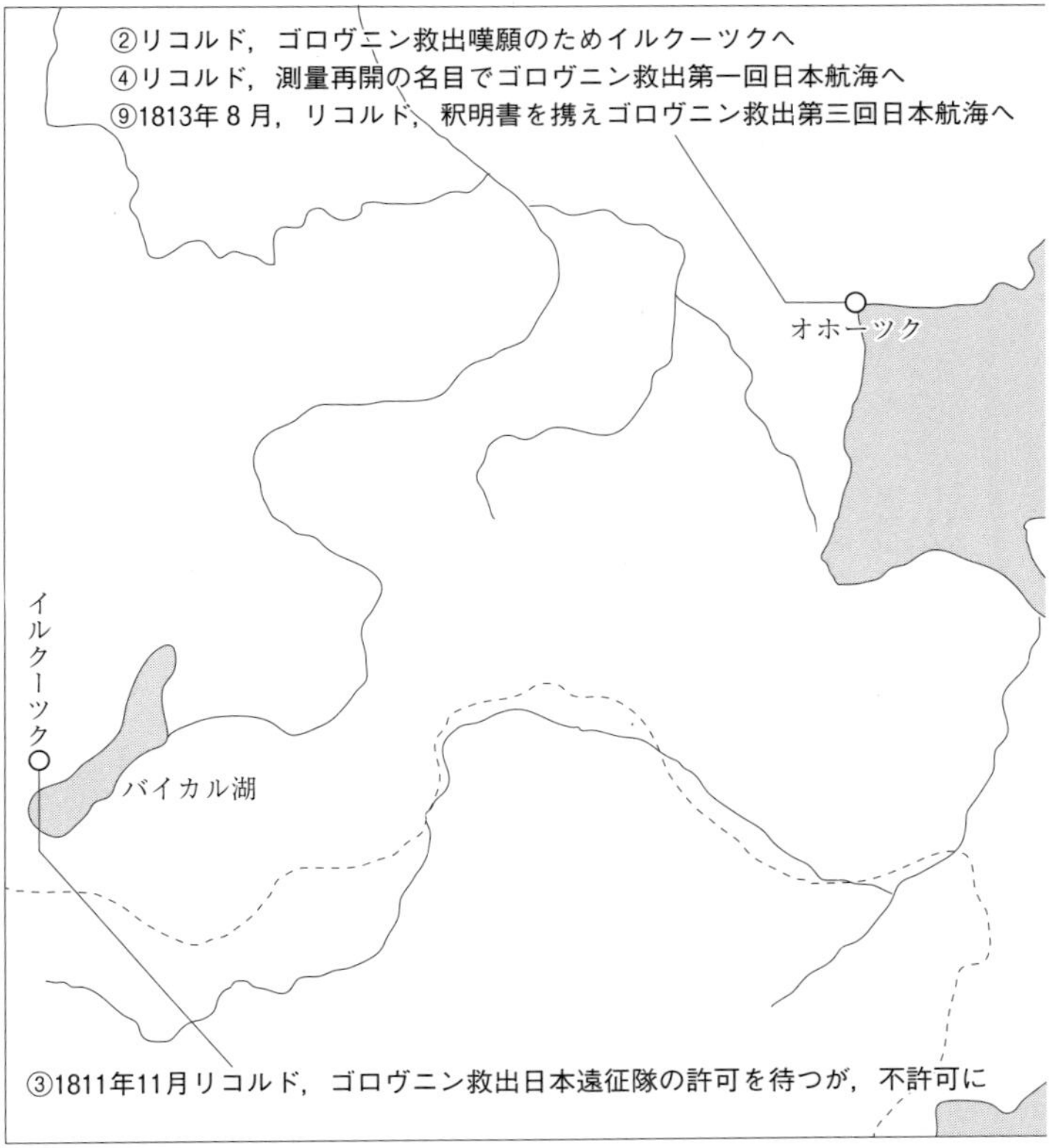
②リコルド，ゴロヴニン救出嘆願のためイルクーツクへ
④リコルド，測量再開の名目でゴロヴニン救出第一回日本航海へ
⑨1813年 8 月，リコルド，釈明書を携えゴロヴニン救出第三回日本航海へ
オホーツク
イルクーツク
バイカル湖
③1811年11月リコルド，ゴロヴニン救出日本遠征隊の許可を待つが，不許可に

嘉兵衛とリコルド

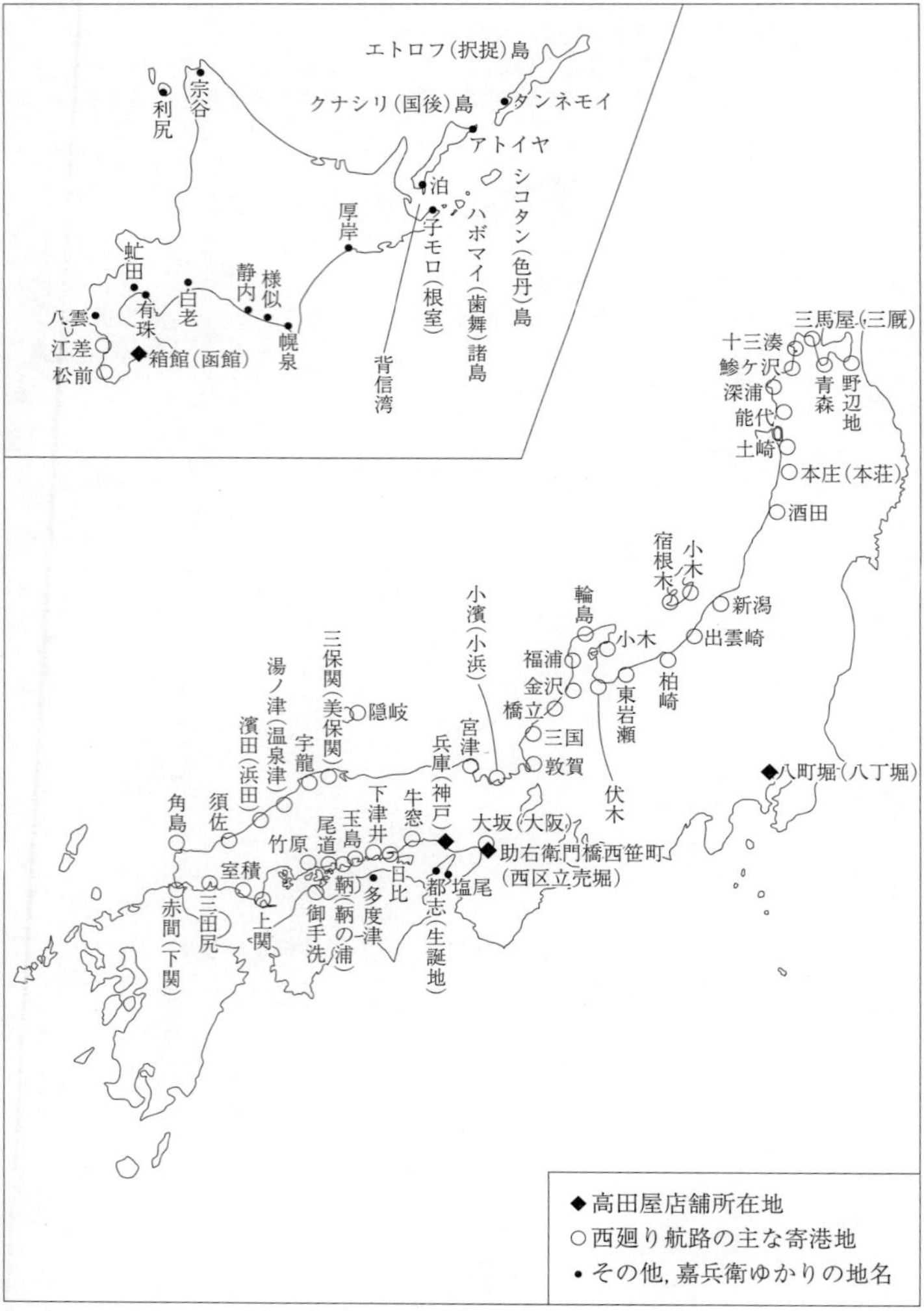

西廻り航路の主な寄港地と嘉兵衛ゆかりの地

凡　例

（1）当時の時間感覚を損なわないため、月日に関しては、日本語史料からの引用および日本語史料に基づく出来事は和暦で、ロシア語史料からの引用およびロシア語史料に基づく出来事は露暦（ユリウス暦）で示し、年については両暦を併記した。なお、露暦を西暦にするには、一八世紀については一一日を、一九世紀については一二日を、それぞれに加えればよい。

（2）引用に関しては、原則として史料に従ったが、旧字体に関しては新字体にあらためた。ルビは適宜付し、また省略した。変体仮名は現行のものにあらためた。

引用文中の注記は〔　〕の中に入れて示した。

第一章　淡路に生まれて

1　都志で誕生

土地柄

一七六九年（明和六）元旦に高田屋嘉兵衛は淡路島の西海岸にある津名郡都志本村《つしほんむら》（現在の洲本市五色町都志）で生まれた。ナポレオン・ボナパルトが生まれ、ワットが蒸気機関を発明した年である。日本でも世界でも時代を画する人物が胚胎した年といえよう。また、元旦に生を受けた有名人に中浜万次郎（一八二七〜九八年）や清水次郎長（一八二〇〜九三年）がいる。外国との予期せぬ遭遇や、任俠肌の性格など共通点がある。

嘉兵衛が生を受けた淡路島は瀬戸内海に位置し、シンガポール島とほぼ同じ面積をもつ大きな島である。古くから海人《あま》と言われる人々が漁労や製塩、航海に従事して海を舞台に暮らしていた。淡路の歴史は古く、『日本書紀』『万葉集』『日本霊異記』にも登場する。国生みのいざなぎ、いざなみの二

六十余州名所図会　淡路五色浜
（歌川広重筆，1855年）

神をまつる古社の伊弉諾《いざなぎ》神宮があるのも淡路島である。彼の生誕地である都志は淡路島の西海岸の中ほどにある古くから開けた土地で、菅原道真が太宰府に赴く途中に立ち寄ったという言い伝えが残っている。また、石櫃と呼ばれる古墳の石棺が残っていることからも古くからの土地であることがうかがえる。

海に囲まれた淡路島は、古代神話の発祥地であるだけでなく、海を舞台としてたくましく生きる人々が生活する島でもあった。そのような淡路島で嘉兵衛は、生まれてから二二歳までと、晩年の一〇年余りの計三二年ほどを過ごすことになる。

生まれ合わせた時代

淡路島は現在の行政区画では兵庫県に属しているが、江戸時代は徳島の阿波藩主蜂須賀《はちすか》家の所領地であった。当時の阿波藩では財政困難、災害による住民の疲弊など封建社会を動揺させる現象が露呈していた。嘉兵衛が生まれた一七六九年は、田沼意次が老中格になり、兵庫津《ひょうごのつ》（現在の神戸港の母体）が天領になったことからもわかるように、流通経済にとりきわめて重要な年であった。全国規模で各種商品が流通するようになり、船も運賃をとるだけでなく、日本海沿岸各地で商品を売買するようになった。海の商社ともいえる北前船が脚光を浴びるようになっていた。蝦夷地が日本経済に組み込まれるようになり、大規模な蝦夷地探検プロジェクトがもちあがるようになっていた。

さらに、日本を取り巻く大きな動きとしては、日本近海に西洋の船が出没するようになり、ことに千島列島を南下してきたロシアは日本に通商関係樹立を迫るだけでなく、アイヌ民族や日本人と小競り合いを起こすようになっていた。

国内の流通経済の高まりと日本をとりまく国際環境の緊迫という二つの軸が交差する接点に居合わせたことが嘉兵衛の生涯を大きく規定することになる。彼は北前船と蝦夷地直轄・開発、日露紛争という時代のキーワードを体現する人物として時代を駆け抜けることになる。

2　生い立ちと自己形成

先祖は戦国武士

高田家の先祖は孫八郎といい、戦国武士で、尾張の人であった。この頃織田信長は畿内にも勢力を伸張し、淡路も手中におさめた。孫八郎は、永禄年間（一五五八〜七〇年）に、尾張から淡路の鮎原（現在の五色町鮎原）に移り住んだという。すなわち、嘉兵衛の二〇〇年前の先祖は武士であったのだ。江戸時代の淡路地誌である『淡路草』には次のように記されている。

備後殿屋敷蹟、山王社（鮎原中村）の東の山下、北谷にあり。方廿間許。叢藪あり。村長曰、慶長中、此地に高田孫八良住す。備後は孫八良の父ならん。

「備後殿」とは、鮎原に移り住んだ高田氏のことである。祖先は鮎原村で「備後殿屋敷」と呼ばれる所に住んでいたと記されていることから判断して、一定格式のある家であったのであろう。「武士の出」というアイデンティティは、嘉兵衛の人生の節目節目において、彼の生き様を律する赤い糸となる。鮎原には今も孫八郎の立派なお墓が残っている。

孫八郎の子である新左衛門は、北谷を出て都志本村へ移り住んだ。惣兵衛、荘左衛門、角之丞、勝右衛門と代が変わり、勝右衛門の次の代に、次男の喜四郎が医師となり、分家した。喜四郎に子がなかったので、兄の直惣の孫（柳次の三男）を養子にもらっている。この三男が嘉兵衛の実父、弥吉である。

きかん坊の少年時代

父弥吉、母久利《くり》の間に生まれた嘉兵衛は、男ばかりの六人兄弟の長男であった。次男が嘉蔵、三男が善兵衛、四男が金兵衛、五男が嘉四郎、六男が嘉十郎であった。全員二歳ずつ年が離れていた。祖父喜四郎の時代には多少の田畑を所有していたが、父弥吉の時代になると田畑を切り売りし、嘉兵衛が幼少の頃はほとんど残っていなかったようである。

家は、二間半に四間半（四・五五メートルに八・一九メートル）のわら葺の母屋一軒と一間半に二間半（二・七三メートルに四・五五メートル）のわら葺納屋一軒であった（高田敬一、一九三三）。

嘉兵衛は幼名を菊弥といい、小柄だったという。眉目は清秀で、筋骨たくましく、眼光はするどく、弁舌はすこぶる爽やかであった。腕白でよく喧嘩をするので、「喧嘩をする小びっちょ」とあだ名をとっていたという（『和田姓堺屋喜兵衛高田屋嘉兵衛実伝記』）。人柄については、岡田鴨里《おかだおうり》は以下のように記している。読み下し文で示そう。

少ニシテ大志有ル。行検ヲ治セズ。嘗テ船戸ニ傭ハレ、佻易意ニ任カセ、動《やや》モスレバ輒《すなわ》チ人ト諍ウ。衆皆之を厭フ（岡田鴨里、一八六八）。

体は小さいが、喧嘩早い腕白のきかん坊で、既成の枠にはまり切らない子どもであった。人の困っているのを見捨てることはできない性分で、任侠を重んじたという（高田敬一、一九三三）。小さな体にあふれるほどの胆力をみなぎらせ、大人にもひるむことなく、かかっていった。

一七七一年（明和八）、嘉兵衛が三歳の頃、その後の運命を暗示するような出来事が起きている。すなわち、同年七月、阿波の海岸へロシア船が漂着し、オランダ商館長宛にロシアが日本を襲撃するという手紙を送ったのである。有名なベニョフスキー（日本語では、はんべんごろう）の警告であるが、これについては後述する。嘉兵衛の出身地である阿波藩では薪水を与え、船の破損を修理して出帆させている。さらにこの年には、近藤重蔵《こんどうじゅうぞう》がこの世に生を受けている。後に蝦夷地で嘉兵衛が行動を共にすることになる人物である。さらに一七七五年（安永四）、嘉兵衛が七歳の時には、今一人北方史に名を残す人物である間宮林蔵《まみやりんぞう》が生まれている。

父と母

父母は百姓で、病弱なため、貧乏で生活は苦しく、小さなわら葺の家で暮らしていた。嘉兵衛の喧嘩早く手荒な挙動に父は心を痛めていた。しかし、その反面、正義を貫く息子の心意気を知っていたので、その前途に希望を託していた。父は嘉兵衛の腕白がわがままではなく、正義感や負けじ魂に由来するものであることを理解していた。弟たちの面倒を見る嘉兵衛のやさしさも分かっていた。わずかな田畑を、子供のために惜しむことなく、切り売りした病弱な父母の愛情は、嘉兵衛たち兄弟に家族愛を育んだ。両親は、スケールが大きすぎて村に収まりきらず、和を乱しがちな嘉兵衛の良さを引き出し、兄弟が力を合わせて前向きに生きることを教えた。六人兄弟は常に団結してひとつの目標を追求することになる。父母は将来の高田屋一族のチームワークの芽を引き出したのである。

村医者小出某

今一人、嘉兵衛少年の力を引き出してくれた人物がいた。小出という村医者である。嘉兵衛の両親は彼に手習いをさせる金銭的余裕がなかったが、嘉兵衛は村医者である小出某に仮名や名前の書き方などを教えてもらっている。嘉兵衛には援助や協力を惜しまない人が常にあらわれ、人的ネットワークが各所に築かれることになるが、村医者小出氏はその最初の一人である。嘉兵衛には、この人といい関係を築いておかねばと相手に思わせる将来性のオーラがみなぎっていた。小出氏の手ほどきをうけ自らも努力したおかげで、嘉兵衛は文字が書ける人間になった。それは商取引の文書の作成に役立っただけではない。後にそれはカムチャツカで異文化の人間との筆談コミュニケーションにより、日露の紛争連鎖を断ち切るための情報収集を可能にすることになる。

潮流少年

嘉兵衛は、幼い時から海にあこがれ、弟たちの面倒を見ながら、木切れで船のおもちゃを造って、都志川に浮かべるのを楽しみとしていた。何時間も潮流を観察するのが好きだった。六、七歳の頃にはすでに潮の干満を読む力をつけ、都志川の川口に潮の満干する時刻を言い当てて大人を驚かせていた（五色町教育委員会、一九六〇）。

淡路西海岸（西浦）の海は変化に富んでいる。夏には鏡のように穏やかだが、冬は荒れる。変動の激しい海であるが、長いスパンで潮を観測すると、潮の流れに法則性があることが分かる。そういう法則性を発見することに嘉兵衛は興奮を覚えた。淡路の海は、嘉兵衛に観測することの面白さを教え、そこから法則性を引き出すすべを教えた。この潮流観察体験は、後にエトロフへの航路を発見するときにおおいに力を発揮することになる。

3　はじめての越境——本村から新在家へ

弥右衛門と和田屋喜十郎のもとで見習い奉公

一七八一年（天明元）、一三歳になると、嘉兵衛は腰切襦袢一枚の姿で都志本村を出て、同じ都志浦にある新在家《しんざいけ》という村に奉公に出た。本村と新在家の間を流れる都志川を越えた嘉兵衛は最初の越境を果たすことになった。都志川沿いには本村などの農村が、海辺には漁師が住む都志浦という集落があり、都志浦のうち都志川の南側を新在家といった。

嘉兵衛は川向こうの新在家に住む母方の叔父である漁師の弥右衛門《やえもん》方に預けられ、漁業に従事し、船の操作や漁法の手ほどきを受けた。淡路の瓦を大坂に運搬する瓦船に乗り込み、荷役に携わることで頑強な体になっていった。都志本村で得た海の観察体験や弥右衛門のところで身につけた回漕業的知識は、その後の船頭としての嘉兵衛の基礎を築いた。

そのかたわら、叔母（母の妹）の嫁入り先の和田屋喜十郎《わだやきじゅうろう》宅で商売の基礎を学んだ。和田屋は漁具や小間物をあつかい、嘉兵衛は仕入れや販売の手助けをしたのである。嘉兵衛は顧客のニーズにあった商品を見きわめるよう、目を肥やしていった。漁業と商業を兼業する形で猛烈に働いた。

よそ者の悲哀

嘉兵衛は本村から新在家に越境して、そこで約一〇年間働いた。当時は一三〜一五歳になると前髪をそり落とし、名前もあらためて一人前になった。菊弥も嘉兵衛と改名し、背丈は五尺（約一五〇センチメートル）ほどで、あまり大きくならなかったが、眼光鋭くたくましい青年に成長した。

当時の新在家は流動性の少ない閉鎖的な村であったので、本村出身の嘉兵衛はよそ者扱いされ、仲間はずれにされた。本村と新在家は川を挟んで隣接していたが、農村と漁村という生業の違いがあった。当然習慣やしきたり、価値観も違っていたであろう。「価値の多様性」や「多文化共生」などという認識のない時代、嘉兵衛が身につけている農村的価値観は漁村では劣ったものとみなされ、いじめを受けた。

だが、このとき差別される側に立たされた体験は、後年意外なところで役立つこととなる。エトロフ島開拓にあたりアイヌ民族を雇用する時に、嘉兵衛はアイヌの立場をふまえた経営方針をとり、エトロフ開拓で大きな成果をあげることになる。多感な時期に嘉兵衛が人間関係に苦労しながら、商売の基礎を学び、漁業や航海術の知識を得たことは、彼を鍛えあげるのに大いに役立った。厳しい試練の時期ではあったが、後に嘉兵衛が大きく成功するための基盤をこの一〇年の見習い奉公の期間で形作ったといえる。また生来の俠気はこのような試練のなかで、さらに研ぎ澄まされていった。

ふさとの恋

新在家の網元に網屋幾右衛門《あみやいくえもん》という人物がいた。網元とは漁船や網などの漁具を所有し、網子を使って魚をとり、市場へ出す仕事をする人のことである。幾右衛門の次女にふさという美しい娘がいた。ふさの生家があった淡路都志の地域は今では浸食され、海に没している。近くの海岸に建てられた「網屋幾右衛門邸宅跡」というプレートがわずかに当時を思い出すよすがとなっている。幾右衛門の元では多くの網子が働いていた。広い邸宅には若者宿があり、若者たちが寝泊まりしていた。器量よしのふさは彼らのあこがれの的であったが、簡単に近寄ることのできない高嶺の花であった。地元の若者でも手が出せないのに、なんとよそ者である嘉兵衛がふさと恋仲になり、夫婦の約束をかわしたのである。これが新在家の若者たちの知れるところとなった。彼らにとっては、よそ者が彼らのマドンナを奪うことは越権行為以外の何ものでもなかった。彼らはこの情交を不埒として、暗夜に乗じて嘉兵衛に懲戒を加えようとした。地元の若衆によるよそ者いじめの構図が、ふさをめぐって村八分の構図へと先鋭化したのだった。

淡路島出奔

嘉兵衛は身の危険を察知し、淡路島を出奔することを決意する。従来から都志新在家で住みにくさを感じ、何度か村抜けを考えていたが、決心がつかないでいた。彼の背中を押したのは、ふさとの許されぬ恋だった。

一七九〇年（寛政二）初夏の頃、ついに郷里を後にして、兵庫に出奔することを決意する。捕まれば簾巻きにされ海にほうりこまれる恐れがあった。嘉兵衛は夜逃げに際し、淡路から明石に出て兵庫に直行する道を避けた。追跡をかわすため山を越え、淡路の東浦に出て、志筑あたりで便船を待ち、和泉の垂井へ渡った。嘉兵衛は渡り船の運賃を払うことができず、陸に上がり宿を求め、そこで三日を過ごした。その後、兵庫まで陸路を通る大迂回コースをとった。追手の裏をかいたのだ。後年、豪商となった嘉兵衛は、この時に世話になった人に報恩のしるしに、家の改築費用を出している（『蝦夷物語』）。

嘉兵衛が二回目の越境を決意したのは、単なる恋の逃避行のためだけではなかった。嘉兵衛の大志が、大きく飛翔できる空間を求めたという積極的な側面もあった。

淡路を去り兵庫に出奔したのは、嘉兵衛だけではなかった。弟たちも彼について行くことになった。六人兄弟は一心同体で、以後も常に手を携えて運命を共にすることになる。嘉兵衛は、これまでも野望を抱いていたが、途方もないエネルギーを何にむけて放出していいのか分からなかった。兵庫に出奔することで、自分にふさわしい生き方を見つけることになる。

越境を決行したのは男たちだけではなかった。後述するように、何不自由なく暮らしていたふさも、嘉兵衛との恋を貫くために淡路島を出奔したのである。若者たちが揃って、生まれ育った土地に固執せず、向こう岸の兵庫に越境したのである。淡路島という海に向かって開かれた空間が、土地は違っても人に変わりはないという意識を若者たちに育んだのであろう。

第二章　兵庫で高田屋創業

1　兵庫に出奔

兵庫に着眼

嘉兵衛が目指した兵庫は、平清盛が日宋貿易のために整備し、室町時代には対明交易の拠点であった。その後も、豊臣秀吉が大坂に大きな船を近づけることを禁止したこともあり、天下の台所の輸送を担う港として発展した。徳川時代になると、兵庫は瀬戸内海の主要港となり、江戸、博多への定期廻船の往来がさかんになった。とくに一六七二年（寛文一二）に、河村《かわむら》瑞軒《ずいけん》が出羽の酒田より日本海を経由して兵庫に達する西廻り航路を開いてからは、兵庫の地位は上昇し、西日本海運の主要港としてのみならず、日本海沿岸および蝦夷地への海運の主要港となった。一七六九年（明和六）の上知で幕領となった後は、兵庫に大坂奉行所の勤番所がおかれた。

嘉兵衛が兵庫に出奔した頃、北前船輸送による兵庫の繁栄が確立する。蝦夷地交易が盛んに行われ、

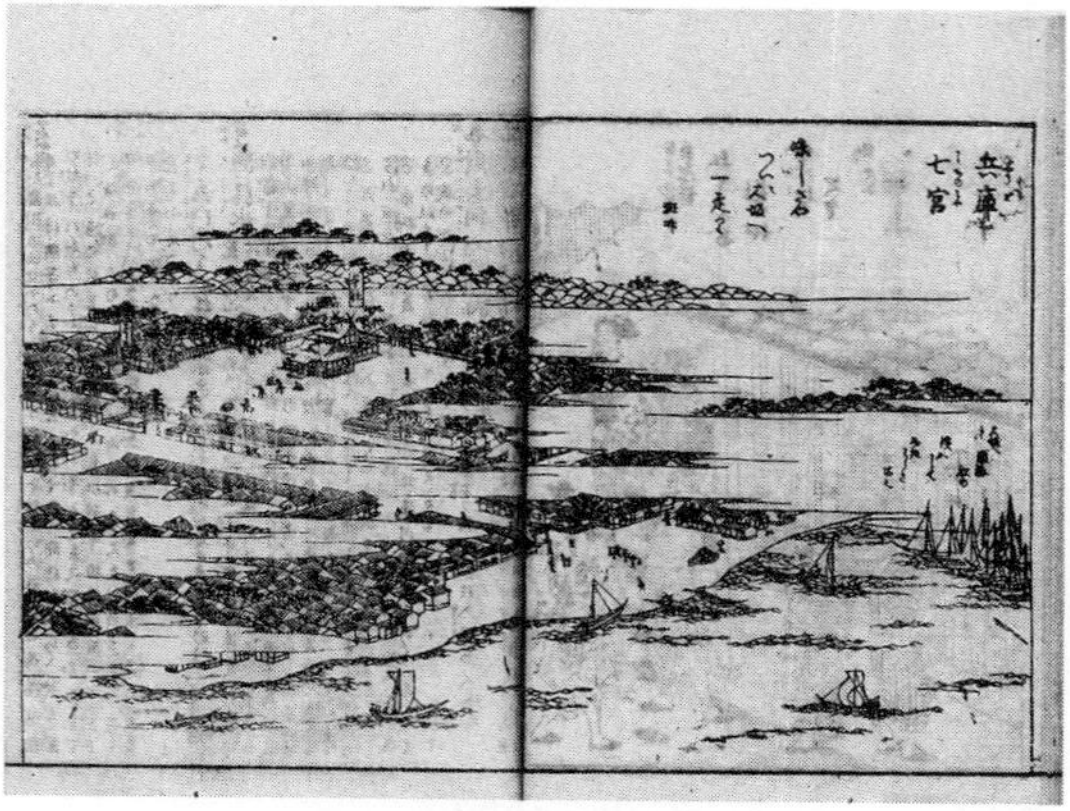

兵庫七宮『摂津名所図会』
（秋里籬島著，1798年）

諸国の産物が運ばれ、海運で身をたてようとする多くの人が兵庫に押しよせていた。さらに兵庫には陸上交通の宿場町もあり、多くの人々や物資の往来でにぎわいをみせていた。

堺屋喜兵衛を頼って

嘉兵衛が越境先に兵庫をえらんだ理由のひとつに縁故を頼ったことがある。実弟の嘉蔵が三年前に兵庫西出町に出て、叔母の夫の弟にあたる堺屋喜兵衛《さかいやきへえ》のところに厄介になり、廻船の水主《かこ》（水夫）をつとめていたのである。堺屋喜兵衛は、嘉兵衛が新在家で商売の手ほどきを教えてもらった和田屋喜十郎の実弟で、伯耆《ほうき》（現鳥取県）と兵庫の港を結ぶ下関廻船の船頭をしていた。堺屋喜兵衛は、自分を頼って兵庫に出てきた嘉兵衛に援助をおしまず、家に住み込ませた。

なお、嘉兵衛が兵庫に出郷した年に関しては、一七九〇年説と一七九二年説がある。高田敬一『高田屋嘉兵衛翁伝』（一九三三年）では一七九二年（寛政四）となっているが、高田篤太郎『高田屋嘉兵衛履歴書』（一八八三年）では「寛政二年、摂津国兵庫港ニ出張、船稼業ヲ業トス」となっている。これに決着をつけたのは、瀬川亀・岡久清渭共著『高田屋嘉兵衛』（一九四二年）で、一八〇一年（寛政一三）正月作成の大坂町奉行所の『嘉兵衛身元書』に「一一ケ年以前より兵庫津に居住」したとあるので、一七九〇年（寛政二）であるという。

堺屋喜兵衛との出会いは、嘉兵衛のその後の運命を決めるものとなった。流通経済隆盛の時代、一度に大量の物資を運ぶことができる海上輸送は陸上輸送より優位であった。今をときめく海運業という活躍の場を得て、嘉兵衛は水を得た魚のように生き生きと活動することになる。

ふさの兵庫への出奔

まもなく恋人のふさも嘉兵衛を追って兵庫に出てきた。高田敬一氏によれば、この時ふさはすでに嘉兵衛の子供を身ごもっていたという。ふさは嘉兵衛との恋を貫くために家や故郷を捨てることのできる女性であった。あの時代身重の体で兵庫まで出てくるのは大変な覚悟がいることであったろう。嘉兵衛と手に手をとった「恋の逃避行」ではなかった。嘉兵衛は、危険を避けるために、ふさをおいて淡路を出奔した。恋の情念に身をまかせて身重のふさと二人で駆け落ちをしていたら、すぐにつかまったに違いなかった。身重の女性をおいて一人出奔するのは、男としては言い出しにくい行動であるので、ふさのほうから言い出したことかもしれない。いずれにせよ、二人の冷静な判断が恋を成就させることになった。

長女くに誕生

ふさは、やっとの思いで兵庫にたどり着いたものの、すぐに嘉兵衛と所帯をもつことはできなかった。しかし村抜けをしてきた以上、もう故郷に戻ることはできなかった。若い二人にはしばらく苦しい別居生活が続くことになった。ふさは嘉兵衛と暮らせる日を座して待つだけの女性ではなかった。おおきなお腹をかかえて他家の水仕事などをして、経済的に嘉兵衛のお荷物になることはなかった。乳母日傘で育ったふさであったが、ひ弱なお嬢さんではなかったのである。一七九〇年(寛政二)、ふさは働きながら立派に長女を産んでいる。二人はこの子をくにと名付けた。

2 船乗りをめざして

樽廻船の水主へ

嘉兵衛の好意により弟嘉蔵と同じ家に住み込んだ嘉兵衛であるが、嘉蔵が伯耆の国と兵庫を結ぶ廻船に乗り込んでいたのに対し、樽廻船の水主になった。樽廻船とは、菱垣廻船に対抗して、迅速で安全な航行を売り物にした、灘の酒を運ぶための船である。菱垣廻船という名称は、船腹の竹垣を菱組格子に組んだことに由来し、樽廻船は酒樽を積むところから生まれた名称である。酒は腐敗しやすいので、輸送期間の短縮が要求された。酒荷専用の船である樽廻船は、積み荷の区別をする必要がないので、酒問屋に運び込む時間が短縮できた。また、海難事故が起こった場合にも、荷物の混載による事故処理の複雑さが解消された。樽廻船と菱垣廻船の間で積み荷の争奪戦が激しくなったが、前者が後者を凌駕するようになった。嘉兵衛のはじめての航海がいつなのかを特定できる史料はないが、嘉兵衛が兵庫に出奔した年、一七九〇年(寛政二)であろう。

新酒番船

新酒番船は、その年にできた新酒を積み込み、大坂あるいは西宮の港から一斉に出発して、江戸へ到着する順番を競って繰り広げられる海上レースで、毎年はなやかに行われ、年中行事として定着していた。初物好きの江戸っ子の間で、番船により運ばれる新酒は、ことのほか珍重された。

嘉兵衛は自己アピールのため、このレースに打って出た。嘉兵衛には淡路で瓦船に乗った経験はあったが、内海と外海とでは勝手が違っていたであろう。太平洋の荒海を乗り切るには、天気を読み、風や波の動きを見きわめ、帆走や待避のタイミングをつかむ必要があった。第一の難所は熊野灘で、次は遠州灘を乗り切らなければならなかった。この二つの灘を乗り切るには相当の技がいった。一〇隻のうち三隻は遭難したという。嘉兵衛は天賦の才に恵まれ、子供の頃から海の表情を読むのが得意だったので、いつも優勝し、賞金を獲得することができた。彼は操船の巧みさでめきめき名をあげていった。

ふさと所帯をもつ

抜群の才能と探求心で出世の階段をかけのぼるこの頃の嘉兵衛を『高田屋嘉兵衛翁伝』は次のように、活写している。

国元にありて、かねて漕船の術を習ひ居りし上に、天稟の才気人に勝るものありて、船を操ること巧妙なりしかば、其江戸廻りの際、他の同業樽船と競争して之を追ひ抜くこと少なからず。船頭荷主をしていつも面目を施さしむることゆゑ、日ならず表主（楫取水先を司るもの）となり、船頭となり、数度の航海に潮流を研究し、大に発明する処あり。為に毎回一番船の名誉を贏ち得るにいたれり（高田敬一、一九三三）。

一七九二年（寛政四）、二四歳の時、水主から表主（船の進路を指揮する）にスピード出世し、一人前の船乗りになった嘉兵衛は、晴れてふさと兵庫西出町に念願の所帯をもった。兵庫に出てきて二年目のことだった。第一回ロシア使節のアダム・ラクスマンが根室に来航し、漂流民返還と通商関係樹立を求めた年である。

沖船頭になる

一七九三年（寛政五）には早くも嘉兵衛は沖船頭（雇われ船頭）に昇進している。当時、船乗りは一五歳前後で船に乗り、最初は炊《かしき》になり、食事の支度および船中の雑用全般を担当した。三年目くらいになると、一人前の水主《かこ》（水夫）として扱われ、その後は三役になった。すなわち、賄（事務長）、表（航海士）、親父（水夫長）で、それぞれ会計、航海、労務を担当した。これらの三役経験者のなかから船の最高責任者である沖船頭が選ばれた。さらに、才覚のあるものが、手船（自己の船）を所有する船持ち船頭となった（庄司邦昭、二〇一〇）。

兵庫に出てきて三年しか経過していないが、嘉兵衛は早くも沖船頭になっている。超スピード出世といえる。

長男弥吉誕生

一七九五年（寛政七）、長男も誕生し、親子水入らずの生活ができるようになった。二人は長男を嘉兵衛の父と同じ弥吉《やきち》と命名した。長男の誕生は、従来一七九二年

（寛政四）とするものが多かった。根拠は一八〇〇年（寛政一二）の都志本村の棟付調べである（高田敬一、一九三三）。一方、須藤隆仙氏は一七九五年（寛政七）説をとる。理由は松阪来迎寺の一八五四（嘉永七）正月の法会に「卯六十、高田弥十郎改名浄光」とあるからという（須藤隆仙、一九八九）。筆者も淡路高田家の菩提寺である多聞寺で調べたところ、没年は安政元年（一八五四）八月八日、六〇歳になっていた。今ひとつ筆者の手元には高田清房《きよふさ》（嘉兵の次男嘉吉の字《あざな》）が書いた『高田嘉兵衛系図』があるが、没年が嘉永七年八月八日で六二歳になっている。一八五四年に嘉永から安政に改元しているので、二つの資料の没年は一致している。弥吉の誕生は、本人が書いた願文と過去帳から判断して、一七九五年であるだろう。

生活も一応の安定をみて、ふさは幸せの絶頂にあった。しかし、嘉兵衛はそれだけに満足することはできなかった。活況を呈する兵庫は刺激にあふれた港で、嘉兵衛はさらに大きく羽ばたこうとしていた。

3　北前船に乗って

あこがれの雄姿

当時の兵庫津は、大坂へ入る船の積荷改めを行い、取引の見積もりをするという機能をもった港であった。江戸時代の主要航路は、瀬戸内海・九州・日本海から大坂へ、そして大坂から当時最大の消費地であった江戸への二つであり、これらの航路を行く船の大部分は兵庫津に寄港することから、港は諸国の廻船でにぎわっていた。江戸行きの外洋船ともいえる菱垣廻船、樽廻船、さらに、瀬戸内と九州長崎を往復する五〇〇石積位の内航船もあった。

その中で一〇〇〇石積以上の大きな船で、大坂から日本海廻りで蝦夷まで往復する北前船の雄姿は、船乗りたちのあこがれの的であった。蝦夷地交易の隆盛とともに現れた北前船は、数艘、あるいは数十艘で船団を組んで兵庫に入港した。北前船の雄姿や人と積み荷のにぎわいに、嘉兵衛は心が躍った。彼は樽廻船の沖船頭で収まることができなかった。船頭になったからには北前船の船持ち船頭になること、それが具体的な夢の形で彼の脳裏に去来するようになった。

動く商社

柚木学氏によれば、北前船の船頭・水主は、菱垣廻船や樽廻船などのような運賃積の船員とは以下のような点で性格を異にしている。

買積船である北前船では船頭が同時に荷主であり、その船頭には、船主が同時に船頭である直乗船頭と、船主より依頼されて乗組む雇船頭または沖船頭があり、その中間形態として、船主の親戚の者が船主の代理として船頭を勤める准直乗船頭もあった。しかし雇船頭の場合でも、それは単なる輸送面だけの責任者であるにとどまらず、積荷の売買についても一切の責任と権限を船主から委嘱されていたので、きわめて商人としての才覚をもっていることが強く要請されていたのである。この点において、菱垣廻船や樽廻船の船頭が、固定した賃金で雇用されていて、切出し〔一定歩合での輸送を請け負う貨物〕や帆待《ほまち》〔契約以外の荷物の運送で内密の収入を得ること〕などは荷主仲間の規制の下に一切禁止されていたのとは対照的であった。その意味で北前船の船頭は単に賃金で雇用される航海技術者であるにとどまらず、否それ以上に荷主の代理者として臨機応変に対応できる商才をも兼ねそなえていなければならなかった（柚木学、一九八六）。

北前船は、菱垣廻船や樽廻船のような運賃積と異なり、積荷の商品を買い取り、需要のある所に輸送してこれを売り捌くので、遠隔地市場間の商品価格の差が利潤となった。船頭の才覚で、売買の有利な場所へ寄港し、一回の航海で一〇〇〇両を超える莫大な利益をあげることも可能だった。

淡路島で操船術だけでなく商品の買い付けの研鑽も積んでいた嘉兵衛には、北前船の船頭になる資質が備わっていた。嘉兵衛は、淡路にいたころから、漠然と海へのあこがれを抱いてきた。漠としたあこがれが、ここへきて北前船の船持ち船頭になりたいという具体的な夢の形をとったのである。

鰹漁で蓄財

夢を夢で終わらせないのが嘉兵衛である。彼は紀州灘で行われる鰹漁《かつおりょう》に着目した。

一七九三年（寛政五）、嘉兵衛は船主になる夢を実現させるべく樽廻船をおりた。雇われ船頭の身ではそう資金はたまらなかった。紀州熊野灘で鰹漁に従事し、船を購入する資金を稼ぐことにしたのだ。嘉兵衛は、初物好きの江戸っ子の間で、初鰹と新酒はいい値がつくことを知っていた。彼には淡路で一〇年間漁業に従事した経験があった。得意の漁業でなら一攫千金も夢ではない。紀州は、江戸時代以前より鰹漁が盛んな土地であった。鰹島と名づけられた島があるほどである。紀州では大型船による漁業が発達していた。「熊野新法」や「釣溜め法」といわれるもので、鰯の生き餌をまいて、一挙に大量の鰹を大型船で釣る方法である（赤尾州五・北吉洋一、二〇一〇）。

熊野沖で鰹が大量にとれることを、嘉兵衛は、航海の時や兵庫津の「北風の大風呂」（これについては後述）での情報収集によって、知っていた。嘉兵衛は鰹漁のため西出町には月に一度しか戻れなかったが、二年間鰹漁に専念した。ふさはその間、二人の子の面倒を見、一人で家を守った。嘉兵衛は、兵庫から紀州熊野灘への空間的越境と、船頭から漁師へという職業的な越境も果たしたのであった。

4　高田屋の誕生

高田屋一門

一七九四年（寛政六）の暮れになって、二年間の鰹漁で大きな収益をえた嘉兵衛は西出町に戻ってきた。嘉兵衛や次弟の嘉蔵だけでなく、善兵衛、金兵衛、嘉四郎、嘉十郎の四人の弟たちも兵庫で堺屋喜兵衛の指導により、廻船業に励んでいた。

明けて一七九五年（寛政七）、元旦をむかえた祝いの席に、嘉兵衛は五弟と堺屋喜兵衛を招いた。嘉兵衛は北国行きの大船を建造し屋号を高田屋とすることを提案し、親族の同意を得た。こうして一五〇〇石積の辰悦丸《しんえつまる》が建造されることになった。嘉兵衛は辰悦丸の模型を八〇〇石の寛政丸や春日丸の模型とともに七宮神社《しちのみやじんじゃ》（神戸市兵庫区）に奉納し、三艘の模型は長らく保存されていたが、すべて一九四五年の戦災で焼失し、現在では写真が残っているにすぎない。各船の帆印は、辰悦丸はかね高（高）、寛政丸はまる高（高）、春日丸はやま高（高）であった（『兵庫県神社誌』、一九三七）。こうして、屋号や商標も決まり、兄弟六人が業務を分担して経営に参画するという高田屋一族の組織の基礎が確立された。

和田姓高田屋の創出

堺屋喜兵衛も高田屋に加わることになった。前述したように、堺屋喜兵衛は、嘉兵衛の母の妹婿和田屋喜十郎の弟で高田屋兄弟に廻船業の手ほどきをした大ベテランであった。当時すでに廻船業で成功していた堺屋喜兵衛は、西出町の店でも川崎浜の倉庫を増築し、所有する手船や常用船も一三艘を数える勢いを示していた。しかし彼は、嘉兵衛たち六兄弟の意見に従い、高田屋全盛を願って堺屋の屋号を改め、高田屋と改称した。

廻船業で成功していた堺屋喜兵衛は伯耆《ほうき》の八橋《やばせ》に本店を持ち、鳥取城主から長年の誠実で迅速な廻船海運業に対し名字帯刀を許され、内山喜兵衛と名乗っていた。しかし廻船業仲間では屋号の方が通用と信用があったので、屋号の堺屋で通し、内山喜兵衛は鳥取城に出仕の際に名乗った。それほど大事にしてきた屋号の堺屋を捨て、新興の高田屋の屋号を名乗ることに合意したのである。よほど高田屋嘉兵衛を見込んだのであろう。こうして伯耆八橋の高田屋が名乗りをあげたのである。

こうして小が大を吸収する形で高田屋と和田屋の合併は成功した。北国海運業者と西国海運業者が手を組んだ高田一門のネットワーク結束力は、日本国内の廻船業のみならず、他分野においてもいかんなく発揮されることになる。

喜兵衛だけでなく、彼の息子である彦助、七兵衛、又蔵、文五郎、金蔵も高田屋一門のネットワークに加わることになる。地縁・血縁をフルに活用した人的ネットワークを構築したことは、ビジネス

松前江差屏風（模写）

の分野だけでなく、他の面でも効果を発揮したようである。たとえば、堺屋の文書によれば、堺屋喜兵衛の長男彦助は後にクナシリ島の役人としてクナシリ交渉を助ける太田彦助《おおたひこすけ》で、五男の金蔵と孫の平蔵は嘉兵衛についてカムチャツカに連行されながらも嘉兵衛に忠誠をつくしたという（『和田姓高田屋嘉兵衛実伝記』）。日露交渉に関しては、残念ながら、堺屋高田屋関係以外の他の文書では裏をとることはできないが、ネットワークの威力は他分野にも波及効果があったであろう。

北前船初体験

一七九五年（寛政七）、嘉兵衛ははじめて北前船にのった。兵庫で海運業を営む和泉屋伊兵衛《いずみやいへい》の沖船頭（雇われ船頭）をまかされたのだ。海の花形である北前船にいよいよ乗ることになった。彼が北前船にあこがれた理由は、船体が豪勢で美しいからだけではなかった。蝦夷地の物産が大坂や兵庫で珍重されているという、経済

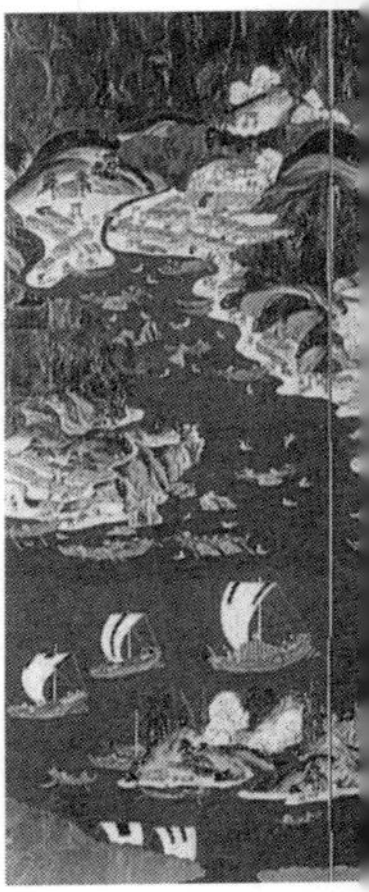

的な理由もあった。さらに幕府が本腰をいれて北を開発するという噂もあった。嘉兵衛は、これからは北の時代だと踏んだのだ。

はじめての日本海航海は、今までの太平洋航海とは大分違っていた。潮、天候、避難地などをあらたに研究しなければならなかったが、天賦の才に恵まれ向上心に富む嘉兵衛は、たちまち難問をクリアしていった。沖船頭となってはじめての航海で、嘉兵衛は西廻りで出羽の酒田に行った。兵庫から出羽（山形県）の酒田まで、瀬戸内海を抜けて、鞆（広島県）、下関、福浦（石川県）、新潟など多くの港に寄り、先々で特産品を売買していった。北前船は、兵庫と酒田までの各地の寄港地で売買を行う「動くデパート」だった。各地の特産物は地方により商品価格が違うので、その利ザヤを獲得することで、莫大な利益をあげることができた。

はじめての航海は、嘉兵衛が北海へ出る手がかりとなった。この頃から北へ向かう意識が嘉兵衛に芽生えるようになり、嘉兵衛独特の世界が開かれることになる。

辰悦丸

嘉兵衛は一門の誓いを実行に移すことにした。「千石船」が大型船の代名詞であった時代、一五〇〇石の辰悦丸を手船とした。辰悦丸は、当時としては、とてつもない巨大船で、嘉兵衛のスケールの大きさのシンボルである。この船については謎の部分が多い。

辰悦丸の建造場所については、高田敬一、瀬川亀・岡久穀三郎、柴村羊五などが羽州庄内（山形県酒田）説をとり、司馬遼太郎が秋田・土崎説をとっているが、いずれも資料的根拠は示されていない。

直接建造場所を明記した同時代の資料は、筆者はまだ捜し出せていない。

船大工に関しては、瀬川亀・岡久殻三郎の記述が手がかりを与えてくれる。すなわち、寛政丸と春日丸とともに辰悦丸の模型が奉納された兵庫の七宮神社の「目録」では、製作者が「兵庫西出町船大工紀氏」となっているというのである。七宮神社は第二次世界大戦で戦災に遭い、模型も目録も焼失している。宮司に目録に何が書いてあったのかお尋ねしたが、分からないとのことであった。瀬川亀・岡久殻三郎が言うところの、兵庫西出町の紀氏というのは、紀国屋《きのくにや》半左衛門《はんざえもん》のことで、後に嘉兵衛の娘・くにが嫁ぎ、高田屋の姻戚になった人物である。彼が辰悦丸の模型の製作者なのか、寛政丸や春日丸と同様に辰悦丸船の造船者なのか、決め手がない。

辰悦丸の購入資金

購入資金については、鰹漁で大きな利益を得た嘉兵衛が自力建造したという説と、他者からの援助を得たという説がある。自力建造説をとる『高田屋嘉兵衛翁伝』によれば「大規模な漁業」を展開し、「巨額の収益」をあげたとなっている。しかし、鰹漁で蓄財をしたことは間違いないとしても、二年で一挙に一五〇〇石船を建造できるほどの蓄財を可能とする、大規模な漁業をよそ者が展開できるだろうか、と疑問が残る。淡路の隣村でさえ、嘉兵衛はよそ者ゆえに仲間はずれにされたことを考え合わせると、やすやすと他国の漁場で大規模な漁業を展開できるとは考えにくい。それに、お金があるからといって、すぐに酒田という土地で、よそ者が一五〇〇石もの船を建造できるであろうか。この点にも疑問符を付けざるをえない。「鎖国」時代には、外洋へ出る恐れのある大型船の建設はマークされ、管理されていたはずである。造船するには、当然一定の資格や手続きが要求されたであろう。身分、職業、居住地が固定化していた身分制社会では資金調達ができたからといって、他国でたやすく造船を発注できるとは考えにくい。

援助説をとる『豪商物語』は、出羽から出て松前に定着した豪商栖原角兵衛が資金を提供したとするが、資料的根拠は書かれていない（邦光史郎、一九八六）。資金の問題を考えるヒントが、以下のように『高田屋嘉兵衛』にある。

関西の航運倉庫業に一大勢力のあった北風家を思ふ時、この若冠嘉兵衛が其羽翼から隔絶し、独力この大船建造に成功したかどうか、甚だ疑なきを得なかった。果して『北風家記』を見るに及んで、其間の消息を想察し得たのであった（瀬川亀・岡久殻三郎、一九四二）。

瀬川・岡久氏が言うように、嘉兵衛が活躍した時代の兵庫は、豪商北風《きたかぜ》荘右衛門《そうえもん》貞幹《さだもと》の勢力下にあった。北風は、当時の兵庫津を大坂に匹敵する港にするために、邸宅と倉庫を抵当に幕府から二〇〇〇両を借入、商業権を確立した人と言われている。『北風遺事』には嘉兵衛との関係が以下のように書かれている。

初メ貞幹無名ノ一船頭高田屋嘉兵衛ノ駿物タルヲ識リ用ヰテ蝦夷地ノ遺利ヲ拾ハントシ昵懇ナルニ茶屋村ノ船持木屋又三郎（橋本氏）ヲ誘フニ倶ニ業ヲ共ニセンコトヲ以テス　又三郎遅疑シテ応セ

ス茲ニ於テ貞幹独力ニテ決行シ数年ナラスシテ巨万金ヲ剰セリ貞幹瓜分シテ只其一半ヲ収ム嘉兵衛其一半ヲ受ケテ之ヨリ独立スト（安田荘右衛門、一九六三）

嘉兵衛が「駿物」であると看破した北風荘右衛門は、彼を起用して「蝦夷地の遺利を拾」おうと、昵懇にしている木屋又三郎に共同で業をおこすよう誘った。しかし、木屋が応じなかったので、北風は自分の手船を嘉兵衛に与えてまかせた。嘉兵衛が巨万の富を得てきたので、北風は利益を二人で山分けしたのであった。嘉兵衛は、北風からの成功報酬と鰹業による自己資金を元手に、辰悦丸を持ち船としたのであろう。兵庫の有力な海運業者である北風家の協力があれば、若造の嘉兵衛でも辰悦丸を建造できたであろう。

辰悦丸を手船に

嘉兵衛が辰悦丸を手船として独立した時期に関しては、従来一七九六年（寛政八）が通説となっていたが、最近一七九九年（寛政一一）ないし一八〇〇年（寛政一二）という説が出ている。一七九六年（寛政八）は、箱館高田屋の四代、すなわち、金兵衛の孫にあたる高田篤太郎氏の手による『高田屋嘉兵衛逐年経歴』や、高田一族の高田敬一氏の『高田屋嘉兵衛翁伝』の記述を根拠としている。一方、一七九九年（寛政一一）ないし一八〇〇年（寛政一二）説は、同時代の文献、すなわち、一七九八年（寛政一〇）の石見浜田外浦の廻船問屋清水家「諸国客船帳」の兵庫廻船一覧に、「船主　和泉屋　船頭　嘉兵衛」と記載されていることなどを根拠にしている。日露関係の文献でも、一七九九年（寛政一一）の段階で、嘉兵衛は「辰悦丸其他ノ手船並ニ雇船都合五艘」に米塩その他を積んで箱館へ向かったとある（岡本柳之助、一八九八）。

辰悦丸の建造そのものは「辰年にちなみ悦びにあふれるよう」という命名の由来から考えて、辰年、すなわち、一七九六年（寛政八）に完成したと見るのが妥当であろう。さらに、嘉兵衛は「辰悦」とも言われていた（過去帳）ことからも、辰悦丸と嘉兵衛の強い結びつきが感じられる。一七九五年（寛政七）の正月の親族会議の席で、新しく建造する船として「辰悦丸・一五〇〇石」のことがあがっていることからも、名称や船の規模に嘉兵衛の意志が反映されていると思われる。当初の筆頭船主は和泉屋伊兵衛であった可能性が高いが、建造の初期段階から嘉兵衛が一定の権利を持ち、一七九九年（寛政一一）の段階では、排他的な単独船主となったのであろう。

初夢伝説

高田屋兄弟の一体性を象徴するような伝説が残っている。一七九七年（寛政九）正月、兄弟六人が集まって、屠蘇酒、煮餅という元旦初祝いの席上、嘉兵衛は、太陽が北海よりのぼる初夢をみた、太陽は常に東海より出るものなのに、北海から出るとはなんと奇妙なことかと話した。長弟の嘉蔵も、同様に北海の日の出の奇夢を見たという。三弟の金兵衛も、同じく紅暾の北海より輝き出る夢を見たという。六人兄弟は驚嘆の声を発して、北海より太陽が昇るとは、北海での事業が幸福多幸である吉兆であると悦び、改めて祝盃をあげた。六人兄弟は異体同心となって、蝦夷地交易開発事業に努力邁進せんことを誓いあった。

夢のお告げにより北海海域に乗り出し、数年で巨万の富を得た高田家では、元旦の夢の吉兆を長く祈念するために、江戸浜町の絵師狩野《かのう》正栄《しょうえい》斎《さい》幸信《よしのぶ》に依頼し、旭日昇天の図を掛け軸の形に表現した。

この掛け軸は、家宝として今も大切に保存されている。嘉兵衛が信心深かったことは、ロシアの文献でも確認することができる。天候に運命が左右される海の男であれば、超自然が示す兆候を大切にするのは、当然のことであろう。

5 躍進する高田屋

嘉兵衛と高田屋の本店のあった兵庫の西出町の結びつきは強く、一七九〇年（寛政二）に淡路島から移り住んで以来、一八二二年（文政五）に本店を箱館に移すまで、西出町に本拠地を置いていた。一七九六年（寛政八）、嘉兵衛はここに「諸国物資運漕高田屋」の看板を掲げた。

高田屋本店開設

高田屋急成長の秘訣の第一は、兵庫という地の利を得たことだろう。当時大坂は経済の中心地で北前船の終点であった。兵庫はそのひとつ手前の港である。大坂では新参者の高田屋が食い込む余地はなかったかもしれないが、兵庫は親戚の堺屋がそれなりの成功を収めた土地であるので、その援助を得て一角に食い込むことができた。

第二は、小が大を吸収するという常識を覆す発想で、高田屋一門のネットワークを形成し、そのバックアップを得て飛躍的に成長したことである。家族や親族によるネットワークは嘉兵衛をトップとする会社組織のような階層をなし、家族や親族がそれぞれの職能を分掌することが発展につながった。

高田屋は親族で巨大な船を新造し、馬関、長崎、北越、奥羽、江戸方面を乗り回し、商運が好況に向かった。

第三は、イメージ戦略に成功したことである。北前船でもひときわ巨大な辰悦丸を手船とし、かね高、まる高、やま高のロゴマークを発案し、高田屋ブランドのシンボルとしたことである。この商標はその商品の品質の高さとあいまって高田屋の信用をたかめていった。

兵庫の高田屋

兵庫と高田屋の強い絆を物語るものが兵庫には多く残っている。本書執筆に際し、嘉兵衛と関係の深い七宮神社をたずねた。前述したように、ここには辰悦丸、寛政丸、春日丸の雛形が保存されていた。七宮神社からほど近いところにある竹尾神社には現在、高田屋嘉兵衛顕彰碑が建っており、高田屋本店はこの神社の向かいにあったという。この記念碑のある前の道路は嘉兵衛を主人公とする司馬遼太郎の歴史小説『菜の花の沖』にちなんで、「菜の花ロード」と名付けられた。国道二号線沿いには、西出鎮守稲荷神社（通称チヂミ神社）があり、嘉兵衛が奉納した灯籠が残っている。「海上安全　兵庫津高田屋手船　文政七年」の文字が刻まれている。すでにこの時代、嘉兵衛は淡路島に隠居していたのだが、兵庫のことを忘れていない。嘉兵衛を記念して西出町の自治会がつくった「まちなか倶楽部」という小さな高田屋嘉兵衛資料館が、本店跡の近くに建っている。

本店の姉御ふさ

ふさは、各地を飛び回る夫の留守を守り、子二人を育て、本店を切り盛りした。

彼女は、高田屋一門の要として、「姉御」と慕われ、世間からは「賢婦」と賞賛された。

嘉兵衛はほとんど海難事故を起こさなかったというが、実際には少ないとはいえ、事故の記録が残っている。順風満帆とはいえ、金策に困ったことをうかがわせる文書も残っている。「板子一枚は地獄」といわれる船乗り稼業である。ふさは夫の無事な顔を見るまで心配だったであろう。西出町の鎮守神社には百度石があるが、ふさは夫の帰りを待ちながら何度となく深夜にお百度を踏んだことであろう。婦女を乗船させることは禁じられており、再会を心待ちに嘉兵衛の帰りを待つしかなかった。

ふさは六人兄弟の長男の嫁として両親の世話もし、弟たちの家にも配慮し、高田屋の統領の嫁としてさまざまな高田家の行事をこなした。また、高田屋本店の女将として水夫の賄いや客の接待も担当した。

後述するように嘉兵衛がロシア船に拉致された時、同行を志願した四人は、思い留まるよう説得する嘉兵衛に対し、「兵庫の姉御になに面目あって顔あわすことができようぞ。四人はいっしょに拘引されてカムサツカにまいります」といったという（『和田姓高田屋嘉兵衛実伝記』）。この四人の言葉は、高田屋の女将としてのふさの存在の大きさを物語っている。

嘉兵衛とふさの間には、くにと弥吉という一男一女があった。出世に次ぐ出世、事業拡大で忙しい高田屋本家は、物質的にはきわめて裕福であったが、父のいない留守宅では子供の身持ちが悪くなったと記録にある。

嘉兵衛が子供を愛し、ふさを愛していたことは間違いない。嘉兵衛は海運業の全国展開、蝦夷地開拓、日露の紛争解決に忙しく家庭を顧みる余裕はなかったのではないだろうか。余裕がない夫を支え、ふさは家族や一門の者をたばねて、家を守った。

工楽松右衛門との出会い

青年嘉兵衛は家族や親族だけでなく、兵庫の先人同業者からも多くの援助をうけ、商売の真髄を学んだ。この頃の兵庫では傑出した人物である工楽松《くらくまつ》右《え》衛門《もん》や北風荘右衛門が活躍していた。江戸時代、兵庫は海に面しない西国街道の宿場である岡方と海に面した浜方に分かれていた。浜方はさらに築島船入江という内海により北浜と南浜に分かれていた。北浜では、鍛冶屋町に北風荘右衛門が、西出町に嘉兵衛が、佐比江町に工楽松右衛門が住んでいた。互いに歩いて一〇分ほどしか離れていない近所同士で、北浜は有力船主が集住していた地区である。

工楽松右衛門（御影屋）は嘉兵衛より二六歳年上で、一七四三年（寛保三）、高砂町の直乗船頭の家に生まれ、若くして兵庫に出て佐比江町の船持ち御影屋平兵衛に奉公し、自ら船乗りとなって働いた。一七九六年（寛政八）までの間に独立し、佐比江町新地の御影屋松右衛門として、廻船業を営んだ。

松右衛門は創意工夫の人で、木材を筏にして運んで喝采をあびたり、蝦夷地の鮭と昆布に目をつけ荒巻鮭の商品開発を行った。彼の名前を不朽のものにしたのは、何と言っても「松右衛門帆布」の発明であろう。一七八五年（天明五）に太い木綿糸を用いて厚くて丈夫な帆布を発明することで、廻船の帆走時間を短縮し、航海の向上に著しく貢献した。松右衛門は帆布の製法を秘密にして独占することなく公開し、航海技術の向上に努めた。彼は日頃以下のようなことを言っていたという。

人として天下の益ならん事を許ず、碌々として一生を過さんハ禽獣にもおとるべし。凡其利を窮るに、などか発明せざらん事のあるべきやハと（吉田登、二〇一〇）。

人として世の中のことを考えず世の中の役にたたないまま一生を過ごすのは、畜生にも劣るというのである。社会に貢献するという公益優先の発想は、高田屋嘉兵衛にも共通するものである。これは兵庫の名門北風家の家風の影響による「兵庫スタイル」といえるかもしれない。

松右衛門は蝦夷地との結びつきが深く、エトロフ島で波止場の建築をしたと言われる。彼がつくった埠頭は「松右衛門澗（港）」と呼ばれた（『私残記』）。建設時期をめぐって、一七九〇年（寛政二）説、一八〇〇年（寛政一二）説、一八〇二年（享和二）説がある。嘉兵衛との関連でいえば、一八〇二年説では、この工事は高田屋嘉兵衛の推挙によるという（『函館市功労者小伝』）。また、一八一九年（文政二）と一八二〇年（文政三）の両年、不漁続きで漁民が困窮した時に、嘉兵衛が弟の金兵衛に命じた失業者対策があった。沖にあった邪魔になる大きな石を高田屋の屋敷まで運ばせる作業を行わせ賃金を払ったのであるが、その時利用した石引き機を作成したのが松右衛門であった。この石は亀石といい、今も残っている。松右衛門の創意工夫に対し、幕府は一八〇二年（享和二）、工夫を楽しむという意味の「工楽」の姓を与えた。一八一二年（文化九）、ゴロヴニン事件が起こった年に、彼は七〇年の生涯を閉じた。

北風荘右衛門との出会い

松右衛門に劣らず嘉兵衛に大きな影響を与えた人物に、北風荘右衛門貞幹がいる。

北風家は、先述のとおり兵庫の名門で「兵庫の北風か北風の兵庫か」といわれた兵庫商人の代表的人物である。北風の遠祖は、八代孝元天皇《こうげんてんのう》の曾孫彦也須命《ひこやすのみこと》から出たといわれる名門である。以来、明治になり北風正造の代で没落するまで、北風家は続いた。他の商家と違い、屋号は使わず、北風でおし通した。嘉兵衛の頃は北風六三代の荘右衛門の代である。兵庫の発展に北風家は大きく貢献している。

中世まで日明貿易の港として栄えた兵庫も、近世初期には、豊臣政権の根拠地大坂の潮待ち港や荷物の積み替え港にすぎなくなっていた。いかにして兵庫で積荷を降ろさせ、商いをさせるかが、兵庫商人の課題となっていた。そこで北風家五七代の荘右衛門恒村は、荷主や船頭を無料で自家に泊め、大坂では受けられないような厚遇をすることで、兵庫に諸国の商船を引きつけるようにした。北風家では船子の逗留中の宿泊料は一切とらず、船子のために大風呂を設けて自由に入浴させた。飯時に台所へくると、名も問わずに、一汁三菜の食事を提供し、銚子も一本つけた。曇天には軒下に雨傘をうず高く積み上げ、自由に使わせた。船中で病人が出ると、引き取って手厚く養生させ、兵庫の地で息を引き取った時にはねんごろにこれを葬り、店の費用でまかなった。これは北風の代々の遺風となり、大坂の問屋は太刀打ちすることができなかった（安田荘右衛門、一九六三）。

荘右衛門貞幹は諸国に拾うべき遺利がないか、外部の手下に探らせた。万一、不調法があっても北風家に累をおよぼさないためである。彼は優秀な人間を雇い、他人が気づかないところで巨利を得た。

雇った人間には分配金と仕事を与え、独立させたが、それ以降は縁をきった。荘右衛門が蝦夷地の遺利を拾うのに起用した人物が、高田屋嘉兵衛である。用心深い北風は、遺利を拾わせた人間との関係は一回限りで解消した。独立させた後は、高田屋とも縁をきり、二度と手を結ぶことはなかった。

北風家の商売のやり方を間近に見ていた嘉兵衛は大いに影響を受けた。利潤を追求し、自分の懐を肥やすだけでなく、社会の福祉や厚生に利益を投入し、回りまわって仁徳で人を動かすというこの経営スタイルは、嘉兵衛も新天地蝦夷で用いて、人望を集めることになる。寝食を共にし、気分を共有するコミュニケーション法は、後にリコルドとの間に、同志としての一体感を形成するのに用いられた。

嘉兵衛が二〇代を兵庫で過ごしたことは、彼のその後の人生に大きな影響を与えた。親戚の堺屋喜兵衛によりきたえられたおかげで、度胸と緻密な判断をあわせもつ優秀な船乗りに成長した。五人の弟たちとの共同経営、親戚の和田姓高田屋の協力と支援、賢夫人ふさの内助の功、工楽松右衛門や北風荘右衛門の知遇と援助を得ることができた。嘉兵衛は兵庫の町人文化の粋をたっぷり吸収し、六年あまりの短い兵庫時代を助走期間として、蝦夷地へ大きく雄飛することになる。

第三章　箱館への進出

1　箱館支店を開設

一七九六年（寛政八）、青年海運業実業家の嘉兵衛は酒、藍、綿布を満載して出羽の酒田に向け出帆し、そこでさらに米を買い積みして、蝦夷地の箱館へと向かった。二年後には箱館に支店を開店している。一七九五年（寛政七）頃から嘉兵衛のなかに芽生えてきた北へ向かう意識を具現化したのだった。

異境に着目

事業拡大に際し、数ある港のなかで蝦夷に支店をおくことにしたのは、霊夢に示唆を受けたことも大きいが、以下のような現実的発想もあったことを、彼の弟たちの話を収録した『蝦夷物語』は伝えている。すなわち、同業者が多い「津々浦々にては其類多く利潤も速々《はかばか》しからざれば寛政七卯の年の比より松前の辺りへ行売買」したという。当時は流通業が発達し、全国的な規模で海運業のネットワ

箱館の図

（海が両側から陸地に深く湾入した天然の良港）

ークが張りめぐらされていた。日本各地には競合する海運業同業者がひしめいており、新参者が入り込むのは困難だった。まだ同業者が目をつけていない商業空間を探さなければならなかった。嘉兵衛が着目したのは、当時の人々の感覚では「異国」や「異境」と認識されていた蝦夷地だった。

　蝦夷の支配者である松前氏は、松前を中心とした領域を和人地として、残余の領域である蝦夷地と区分する政策を採っていた。和人地は松前、江差など西蝦夷地を中心とする地域であった。松前や江差は松前藩のお膝元で松前商人が勢力をもち、新参者が食い込む余地はなかった。淡路の新在家でよそ者の悲哀を味わった嘉兵衛は、既存の商人勢力との競合が避けられない松前や江差ではなく、東蝦夷地に位置する港町箱館を拠点にすることにした。

箱館は古くはウスケシ（宇須岸）と言われ、中世には全盛を誇り、松前、江差とともに「三湊」と言われたが、アイヌの乱の巻き添えとなり和人が去って、この頃には、松前や江差に遅れをとる寂れた港と化していた。しかし、箱館が東蝦夷地にあり閑散としていることは、競争者が少なく大きなビジネスチャンスを約束していた。嘉兵衛は得意の逆転の発想で栄えている西蝦夷地ではなく、開発の遅れた東蝦夷地を背後地とする箱館に拠点をおくことにしたのである。

天然の良港

嘉兵衛が寂れた港町箱館に白羽の矢を立てたのは、松前商人との競合を避けるという消極的理由だけでなく、積極的な理由もあった。すなわち、箱館はまれに見る天然の良港だったのである。

港町としての箱館を松前や江差と比較して、一七一七年（享保二）に『松前蝦夷記』は以下のように描いている。

松前町　澗悪鋪度々破船有之　右入船数三百艘斗（中略）江指村　澗　船懸り能候よし　北風ニハあしき由　右入船数七百艘斗、年ニより不同（中略）亀田箱館　澗　船懸り能候よし　七八斛（百）以下三十斛位迠之船　弐百艘斗、年ニより不同有之候由（『松前町史　史料編』）

松前は破船事故が発生しやすく、江差は船懸《ふながかり》は良いが北風が障害となる。これに対して、陸地に深く湾入した箱館は風浪の影響を受けることが少ないので、「綱知らずの港」と言われた。(『函館区史』)、すなわち、纜《ともづな》(船尾にあって船を陸につなぎとめる綱)がなくても大丈夫な天然の良港だった。港としての機能の点からは、破船事故が発生しやすい松前や、北風の影響を受けやすい江差より、箱館ははるかに優れていた。嘉兵衛はこの地理的条件に着目したのであった。

将来性に期待

この頃、外国船、とくにロシアの船が蝦夷地近海に出没するようになり、幕府は従来のように蝦夷地を放置しておけなくなっていた。後述するように、一七八五年(天明五)に幕府は探検隊を派遣し蝦夷地を調査、同年、箱館に役所(俵物会所)をおいた。当時の対外交易の主流は中国で、取り扱う物資は長崎俵物(いりこ、干鮑《ほしあわび》、鱶鰭《ふかひれ》、のちに昆布も)であった。幕府は、俵物の増産を奨励し、抜け荷を取り締まるために、俵物会所を箱館に開設した。幕府が蝦夷地を直轄するようなことになれば、幕府の役所のある箱館が直轄地の中心になる可能性が高かった。時代を見るに敏な嘉兵衛は、箱館の将来性にも着目したのであった。

嘉兵衛は、兵庫津で工楽松右衛門や北風荘右衛門が蝦夷との交易で活躍しているのを目にしていた。嘉兵衛の炯眼は、政治面だけでなく、経済的な側面においても、箱館が新しい流通網の拠点のひとつになりつつあることをとらえていた。

白鳥勝右衛門や白鳥新十郎との出会い

箱館に乗り込んだ直後の嘉兵衛は、回船宿白鳥勝右衛門方に止宿して積荷の売り捌《さば》きや産物交易などを行った。白鳥勝右衛門は、箱館の有力者である白鳥新十郎の別家であった。嘉兵衛はなぜ白鳥家に厄介になったのか、松浦武四郎の『蝦夷日誌』はその間の事情を次のように伝えている。

嘉兵衛元兵庫より箱館へ下りし時、金三分をもちて白鳥新十郎と申ものの宅へ来り、此家に世話に相成候。日雇を致し其才気を白鳥にしられて十両の金を借、是を元手に初めし身上なりとかや。此事委敷白鳥氏より聞。

須藤隆仙氏は、この記述を白鳥新十郎の妬みによるもので、一五〇〇石もの大船の船頭が日雇いをするわけがないとしている。当時の嘉兵衛は辰悦丸を入手するのに自己資金の全てをつぎ込んでいた。もともと裸一貫から船頭になった身で、まだ体力の衰えを感じない嘉兵衛は、日雇いになるのにさほど抵抗感がなかったのではないか。ここでは、船頭のプライドをかなぐり捨て、白鳥家の日雇いをして認められ、一〇両の借り入れに成功した嘉兵衛の根性に注目したい。資金調達力は商人には最も重要な能力で、箱館の名門白鳥家に才能を認めさせ、よそ者に支店開設資金を用立てさせた嘉兵衛は、やはりただ者ではない。

白鳥家は現在の岩手県出身で、豊臣秀吉の時代に松前に渡り、その後に亀田（現函館）に移り住み、松前藩成立後は、亀田の代官を務めている。嘉兵衛に一〇両の金を用立てた白鳥新十郎は、箱館の町年寄を務めた豪商で、日露交流史にもその名が刻まれる人物である。すなわち、一七九三年（寛政五）に箱館に入港したロシア使節のアダム・ラクスマンや大黒屋光太夫が、白鳥家で入湯して饗応を受け、帰国時にも、順風待ちでエカテリーナ号の出帆が遅れた時に、ロシア人一行が五日にわたり宿泊している。ラクスマンは歓待をうけた白鳥家のことを日記に記している。白鳥家のこの日の饗応の献立は小宮山綏介編『江戸旧事考』巻二に記録が残っているが、三の膳つきの立派なものであった。

ロシア人との交流体験がある白鳥は、嘉兵衛にロシア人のために特別の椅子やトイレやベッドをあつらえて歓待したことなどを話したに違いない。白鳥家の自慢話は、後に日露交流の際に押さえるべきポイントを嘉兵衛がつかみ取るチャンスを与えた。箱館の有力商人との人的ネットワーク構築に嘉兵衛は早くも成功している。まずは順調な滑り出しといえよう。

箱館支店の成功

一七九八年（寛政一〇）、白鳥新十郎の協力を得て、開店資金調達に成功した嘉兵衛は、箱館の大町に支店を開設し、三番目の弟である金兵衛に箱館支店をまかせた。その所在地は現在の函館市大町九―八で、跡地には「高田屋本店跡」の石柱が建っている。前述したように、北前船は荷主から運賃をもらって荷物を運搬する賃積船ではなく、船主がみずからの才覚で物資を買い付け、売買しながら航海をする買積船であった。各地の寄港地で有利な商売をするには情報収集が肝心だった。嘉兵衛は和田姓高田屋とも協力し、日本海沿岸に情報網をはりめぐらしていった。高田屋の経営は成功して、営業は拡大し、持ち船も増え、事業は急成長を続けた。

嘉兵衛が箱館支店を開店した年は幕府が北辺警備に乗り出した年でもあった。蝦夷地では日本の対外システムにパラダイムシフトを迫るような出来事が、あいついで起こるようになっていた。蝦夷地近海で外国船が頻繁に姿を現すようになっていたのだ。とくにロシアは一七九二年（寛政四）には正式の使節を送り、通商関係樹立を公式に要求した。

嘉兵衛が箱館に支店を開設したことは彼の人生を北海に結びつけることになる。嘉兵衛の人生が北の海に開かれていったことと、幕府の蝦夷地政策が蝦夷地の内国化へ軸足を移動したこととは、密接にからみあうことになる。

2 幕府の蝦夷地政策

寛政の蝦夷地再調査

蝦夷地を騒がしたのはロシアだけではなかった。ラクスマンが帰国して三年後、一七九六年（寛政八）、ブロートン艦長が指揮する英国軍艦プロビデンス号が内浦湾へ停泊するという事件がおこった。ブロートンは翌一七九七年（寛政九）にも絵鞆（室蘭）に来航し、松前沖にも姿を現し、松前藩士と接触した。さらに、二年前の一七九五年（寛政七）、前松前藩主の道広の招きで松前に来て兵法を教えた大原左金吾《おおはらさきんご》が道広とロシアとの密貿易を疑い、『地北寓談』や『北地危言』で北辺警備の必要を強調していた。このような緊迫した事態のなか、幕府は一七九八年（寛政一〇）、天明の蝦夷地大探検（一七八五〜八六年）以来一三年ぶりで、再び蝦夷地調査を行うことにした。一八〇余人の大調査隊を派遣し、抜け荷の有無や蝦夷地直接経営の可能性を探るためであった。

調査するなかで、松前藩での北辺防備ができていないこと、場所請負商人によるアイヌ搾取の実態があきらかになり、通路開鑿が急務であることも判明した。さらに、蝦夷地にはロシアが進出しており、ロシアとの密貿易が行われている疑いもあり、アイヌがロシアになびくようなら容易ならぬことになることも懸念された。この時の調査に基づき、幕府は蝦夷地直轄を決意することになる。

東蝦夷地上知

一七九九年（寛政一一）一月、上知《あげち》が松前藩に達せられた。この時の上知は七年間、東蝦夷地の内浦河から知床岬までおよび付属の諸島を幕府の用地とし、これを経営するというものであった。同年八月には、知内から箱館、浦川の地域も追上知となり、蝦夷地の内国化はさらに加速された。

幕府は新たな政策を立案し、「蝦夷地開国御用趣意書並有司之事」を示した。その方針は「開国」、すなわち、あらたに一国を興すつもりで蝦夷地開発をすすめるというものだった。

それは従来の蝦夷地経営を一八〇度変換させるものであった。その第一の趣意は、アイヌに「日本風俗」を教え、外国が懐柔しようとも心底動揺せぬようにさせることであった、アイヌに日本語を教えることは松前藩では禁じていたが、幕府はアイヌに日本の言語、文字、衣服、医療、田畑耕作を教え、貨幣使用などを奨励し、アイヌの日本化を積極的に推進した。

趣意の第二は、アイヌとの交易を「町人」ばかりにまかせておくと「不正」が行われるので、悪徳商人の弊害をなくすために、場所請負制度を廃止し、産物の交易を幕吏が統制し、直捌《じかさば》き制度をとるというものであった。

蝦夷奉行設置

一八〇二年（享和二）二月、幕府は東蝦夷地を七年だけではなく、永久に上知させることにし、蝦夷地取締御用掛を廃免し、羽太正養《はぶとまさやす》、戸川安論《とがわやすのぶ》の二人を新たに設けた蝦夷奉行に任命した。翌一八〇三年（享和三）箱館に新築の奉行所が落成すると、五月からは蝦夷奉行は箱館奉行と改称された。

箱館奉行二人は江戸・箱館に一年交替で勤務し、その下には吟味役二人が三年箱館在勤、調役・調役並・調役下役二一人のうち、七人は江戸詰、一四人は箱館在勤で、このほかに在住・同心・足軽・雇などの役職があった。

幕吏の注目を浴びる

前述したように、嘉兵衛は松前や江差ではなく箱館に支店をおき、海商としてめきめき頭角をあらわしていた。その類まれな力量は蝦夷地の開拓を担えるデベロッパーを物色していた幕府の役人の注目するところとなっていた。松前藩の手あかがついていない人材という点からも、嘉兵衛はうってつけであった。一七九九年（寛政一一）、幕府の東蝦夷地直轄にともない、酒田港に赴いて物資の購入にあたっていた幕吏は、その輸送を嘉兵衛に依頼した。こうして官とのつながりができた嘉兵衛は、厚岸、根室、クナシリ三場所の旧請負人の産物を買って輸送にあたった。東蝦夷地の直轄にともない、従来からの場所請負制度が廃止されたためである。

嘉兵衛の蝦夷地事業は、幕府の物資輸送を請け負うことにより、急速に発展していった。以後、嘉兵衛は蝦夷地担当幕吏との間に次々と人的ネットワークを構築し、幕府が蝦夷地から撤退するまでの約二〇年間、幕府と緊密に協力して、独特の北海交易圏を築くことになる。

嘉兵衛に北海交易圏建設を可能にしたきっかけ、それは当時の幕府の最大の懸案であるエトロフ島開島成功であった。

3　ロシアとのインターフェイス

当時のエトロフ島認識

幕府が蝦夷地経営にあたり真っ先に試みたのはエトロフ島開島であった。当時のエトロフ島認識について、蝦夷地御用掛の一人で、後に箱館奉行になった羽太正養が、後年『休明光記』のなかで以下のように述べている。

此島は外国に近く、殊に前にいふごとく隣島には異国人も住居する事なれば、警備最厳格を尽すべしといへども、嶋周廻二百里にあまる巨嶋なれば、番所砦等の設も事ゆくべきにあらず、只々此所の蝦夷人を厚く撫育し、外国よりいかやうになづくるとも志の傾ざる様に教なす事所置の眼目と心得よと近藤、山田の両人江能々示して遣しける（中略）然るに此嶋は海路至て荒汐にて、船の往来容易ならざるよし古へよりいひ伝へ、私領の時も和人の渡海する事甚希にして、蝦夷船の外通路なし。故に夷人介抱の諸品漁具等をも此嶋に送る事を得ず。

当時ロシア人一〇人余りが隣のウルップ島で居を構えていた。その頃の日本には現在のような国境

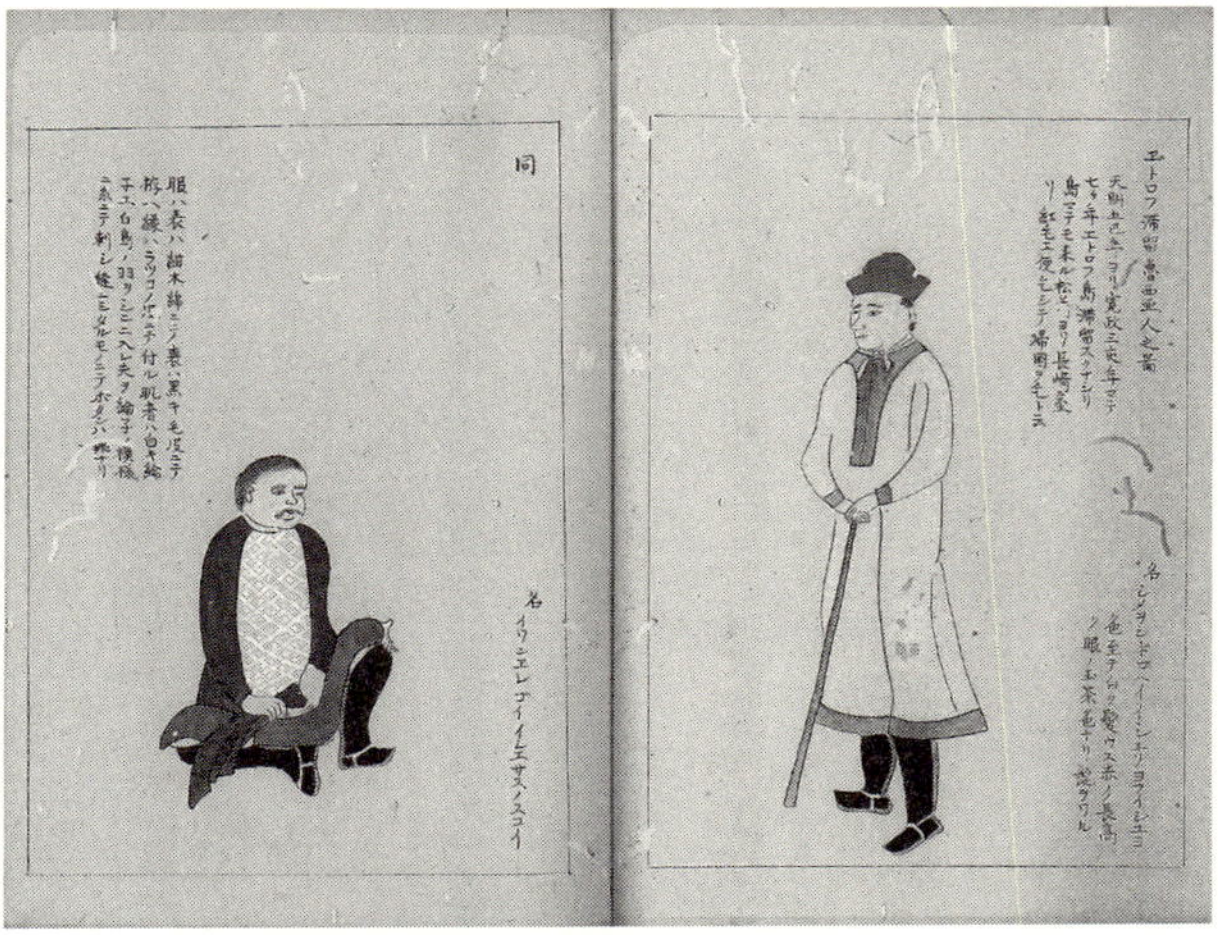

エトロフ滞留ロシア人の図
（右は天明５年から寛政３年まで７年間エトロフ島に滞在したイジョで，左はサスノスコイ）

認識はなかったが、開拓の度合いが領有の根拠となるとの認識が広まりつつあった。アイヌを「厚く撫育し」、外国になびかないように教えることがエトロフ施策の「眼目」とされた。そのためには、エトロフ島開拓に必要な人員および物資を輸送することが不可欠であった。しかし当時はエトロフ島に安全に渡海できる航路が開かれていなかった。まずは航路の開拓が先決課題であり、航路開拓を託すに足りる船頭を見つけなければならなかった。

天明のエトロフ島探検

ここで嘉兵衛が登場してエトロフ航路を開拓するわけであるが、しばしば誤解されているように、日本人としてエトロフ島へはじめて渡海したのは嘉兵衛ではない。嘉兵衛がエトロフ島への航路開拓という快挙を達成する一三年前の一七八六年（天明六）、最上徳内《もがみとくない》（一七五五〜一八三六年）がクナシリ島からエトロフ島に渡っている。最上は出羽（山形県）の農民出身で、天明の蝦夷地調査隊に竿取りとして参加し、一七八六年（天明六）、海が凪いだわずかの間隙をぬって蝦夷舟でエトロフ島へ渡った。最上はエトロフ島で交易のために滞在していたロシア人と遭遇した。彼らは日本側資料ではイジョ、サスノスコイ、ニケタという。最上はイジョと生活を共にし、ウルップ島まで足をのばした。最上はロシア人から、千島が列島であることや欧州地誌に関する情報を収集しただけでなく、異文化交流を深め、イジョからパスポートまでもらっている。

さらに最上はロシア人が建てた十字架を目撃している。この間の事情は彼が書いた『蝦夷草紙』あるいは近藤重蔵《こんどうじゅうぞう》が書いた『辺要分界図考』に詳しい。

「大日本恵登呂島」の標柱を立てる近藤重蔵
（1798年，幕府の第三次北方探検に最上徳内らとともに参加，エトロフ島に標柱を立て日本領有を宣言した）

さらに、近藤重蔵（一七七一～一八二九年）も嘉兵衛の快挙の一年前、一七九八年（寛政一〇）の蝦夷地巡察の際に、使番《つかいばん》（遠方において職務を行う幕吏に対する監察業務を担当）の大河内善兵衛《おおこうちぜんべえ》の命をうけて、クナシリ島からエトロフ島に入り、最上とともに島内の事情を偵察した。近藤がクナシリ島からエトロフ島へ渡った際、彼の乗った舟は木の葉のように海に翻弄された。近藤は着籠姿（衣服の下につける鎧）で決死の覚悟を見せ、同乗のアイヌの人々を叱咤激励し、渡海に成功した。エトロフ島で最上とおちあった近藤はこの時、エトロフ島のタンネモイの丘に「大日本恵登呂府」という大きな標柱を立て、日本の領土であることを宣言した（木村謙次『蝦夷日記』）。

「大日本恵登呂府」の標柱

近藤は翌一七九九年（寛政一一）、エトロフ開発を担当する山田鯉兵衛とともにエトロフ島にクナシリ島から再度渡海しようとしたが、この時は失敗している。潮の流れの法則性をつかんだ安全な航路の発見は、潮見に長けた嘉兵衛の登場を待たなければならなかった。

4　エトロフ島渡海

海路乗試御用船頭募集

エトロフ島は、日本人がほとんど行ったことのない島だったが、隣のクナシリ島とは目と鼻の先の距離（約二二キロメートル）の所にあった。両島の間を隔てるクナシリ水道（ロシア語ではエカテリーナ海峡）は波が荒く、濃霧が発生する危険な場所であった。潮速は時速約九キロメートルである。幕府はエトロフ島を開拓しようと、人員と必要物資を輸送しようとしたが、クナシリ水道は、風波平穏の時にかろうじてアイヌの小舟が航行できる状態で、少しでも風波があれば転覆を免れることができない魔の海峡だった。それゆえ多数の人員物品を輸送しようとすれば、まず堅牢な船舶を選んで、航海に熟練した船乗りに乗り組ませなければならなかった。幕府は熟練の船頭を広募すべく「海路乗試御用船頭召募の布令」を発した。

この頃、嘉兵衛の確かな航海術と誠実な仕事ぶりが評判となっていた。腕のいい船頭を物色していた幕府の役人が嘉兵衛の手腕を見逃すはずはなかった。

高橋三平との出会い

一七九九年（寛政一一）、箱館詰の幕吏高橋三平《たかはしさんぺい》（後に松前奉行、長崎奉行を歴任する人物である）は嘉兵衛の知己になった。

嘉兵衛が高橋と知り合った時期に関しては、一七九八年（寛政一〇）説と一七九九年（寛政一一）説がある。須藤隆仙氏が『北海道史人名字彙』を用いて明らかにしたように、高橋が蝦夷地の用を命じられ出張してきたのは一七九九年（寛政一一）であるので、彼らが出会ったのは一七九九年（寛政一一）であろう。

高橋三平は『寛政譜以降旗本家百科事典』によれば、五〇俵三人扶持《ぶち》高橋小兵衛の子として旗本の家に生まれ、一七九七年（寛政九）、部屋住みのまま勘定となる。一七九九年（寛政一一）には、御用《ごよう》掛《がかり》附《ふ》属吏員《ぞくりいん》となり羽州酒田仕入物御用取扱を任されていた。高橋は、蝦夷地が幕府直轄領になったので酒田港で物資の購入にあたっていた。これらの輸送を嘉兵衛が担当し、官とのつながりができたのである。

高橋は嘉兵衛と出会う以前に鎖国のおきての犠牲になった経験があった。ゴロヴニンはそのことを次のように述べている。

> 松前藩士である三平は津軽海峡を航海中に嵐が起こって、彼の乗った船は支那領の陸岸に流され、全員嫌疑を受けて抑留された。彼らは六年間監禁されていたが、遂にこの件につき満足なる釈明を与えて、帰国の自由を得た。松前藩には他国に行った人間は誰でも官職を剝ぐという法律はなかったので、三平は再び藩侯に仕えた。フォヴォストフの襲撃事件後、松前藩を廃止し、蝦夷地を幕府の直轄に移してからも、彼は官職を失わなかった（Головнин В. М. 1816）。

高橋三平は旗本の家柄なのでゴロヴニンが幕吏と藩士を混同したものと思われるが、彼の貴重な越境経験をよく伝えている。その後、高橋は松前奉行、長崎奉行を歴任することになるが、嘉兵衛と深い信頼で結ばれることになる。

三橋成方との出会い

さらに嘉兵衛は高橋三平の紹介により彼の上官である三橋《みはし》藤右衛門《とうえもん》成方《なるかた》（蝦夷地御用掛の五有司の一人）に拝謁した。一七九八年（寛政一〇）、幕府の勘定吟味役であった三橋は、幕府の命を受け、目付渡辺久蔵胤《のぼる》、使番大河内善兵衛とともに、蝦夷地の警備ならびに経営に関する調査を行い、その結果、幕府は自らの手で蝦夷地経営を行うことを決めたのである。一七九九年（寛政一一）、三橋は松平信濃守、石川左近将監《いしかわさこんしょうげん》、羽太正養とともに五有司に任ぜられた。

三橋はエトロフ航路を開拓することのできる船頭を求めていた。三橋が蝦夷地航路の難易を尋ねたところ、嘉兵衛は長年の経験に基づき虚飾なしに難しくないと答えた。嘉兵衛の胆略に感じ入った三橋は、一七九九年（寛政一一）三月に羽州酒田港より松前までの産物輸送を命じた。

この時嘉兵衛はわずか五、六日で任務を完了したことから、たぐいまれな操船術を見込まれ、蝦夷地に留め置かれることになってしまった。『蝦夷物語』は次のように、嘉兵衛の感情を伝えている。

嘉兵衛は日本第一の船頭なりと称美ありて嘉兵衛はかの地に御指留にぞ成けるその時自分船の水主加子抔《など》兵庫へ帰るに及でかく御さし留に成りける上は又いつか相見んと新に盃なとし涙と共に別をなせると也

仕事を終えて兵庫に帰る配下の者たちと涙の別れをしている。実力を見込まれたがゆえに、家族を兵庫に置いた単身赴任の生活が始まることになる。

近藤重蔵との出会い

嘉兵衛は御用物輸送を終えて、東蝦夷に引き返し厚岸に寄航した。そのとき厚岸にいたのが、近藤重蔵だった。近藤は一七七一年（明和八）に江戸で与力を務める守知の三男として生まれた。二八歳の時に蝦夷地御用取扱に命ぜられ、以後一〇年間で五度にわたり北方探検をしている。その後、北方警備をめぐり幕府の高官と意見が合わず、左遷され、長男の富蔵が隣人七人を殺傷する事件をおこし、監督不行き届きにより大溝藩にお預けになり、獄舎で生涯を終えた。前述のように、近藤は、嘉兵衛に出会う前年に志願して蝦夷地巡察の幕臣団に加わり、エトロフ島に「大日本恵登呂府」という大きな標柱を建てていた。嘉兵衛と出会ってからは、協力してエトロフ島で漁場を開いたり、郷村制を敷いて開発につとめることになる。

近藤はかねてより嘉兵衛の人となりや航海術の高さを聞き及んでいたので、嘉兵衛を旅宿に招き、クナシリ島とエトロフ島との間の潮の動向について諮問した。嘉兵衛は近藤の諮問に対し航行することができると請け合った。嘉兵衛を面接した近藤は心をつよくした。

結局、寛政一一年（一七九九）のエトロフ島渡航船師の募集に対し、応募する者はいなかった。

嘉兵衛の覚悟と準備

一七九九年（寛政一一）九月、公儀の役人たちは、嘉兵衛にエトロフ島渡海を試みるようしきりに勧めた。嘉兵衛の才覚をもって渡海に成功すれば、公儀のためにもなるし、褒美ももらえると彼らは説得を重ねた。引き受けるべきか否か迷った嘉兵衛は、奥州南部の船頭や土地の海上案内の者たちに相談した。生きて帰れるかどうか分からない魔の海峡を渡海すべきか否か、妻子のある身でもあり、すぐには決心がつかなかった。その時の心の葛藤を『蝦夷物語』は、次のように伝えている。

試みにわたりかけし処満汐干汐行違ひしかもその勢ひ励しく中々渡り得べき方便もなく誠に命こそ

物種とて一たびは空しくやみけれども嘉兵衛熟々考へ御大身の御言葉を下され折角御選み出しに逢ひ奉りし詮もなく此事止みなん事本意なし

嘉兵衛は彼の力量を評価し、白羽の矢を立てた人たちの信頼に応えることにした。危険と背中あわせの大きなビジネスチャンスでもあった。

嘉兵衛はエトロフ島渡海という大きな賭けに打って出ようとしたわけであるが、実行に移すに際し、周到な準備を行っている。彼はまず根室からクナシリ島の南西端・泊へ渡り、クナシリ島を縦断し、アトイヤに到着した。アトイヤはクナシリ島の東北端にあり、エトロフ島との間の距離はわずか二二キロメートルだった。嘉兵衛は近藤が報告に行っている間、二〇日間ほどアトイヤに滞在し、高山に登って、波の動静、流れ、潮の緩急などを観察し、またアイヌの小舟を浮かべて渦潮の動向を研究したという。観察の結果、クナシリ、エトロフの間は、カラフトの潮、西蝦夷地の潮、北海の潮が二島の間で合流して一本となり、エトロフ南角の岬にあたるので、そこが大難所になっていることが分かった。嘉兵衛は綿密な観察と実験をかさね、難所をたくみに避ける航路を見出したのである。

嘉兵衛は幼少時代、淡路島で毎日潮の流れを観察し、潮の干満の時刻を言い当て、周囲を驚かしていた。さらに青年時代には、瀬戸内海、太平洋、日本海を航海するなど潮見には豊富な経験をもっていた。

5　エトロフ島航路開発に挑戦

エトロフ島渡海成功

潮の流れを見きわめ、盤石の準備を整えた嘉兵衛は、宜温丸《ぎおんまる》七〇石で渡海しようと、南部の腕利きの水主三人を雇った。しかし、いざ渡海する段になると、彼らは怖気づき、尻込みしてしまった。嘉兵衛は「吾此水路ヲ按検セン事、誓テ誤ルコトナシ、汝等随ヒ来ルモ何ノ益カアラン」と言い放ち、三人の力を借りずに、水主一〇人、番人一人、アイヌ三人で渡海を敢行することになった。嘉兵衛は近藤に「今至要ノ公事ヲ身ニカヽヘシ若シ水路ヲ按検スルコト能《あた》ハスンハ、誓テ爰《ここ》ニ還リ来ラシ」（岡本柳之助、一八九八）と不退転の覚悟を披瀝し、アトイヤを出帆した。

嘉兵衛は三つの潮が合流する地点を迂回し、進路を北に取った。アイヌたちは、危険航海の時間をできるだけ短縮しようと東に舵をとるよう懇願したが、嘉兵衛は取り合わなかった。嘉兵衛はそのまま遠回りして、約一五・七キロほど航行してから、進路を東にとり、潮を一筋ずつ渡り、エトロフ島タンネモイに上陸を果たした。彼は安全第一で近道をとらず、「渡海ノ易キ、実ニ平地ヲ行ク如シ」という形で航路を開拓したのである。

嘉兵衛の功績は、エトロフ島一番乗りにあるのではなく、潮流を観察し、安全な航路を開発したことにあった。これによりエトロフ開拓のための大型船による物資輸送が可能になったのである。すで

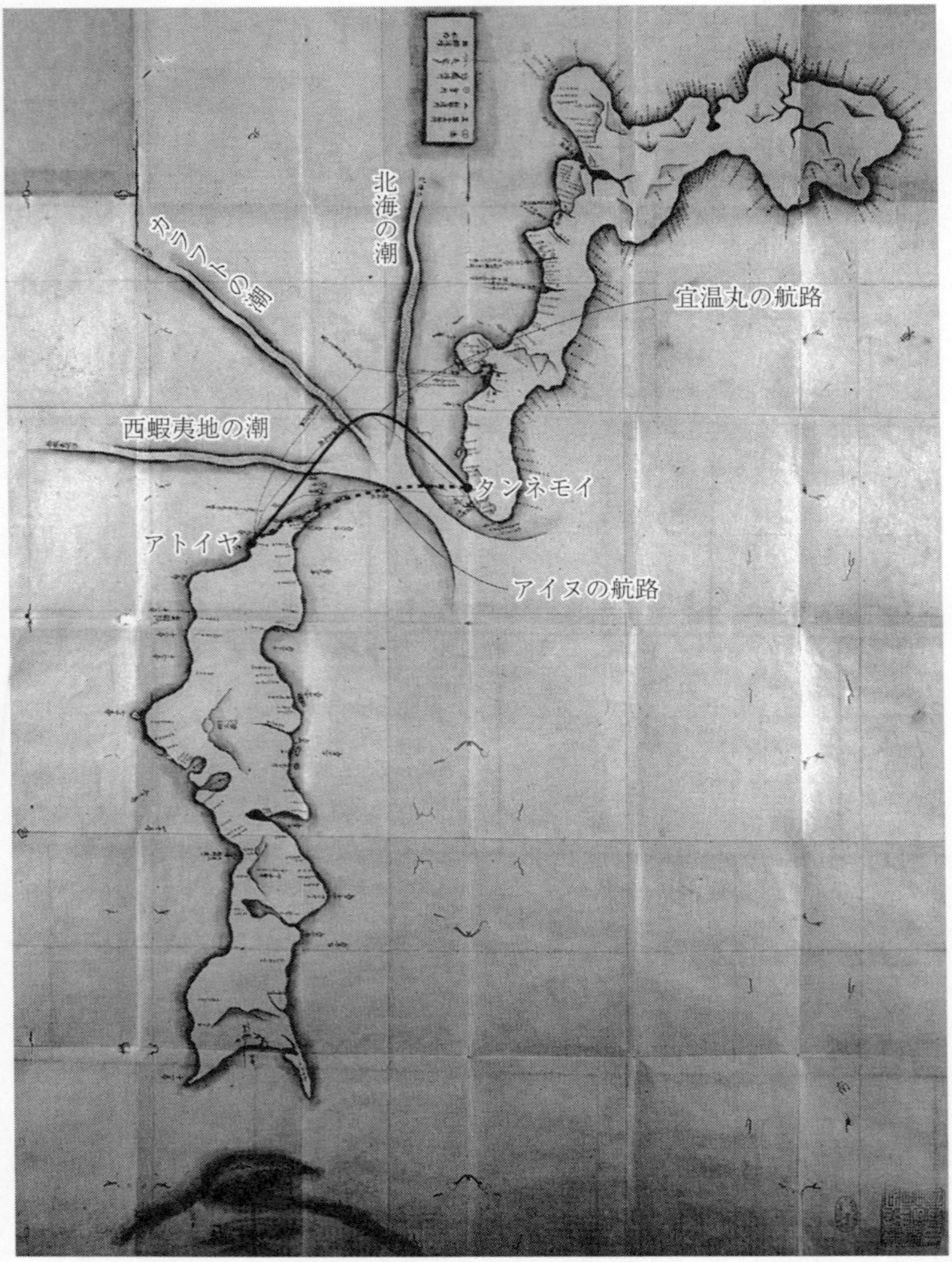

エトロフ・クナシリ新図
(エトロフ島〔上〕とクナシリ島〔下〕の間にある3つの潮流, 2島間の最短距離を行ったアイヌの舟の航路と潮の流れを迂回する嘉兵衛の宜温丸の航路が描かれている)

に見たように、航路発見に際して、嘉兵衛は十分な準備期間をもうけ、観察力・洞察力を遺憾なく発揮したのであった。

北海道大学付属図書館北方資料室には、高田屋嘉兵衛が行ったエトロフ島への航路調査の図である「エトロフ・クナシリ新図」が残っており、北方資料データベースに入っているので、超高精細画像をインターネット上で見ることができる。クナシリ島・エトロフ島間に三筋の潮流と、三本の航路が描かれている。すなわち、嘉兵衛が試乗した宜温丸の航路、それにより定めた航路、従来のアイヌの航路である。従来の航路は最短コースをとったので、三筋の潮流が合流するところで遭難することが多かった。嘉兵衛はそれを避けるために北へ向かい、それから東に舵をきってエトロフに向かうという危険水路を迂回する新しい航路を開いたのである。

嘉兵衛は、三筋の潮の流れを乗り切る航路を見つけた。こうしてクナシリ島を経て蝦夷地とエトロフ島を結ぶ航路が開発され、以後は安定的に物資が運べるようになり、エトロフ開拓が飛躍的にすすむことになる。羽太正養は「これエトロフ嶋へ大船通路の始りなり」(『休明光記』)と言っている。エトロフ島はロシアの南下を食い止める拠点となってゆく。

蝦夷地運漕物御用拝命

嘉兵衛はエトロフ島を八日間視察した後アトイヤに戻り、近藤に仔細を報告した。近藤は嘉兵衛の労をねぎらい、翌年エトロフ島を開拓することを決意した。嘉兵衛は箱館へ赴き、エトロフ航路開拓の顚末を高橋三平に報告した。高橋は嘉兵衛の労をねぎらい賞金をとらせた。嘉兵衛は高橋の推挙により、江戸で松平忠明《まつだいらただあきら》に拝謁することになった。

甲冑姿の近藤重蔵
(谷文晁作。1799年，嘉兵衛とともにエトロフ島を訪れた近藤重蔵は，再度の領有宣言をするとともに，漁場を開設して，幕吏を常駐させた)

松平忠明は一七六五年（明和二）生まれの豊後《ぶんご》岡藩主中川久貞の次男で、旗本松平忠常《ただつね》の養子となり、本丸書院番頭を務めた。一七九九年（寛政一一）、蝦夷地取締御用掛筆頭として、幕府直轄にあたっては、アイヌの保護、道路の開削、カラフト東西海岸の探査などを指揮した。忠明に随行した村上島之《しまの》允《じょう》の従者に間宮林蔵がいる。村上島之允は間宮の師で、『蝦夷島奇観』や『蝦夷地名考』を著した。また、後述する村上貞助は彼の養子である。

嘉兵衛は江戸で松平忠明に拝謁し、エトロフ島の状況を報告し、エトロフ島官物輸送の請負を託された。江戸と蝦夷地を結ぶ運送を請け負うことにより、国益に利するとともに、自らも莫大な利潤を得ることになった。

蝦夷地開拓の尖兵

嘉兵衛は兵庫に帰り、手船の辰悦丸ほか五艘の大船に雇い入れた大工などの人員を乗せ、米塩その他、鍋、釜や漁具などエトロフ開拓に必要な物資を積み込み、箱館へ向かった。

山開目黒新富士の図

（ロシア人が建てた十字架を引っこ抜き，日本領有宣言の標柱を立てる誉堂龍蔵〔近藤重蔵〕。ここでは『大日本ゑとろふ』になっている）

一八〇〇年（寛政一二）、嘉兵衛と弟の金兵衛は仙台および越後で調達した漁具と魚網を船内に納め、近藤、山田鯉兵衛などの幕吏一行と合流し、エトロフ島に向かった。

近藤は江戸を出発する際に、官船および臨時雇船に日の丸を染め出した吹抜幟を艦端に立てる許可を幕府から得ていた。また、鎖帷子を着用し、武田信玄の旗印「不動如山」を立ててエトロフ島へ渡った。

朱塗りの官船政徳丸をみたアイヌは、風に翻る旗幟をみて、大将と思しき人物が、手に紅白の指図旗をもっているので、松前から征伐の軍兵を差し向けたと思い、狼狽した様子であったという。しかし、上陸してきたのが近藤であり、高田屋嘉兵衛であるので安心して出迎えた。

再度の領有宣言

村尾元長によれば、近藤が真っ先にしたことはロシア人イジョの住居跡を探し、そこにあった十字架を倒したことだった。

それだけではない。エトロフ島のカムイワカツオイという高地に登り、「天長地久大日本国」と書いた標柱を建てた。この時に建てた二本目の標柱の文面に関しては「大日本恵登呂府」と書いたという説もある（たとえば、大森好男、一九八四）。ここでは、近藤が自著中に記する所に拠ったという村尾元長『近藤守重事蹟考』に従いたい。

この時の武勇伝は、後に豊原国周《とよはらくにちか》により「山開《やまびらき》目《め》黒新《ぐろのしん》富士《ふじ》」（目黒新富士は近藤が自宅に築いた富士塚の名称）と題して錦絵に描かれている。一八九三年（明治二六）に東京市村で上演された「山開目黒新富士」と題した芝居で市川左団次ふんする誉堂龍蔵（近藤重蔵）が、エトロフ島でロシアの十字架を引き抜き、標柱を立て、熊を投げ飛ばし、見得をきっているときの役者絵である。

和風化政策

嘉兵衛と近藤が渡海し、開島した当時のエトロフ島の生活は『休明光記』によれば以下のようであった。

孤嶋に蝦夷人男女老少合せて七百に過ず、小屋もあるかなきかの体にて穴居同様也。衣類は酋長の分、漸熊水豹犬皮の類を着し、其余は鳥の羽を綴り、又キナといふ草をとり聚て着し、或は赤裸なるもあり、十五、六歳より以下の小児は極寒の時といへども惣て赤裸也。朝夕の要器もなし、鍋一ツあれば五家、六家にて用ゆるゆへに常用をなしがたし。

嘉兵衛は手船辰悦丸に満載してきた米、塩、衣服や諸品を陸揚げし、アイヌに分配させた。漁網や漁具を与えて漁法を教え、漁獲高に応じて必要品を与えることにしたので、みな競ってこれに従事した。嘉兵衛は前年調査した漁場を再調査し、一七の漁場を開き、アイヌに漁網を用いた漁業の仕方を教えた。

ロシアがアイヌをキリスト教に帰依させ、十字架を建てたのに対し、近藤は月代《さかやき》を剃らせ、日本の着物を分け与え、日本風に改名させた。ロシアも日本もアイヌに対し強要したのは同化政策であり、アイヌにとっては異なる文化の価値を押しつけられることに変わりはなかったはずである。最上徳内の『蝦夷草紙後編』は以下のように書いている。

蝦夷御用地となりて髪を剃るべしと申付る。蝦夷ども恐れざるものはなし。若も叶はぬ時は松前領の方へ迯去るべしといふものも有。山奥へ引籠り住居せんといふものもあり。蝦夷ども心落つかぬ様子なり。ホロイヅミ会所にて、若き蝦夷の月代を剃り、日本の風俗に進めて、米、酒等を与へけるに、其親類のもの申けるは、病死するは是天命なれば哀むといへども除くべきやうもなし。今月代を剃り、先祖より受たる姿を失ひ、衆人に交りを結ぶ事も能はず、天の罪遁るゝ所なし。此上蝦夷とも交をも許さず、其身も自ら逼りて悪運の事も萠すべしとて、甚だ嘆きける。

先祖より受けた姿を失わされることに抵抗を感じているさまがうかがえる。その一方で、エトロフ島はアイヌの和風化が一番成功した島であったことも事実である。従来の嘉兵衛評伝が異口同音に強調しているように、彼の人徳が大きく作用しているだろう。こうして嘉兵衛は船乗りの境界をまたぎ、開拓植民の領域に足を踏み入れたのであった。

第四章　東蝦夷地での成功

1　大躍進

官船建造の命下る

嘉兵衛がエトロフ航路開発に成功したことは、蝦夷の行政・流通地図を大きく塗り替えることになった。ロシアの北太平洋における勢力伸張に抗して、エトロフ島開拓を推進し、アイヌの和風化政策を実行する可能性をもたらしたのである。蝦夷地開発の第一目的はロシアの千島南下をくいとめることだった。生活物資の供給や漁業指導に使う漁具の調達が必要だった。急を要するので大型船による運送が不可欠だったが、現状は以下のようなものであった。

此船舶新造ノ事ヲ御船手向井将監、手附ノ者ニ役ニ立ツヘキ相応の人物ヲ需《もと》メントシタレトモ、太平ノ世其適任ナルモノナシ、茲ヲ以テ五有司ハ、高田屋嘉兵衛ノ其任ニ適スルアルヲ以テ之レニ命シ、先ツ五艘ノ大船ヲ造ラシメントス（岡本柳之助、一八九八）。

大型船の建造は禁じられていたこともあり、仕事を引き受ける船大工は容易には見つからなかった。何事においても適応能力のある嘉兵衛に、またしても幕命が下ることになった。適材適所という言葉があるが、嘉兵衛の場合、すべてが適所といえるほど、稀有な才能の持主であった。幕吏が彼を見逃すわけはなかった。

一八〇〇年（寛政一二）、嘉兵衛は国家プロジェクトによるエトロフ島開発用の官船五艘の建造を命じられ、その監督も任せられた。破格の抜擢といえる。嘉兵衛三二歳の時のことであった。ずっしりと重い責任が彼の肩にのしかかった。

嘉兵衛の交渉力

一八〇〇年（寛政一二）一一月、官船建設を命じられた嘉兵衛は、建造費用を踏み倒されることのないよう慎重な行動を取った。権力者が受注者の場合、つぎ込んだ資金を回収できず、泣き寝入りさせられる理不尽な例は、枚挙に暇がないほどであったからである。嘉兵衛は蝦夷地御用掛に請書を提出した。それには以下の付帯条件がついていた。

一　此度ゑとろふ渡海七百石積御船、差配造リ方ノ儀被仰付有難仕合セニ奉存候、然ル上ハ御造船立被仰付、外ニ三百石積艫立船二艘造立被仰付、右両様造立日数凡六十日程相掛リ候、内三百石積二艘ハ四十日ノ内ニハ出来仕候間、私儀早々上方へ罷登り、材木板等買入仕當冬中ニ取掛リ申度候、依テ別紙（略ス）積金高ノ通三艘ノ分、金三千両一艘ノ分金千両都合金四千両ノ内金三千両、大坂表へ私着ノ砌御渡被下置候様奉願上候、残金ノ儀ハ来酉年正月廿日頃ニ是又於大坂表御下被下置候様奉願上候、尤モ御船ノ儀ハ全二月下旬迄ニ出来仕候ニ付、御見分御役人様仰出役ノ儀奉願上候、

一　御船造方棟梁ノ儀大坂高島ノ尼ケ崎吉左エ門ト申者ニ申付度、右ノ者儀抱へ町屋敷四五ケ所モ所持罷在身元慥成者ニ付、則御金奉請取候節ノ證人ニ仕度此段奉願上候、

一　御船出来仕候ハヽ蝦夷御仕入物塩二千俵、荏樽凡二千挺、此分二艘ニ積入罷下リ申度奉存候、外一艘並ニ三百石積二艘ノ義ハ上方御注文物多分可被在御座候間、御団面ノ品積受罷リ下リ申度奉願上候、

一　船頭水主賃金其外諸雑用ノ儀ハ御船乗出ノ上書付差上可申候、右御手当金一艘ニ付金三百両宛、都合千五百両ヲ御下被下置度様奉願上候、尤モ余分ニモ可被為在思召候得共、御船御用金ニ罷成申候、過金ノ儀ハ御勘定ノ節無相違候様相納メ可申候、

一　船頭ノ儀ハ私手船ニテゑとろふ島へ渡海仕候、水主ノ内慥ナル者見立為相勤可申候、尤モ右ノ者ニ付、如何様ノ議御座候共乍恐私引受御手数ニ相成不申様取計可仕候間、右願ノ通御聞済被成下置度様奉願上候以上

寛政十二年申年十二月

摂川兵庫

辰悦丸直乗船頭

高田屋嘉兵衛

蝦夷地御用掛

御役人中様（岡本柳之助、一八九八）

嘉兵衛は七〇〇石船三艘、三〇〇石船二艘の建造を請け負い、造船だけでなく、新造船の運用（七〇〇石船で塩二〇〇〇俵、荏《えごま》樽二〇〇〇を運ぶ、ほかは上方注文の品を運ぶ）、船頭の人選、乗組み員の取扱いなど航海の諸条件すべてに責任をもった。しかも、五艘の官船建造をすすめるうえで必要な代金四〇〇〇両はすべて前金で受け取ること、船大工の尼崎吉左衛門を金銭授受の証人にしたいと申し出ているのである。残金は船が完成した来年二月に申し受けるとし、さらに、船頭水夫の人件費、その他の経費は、一艘分金三〇〇両、五艘で金一五〇〇両を要求している。人件費および運転資金をあらかじめ前金として受け取り、余分はあとで清算する周到さを見せている。幕吏といえどもひるむことなく、堂々と互角に商取引の条件を明示している。この対等性志向のコミュニケーション力が後に大国ロシアを相手に互角の外交を展開させたといえよう。

五艘の赤船

五艘、合計すれば二七〇〇石の大型船を六〇日で建造するという前代未聞のことであった。だが嘉兵衛は約束通り、七〇〇石の寧済丸《ねいさいまる》、安焉丸《あんえんまる》、福祉丸、三〇〇石の瑞穂《みずほ》丸《まる》・柔遠丸《じゅんえんまる》を建造した。寧済丸・安焉丸・福祉丸の三艘はエトロフ島御物積取船、瑞穂丸は石川左《いしかわさ》近将監《こんしょうげん》御召船で、御座船であった。いずれも舷と帆柱が赤い官船、すなわち武装すれば軍船になるように設計してあった。平時と戦時両用に対応できる「赤船《あかぶね》」である。「鎖国」体制下の大型船建造禁止令により、軍船にもなりうる大型船舶の建造は、長らく行われてこなかったので、にわかに対外危機に対応できる状況になかった。敏速な対応ができる嘉兵衛への期待はいやがうえにも高まった。

長女くにを船大工に嫁がせる

長女くにが兵庫県西出町の紀国屋半左衛門方に嫁いだ（高田敬一、一九三三）。婚礼の時期に関しては明記した資料を見い出せていない。しかし一八〇〇年（寛政一二）の棟付調べではまだ嫁いでいない（高田敬一、一九三三）。それ以降のことであろう。嫁ぎ先が西出町なので、本店を守る母ふさの近くに住むことになる。管見のかぎり、高田敬一と高田清房以外の資料でくにの婚礼に触れたものがないので、これ以上のことは確かめようがない。しかし、嫁ぎ先が船大工の家なので、この時期に嘉兵衛に官船建造の命令が下ったこととくにの婚礼とは無関係ではないと見るのが妥当だろう。この時、くには一〇歳ほどであるが、次男の嘉吉の祝言も新郎一三歳、新婦一〇歳で執り行うことになるので、当時としては奇異なことではない。いずれにせよ、造船も手がけることになった嘉兵衛は船大工で娘婿の紀伊国屋半左衛門をネットワークに組み込み、万全の体制を着々と整えていった。

高田屋船団結成

一八〇一年（享和元）、幕府は竣工した五艘の赤船をすべて箱館に回航するよう命じた。一度に五艘もの船を新しく配備しなければならないほど、国防は緊迫したものと受け止められていた。同年三月、嘉兵衛は幕府の新造大型船五隻に手船の辰吉丸（一五〇〇石積。高田敬一氏は一七〇〇石とする）、辰運丸（七〇〇石積）、貞宝丸（一四〇〇石積）を加え、計八艘の大船団を兵庫で結成し、箱館に向かった。船団には日の丸を染めた帆をあげ、艫には朱の丸の幟と吹貫が翻り、御用の高張提灯が掲げられていた。

嘉蔵が柔遠丸、金兵衛は辰吉丸に、嘉十郎は瑞穂丸に、喜四郎が辰運丸に乗った。善兵衛は兵庫の留守を預かるために残った。兵庫と箱館を結ぶ海運業者高田屋の兄弟力が具現した船団であった。

高田屋一門の矜持

一八〇一年（享和元）、幕府の蝦夷地開拓主任官たる松平忠明、石川将監、羽太正養が、それぞれ蝦夷地を巡察することになった。嘉兵衛が手船広栄丸に羽太正養を、嘉蔵が柔遠丸に松平忠明を、嘉十郎が瑞穂丸に石川将監をそれぞれ乗せ随行した。

嘉兵衛はその後、支配勘定格富山元十郎《とみやまもとじゅうろう》および深山宇平太《みやまうへいた》を乗せてエトロフ島に隣接するウルップ島まで渡航した。ウルップ島には一七九五年（寛政七）以来ロシア人が定住しており、蝦夷地御用掛は頭を痛めていた。元十郎は一八〇一年（享和元）ロシア人にこの島は日本領土であるので退去するように諭した。さらに近藤重蔵がエトロフ島に「大日本恵登呂府」の標柱を立てたのにならい、ウルップ島オカイワタラの小高い所に「天長地久大日本属島」と大書きした標柱を立て、箱館に帰港した。

高田敬一によれば「高田屋家記録」には以下のようなことが書かれているという。すなわち、一八〇一年（寛政一三、この年は二月五日に享和に改元）、幕府は間宮林蔵をカラフトに派遣することになったが、不案内な荒海での事故を恐れて探検を引き受ける船頭があらわれなかった。結局嘉兵衛の弟の嘉蔵が、手船貞宝丸でカラフトに渡航することになった。彼らはカラフトに上陸して原野を歩き、山丹《さんたん》との境に到達し、そこに日本領土であるとする標柱を立て、無事箱館に帰着したという（高田敬一、一九三三）。高田篤太郎ではこれは一七九八年（寛政一〇）の出来事になっている（高田篤太郎、一八八三）。

高田一族が指摘する事実は他の文献では確かめることができない。おそらく以下の二つの事実が混じり合ったのであろう。第一は、一八〇一年、幕府がカラフトに派遣したのは、高橋次太夫《たかはしじたゆう》と中村小市郎《なかむらこいちろう》とである。目的は地理調査と地図作成のためであった（秋月俊幸、一九九八）が、船名は明らかでない。第二は、一八〇八年（文化五）に間宮が高田屋嘉兵衛の手船貞宝丸で宗谷からカラフトに渡海したことである（小谷野敦、一九九八）。この二つの事実が交じり合っているのではないかと思われる。

エトロフ島、ウルップ島、カラフトにおける相次ぐ領土宣言は、ロシアという他者との緊張関係のなかで生まれてきた日本の国家意識と無関係ではない。そのような国家意識の発現として展開された千島やカラフトの探検、領土宣言、開発を可能にした海運運送を担ったのは高田屋一門であった。脚光を浴びるのは標柱を立てた幕吏だけで、命がけで渡海したところで船頭は黒子的存在であった。危険で、割にあわず、引き受け手のない運送を請け負った矜持が、そのような記述になっているのであろう。

2　定雇船頭となる

蝦夷地御用掛による推挙却下

一八〇一年（享和元）、嘉兵衛が兵庫で官船建設に余念がなかった頃、蝦夷地御用掛の松平忠明、石川将監、羽太正養、三橋成方の四人は、連名で幕府の立花《たちばな》出雲守種周《いずものかみたねちか》に対し、嘉兵衛を蝦夷地御用船頭に抱入れたいとする願書を提出した。嘉兵衛の経歴、業績などを述べ、蝦夷地御用船頭に任命願いたいと懇願している。

是までエトロフ島渡海之水先心得候もの無之処に初而嘉兵衛罷越乗筋等も相極候故追々渡海も開ヶ候段彼地詰合支配向之もの申聞候ニ付去冬出府之節支配向に申渡右嘉兵衛乗方等其外身元等迄得と為糺候処数年中船頭仕海上乗習候間乗筋等能弁候趣相違も無之殊ニ廻船三艘も所持仕身元も相応之者ニ相聞候間勘弁仕候処追々御用船も新規打立相増候ニ付御抱入被仰付候テ蝦夷地御用船之船頭役申付候様仕度奉存候（瀬川亀・岡久穀三郎、一九四二）。

しかし、幕府は、蝦夷地御用掛の熱心な推挙にもかかわらず、嘉兵衛の登用を却下した。それは、運送も造船もすべて嘉兵衛にたよりきっていた現場の状況を無視した、トップの机上の判断であった。

再度の推挙

実際、エトロフ島の開発、人員や物資の輸送は、嘉兵衛を頂点とする高田屋一族の協力なしには実現できなかった。却下されて一ヶ月後の二月、御用掛は「蝦夷地御用船頭御抱入之義申上候処、猶又評議仕候儀申上候書付」を提出することで、江戸幕府に対し、嘉兵衛の登用を再度申請した。嘉兵衛の業績を述べ「奥蝦夷の海運は役人の手におえない」ことを率直に認め、余人をもって代えがたいことを強調している。さらに在京の石川、三橋の二人の有司は、若年寄に再三面談して、嘉兵衛の起用を直訴している。その甲斐あって、老中戸田氏教《とだうじのり》はついに折れ、嘉兵衛を蝦夷地定雇船頭役に任命することを決意した。国際的な難局に直面した中央幕府が、現場の要望を無視できなかったのであろう。

定雇船頭拝命

一八〇一年(享和元)一〇月、嘉兵衛は、正式に幕府から蝦夷地定雇船頭を命じられ、三人扶持、手当て二七両を給せられ、苗字帯刀御免となった。嘉兵衛は官許を得て、箱館恵比寿町の地先浅瀬を埋め立て、屋敷とした。

定雇船頭拝命に伴い、嘉兵衛は幕府御用船の建造および運用から雇船の手配に至るまで一手に引き受け、箱館と兵庫を根拠地に、蝦夷地と本州各地の広域を舞台に活動した。公用の出張の際には、道中人馬送証文御添触ならびに、幕府の御用仰せ付けの提灯などを下付された。一方、高田屋の商売は従来のままで、箱館役所に毎日出勤し、秋からは上方、江戸への御用向きも務め、商用私用以外は帯刀を許されることとなった。

嘉兵衛は直ちに造船事情を調べるために、兵庫に戻ることになった。蝦夷地御用掛はそのために、道中の宿の問屋、年寄、名主あてに、人馬の手配を通達している。華やかな兵庫入りであった。ふさも夫の大抜擢が嬉しかったことだろう。

単身赴任とひきかえの栄達

ふさは、御扶持頂戴苗字帯刀御免などの特権を与えられた夫を、晴れやかな誇らしい気持ちで迎えた。しかし、夫に名誉と声望をもたらした定雇船頭赴任には、私生活にとっては、厳しい条件がつけられていたのであった。蝦夷地御用掛の石川将監、羽太正養、三橋成方は、連名で幕府に嘉兵衛の定雇船頭を推挙したとき、以下のようなことを記していたのである。

妻子等御當地に呼寄候而は差支之儀も有之趣ニ付先達而長川仲右衛門御抱入之節ニ振合之通矢張妻子は兵庫津ニ残し置候積を以右嘉兵衛身分之儀大坂町奉行にも照合候処嘉兵衛儀は元来松平阿波守領分淡路津名郡都志本村大庄屋高田律蔵分家高田喜四郎次男（孫）ニ而十一ヶ年以前より兵庫津ニ到住居人柄等実体者ニ而家内五人相応ニ相暮し罷在候よし尤妻子等彼地に残し置嘉兵衛儀御抱入被仰付候共同人弟も三四人同所に有之親類ども丶多く御座候間兵庫表跡名前之儀は申談相続之ものハ如何様ニモ可ニ相成趣に付聊差障無之段申越候（瀬川亀・岡久穀三郎、一九四二）。

定雇船頭となる場合には、任地である蝦夷地への妻子の同伴は差し支えあるとしている。その理由は、以前に長川仲右衛門を抱えいれた前例に、その様な付帯条件があるからである。推薦状は、妻子は兵庫で別居することになるが、同所には弟や親戚が多く、高田屋の営業や跡目には差し支えないので、ぜひ任命願いたいとしている。嘉兵衛を定雇船頭に推挙するのは破格の処遇であることから、労働条件は従来の人事の慣例を破らないように、配慮したのであった。こうして嘉兵衛は、定雇船頭として、蝦夷地御用船の運営を一手に担うことになる。有無をいわせない嘉兵衛の圧倒的実力と、推薦人たちの気配りのおかげで、定雇船頭任命が承認された。嘉兵衛三三歳、ふさ三一歳、くに一一歳、弥吉は六歳のときのことである。定雇船頭起用をスムーズに進める方策であったはずの単身赴任は、嘉兵衛の私生活に軋みを生じさせることとなる。

幕府からの特権を受けた後、嘉兵衛はさらに仙台藩の御用達を命じられた。彼は国防に関する事柄を常に仙台藩に報告し、それに対し礼状をもらっている。

3　東蝦夷地直轄化の強化

東蝦夷地直轄の目的は、南進してくるロシアからこの地を守ることであった。そのために幕府は津軽と南部の二藩に命じ、兵を出して万一に備えた。ロシアはアイヌから毛皮税を徴収し、キリスト教を布教する同化策をとっていた。日本もそれに対抗して、住民であるアイヌの和風化政策を推進する方向に舵をきった。その第一の大きな柱は、従来の和語禁止をあらため和風に改俗させたことにある。教化することにより悪徳商人にだまされないようにすることと、異国人が渡来した場合、日本人がその地を支配していることをデモンストレーションできるためであった。第二の施策は、アイヌの人々との交易に正当な対価を払い、過酷な使役をせずに、物心ともに生活の向上、安泰を図るというものであった。そのためには蝦夷地経営を営利を目的とする商人に任せるのではなく、従来の場所請負制を廃して、蝦夷地の交易、使役を直営にすることが肝要であった。運上屋は会所と改称され、その機能も整備し拡大された。特に、ロシア人の前進基地であるウルップ島の隣島であるエトロフ島には力が注がれた。

場所請負の廃止

高田屋嘉兵衛という最適の人材をえて、幕府はエトロフ島への進出を成功させた。前述したように、エトロフ島西海岸には一七の漁場が開かれ、北西部にあるアリモイ湾に港が建設された。

幕府の蝦夷地経営

直轄に要する物資は、御用掛により全国主要地に設けられた会所を通じて集められ、幕府の手船・傭船で蝦夷地に運ばれ、蝦夷地の産物は同様の経路で内地に送りだされ、各地の会所で売り捌かれることになった。

拡大された蝦夷地の経営を円滑にするには流通を保証する必要があった。幕府は東蝦夷地と江戸の交易の安全を図るために、太平洋方面（東回り航路）を航海する舟子たちの避難港として、伊豆の波浮港を修築した（『函館市史』）。幕府はエトロフ島への航路開発に抜群の手腕を発揮した嘉兵衛を抜擢し、指揮運営を任せた。嘉兵衛は箱館に築島をつくり、造船所を設け、そこを基地として全国的に活躍した。ここでも嘉兵衛は船団を動員して大きな成果をおさめた。

陸地の方は、南部・津軽の両藩に命じて、山道を開拓した。会所は運上屋と異なり、公的な性質を持ち、地方の漁業、蝦夷交易の中心をなすほかに、行政の中心になり、重要な通信・交通機関となった。東蝦夷地は急速に開け始めた。

東蝦夷地永久上知

東蝦夷地の急速な発展に気を良くした幕府では東蝦夷地の永久直轄論が持ちあがった。蝦夷地の幕府直轄は、まずは事情の切迫した東北部から着手された。

一七九九年（寛政一一）仮上知をし、七〇名におよぶ幕吏を派遣し、要所に駐在させ、担当区域の統治にあたらせた。当初は東蝦夷地を七年間だけ上知するということであったが、同年八月には知内から箱館、滝川の地域の追上知となった。さらに一八〇二年（享和二）二月、蝦夷奉行を置き、蝦夷地の行政を担当させ、幕府が対外的問題に直接かかわる体制を整備した。同年七月、七年という期限つきの仮上知を改め、東蝦夷地を永久直轄することにした。

蝦夷地御用掛は嘉兵衛の奮闘により三年間の蝦夷地直営の成果をあげた。交易は黒字で、造船、町づくり、道路建設など開発が進んだ。蝦夷地に往来する和人は多くなり、滞在期間が長くなったので、幕府は医師を駐在させた。さらに、死者を弔うために蝦夷地に寺院の建立が必要とされた。一八〇四年に三官寺《さんかんじ》、すなわち有珠《うす》に浄土宗善光寺、様似《さまに》に天台宗等澍院《とうじゅいん》、厚岸《あっけし》に禅宗五山派の国泰寺《こくたいじ》を置き、官費でこれを運営した。当時の寺院には、法事のほかに宗門取締の任務があったので、千島を通って入ってくる恐れのあるキリスト教を防ぎ、蝦夷を教化する目的も付与されていた（『北海道史』第一）。

4　開拓業者としての嘉兵衛

東蝦夷地の幕府直轄を契機に、開発に必要な各種物品や蝦夷の産物はすべて箱館を経由することになり、箱館は蝦夷地経営の中枢に発展することになった。当初、

箱館の町づくり

箱館には造船場もなく、造船はもちろん修繕でさえ津軽や南部に出かけなければならなかった。また、港内に荷揚場がなく、低地であったので雨が降ると水が溜まった。これらの問題を一挙に解決すべく、松前奉行は海を埋め立てて築島を設け、そこに造船場を造り、掘割を作って市内の排水を行い、掘割

沿いに荷揚場を造った。この工事は一八〇三年（享和三）から一八〇四年（文化元）の間に竣工している。

嘉兵衛も開拓に私財を投じて、箱館奉行が推進する箱館の町づくりを加速することにした。すなわち、嘉兵衛は官に願い出て、この埋立地の東隣に八二五坪程の埋め立て島をつくり、さらに、地蔵町の海岸を埋め立て、二一七二坪の船作事場《ふなさくじば》を設けた。これらの築島には兵庫の工楽松右衛門が船居場《ふなすえば》をつくった。高田屋造船所は蝦夷地における最初の造船所となり、辻松之丞《つじまつのじょう》や続豊治《つづきとよじ》のような優れた造船技術者を輩出することになる。

蝦夷地における海運はめざましく発達し、『休明光記』によれば、一八一五年（文化一二）までに官船は四六艘を数えるまでになっている。しかし、そのうちの半分以上である二四艘が海難事故にあっている。嘉兵衛には新船建造だけでなく、破船修理の依頼も殺到した。

農地開墾・養殖・植林　一八〇三年（享和三）、嘉兵衛は幕府の開拓事業に協力し、淡路、兵庫から八マグリ、シジミ、コイ、フナ、ウナギなどを箱館港に放ち、摂津から松や杉の苗を観厚丸で運び箱館山や亀田山に植えつけた。

幕府は一八〇六年（文化三）より内地の農民を箱館に移住させ、三九三人が移住してきた。幕府が農具や資金を融通して開墾を促進したのに協力して、嘉兵衛も大坂や淡路島から農民数十戸を招待し、開墾させた。嘉兵衛は墾田事業の財源を官船運営の利益金から拠出するように提言し、資金を調達した。しかし官民一体になって奨励した墾田事業は凶作が続いたため成功しなかった。

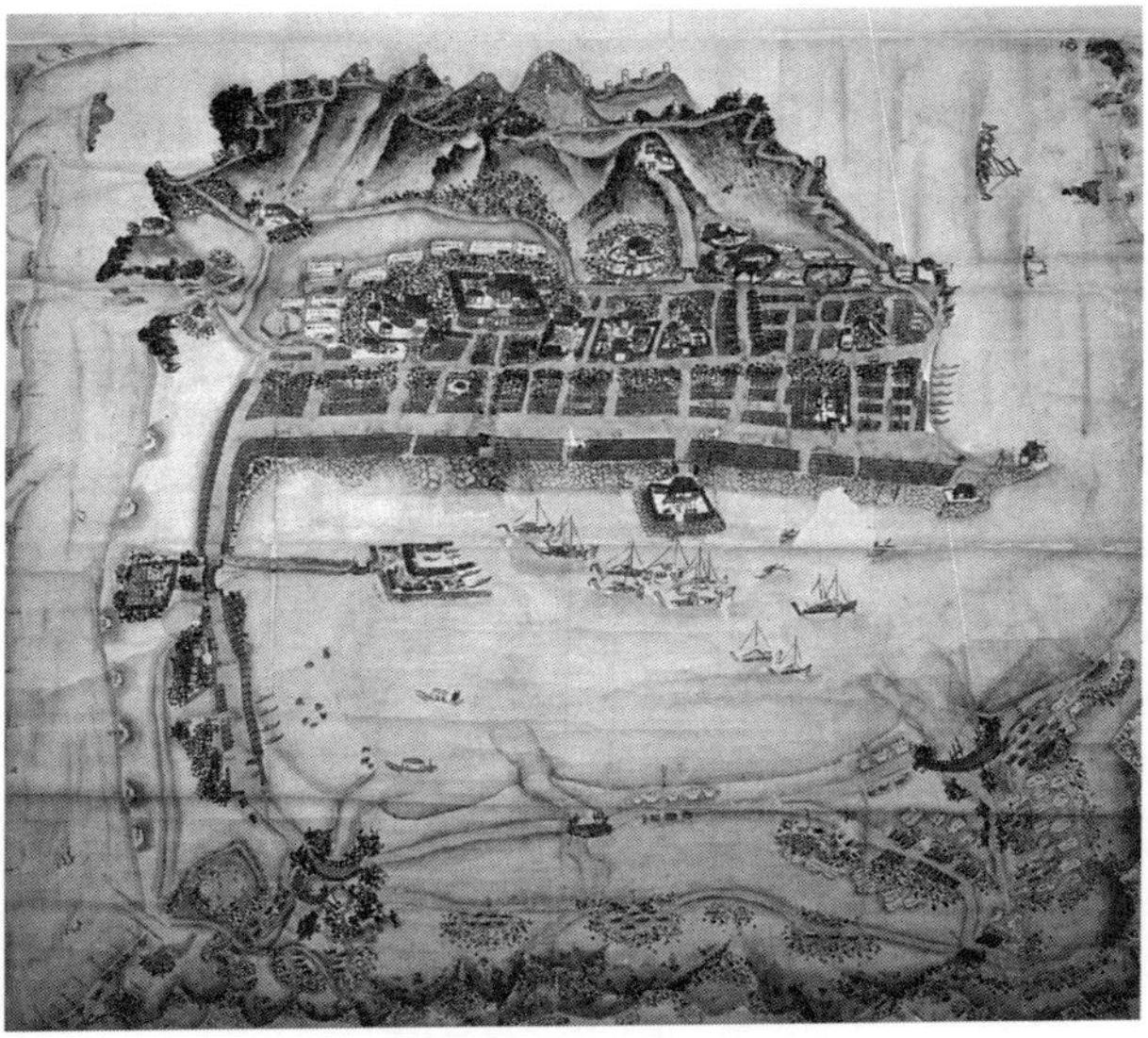

高田屋旧蔵箱館絵図
（称名寺などの寺や役所，高田屋屋敷，蔵，船作事場が描かれている）

災害時の救援活動

一八〇六年（文化三）、箱館で大火が発生し、民家三五〇戸を焼失した。町の半分近くが焼失する大火災であった。嘉兵衛の家も焼失したが、私財を投じて被災者に銭、米、古着などを分け与え、長屋を建てるなど、救援活動を行った。また手船で津軽や秋田から材木類を、大坂から日用品を運び入れ、元値で販売し、貧窮者には年賦で放出した。

翌年には大坂から自費で井戸掘り職人を雇いいれ、町の九ヶ所に井戸を掘り、竜吐水（手押しポンプ）を寄付した。災害時は米の備蓄が必要であることを痛感した嘉兵衛は、埋立地に蔵九戸を建築した。

一八〇七年（文化四）、大火にともない、嘉兵衛は新たに土地を下付され、箱館大町に新店舗を建てた。同年四月、幕府はさらに西蝦夷地を収公し、全蝦夷地を直轄することになり、奉行所を箱館から松前へ移した。

5 海の豪商・高田屋嘉兵衛

ロゴマークの活用

嘉兵衛が信用を得たのは幕吏の間だけではなかった。商売のほうでも嘉兵衛は着々と高田屋の名をあげていった。嘉兵衛は一八〇一年（享和元）には、ホロイズミの漁場を、一八〇五年（文化二）には根室の漁場を委託された。嘉兵衛はエトロフ、ホロイズミ、根室の三漁場よりの漁獲物をすべていったん箱館の店に集め、開包して粗悪品を排除し、混合物を除去した。品質や精粗などの検査基準をパスしたものを精選し、荷造を堅固し、「やま高」の商標をつけた。最初、買い手は見本をとったり、開包して品質を改めていたが、二、三年後には荷を解くことなく、山高の商標があれば品質が保証されているとみなし、多少高価であっても売れたという。

また、嘉兵衛が扱ったのは自分が請け負っている三場所からの漁獲物だけでなく、山越《やまごし》、虻田《あぶた》、白老《しらおい》、厚岸、三石《みついし》などからの品物も取り扱い、前年より資金を貸し与えて、その品を買い取ったという。さらに、取引の便宜をはかるために、大坂や江戸のような市場の相場の動きに関する情報を早飛脚により収集し、買い手の便宜を図った。

一八〇五年には嘉兵衛が差配する官船は一五〇〇石積の万金丸以下、一五艘となっていた。また、同年に嘉兵衛は、江戸と大坂に店を開いた。

蝦夷地御用取扱商人

蝦夷地直轄は蝦夷地に多くの変革をもたらした。前述したように、従来の場所は廃止して、運上屋は会所と改称し、直接アイヌを使役した漁撈を行わせた。内地における仕入れ、および蝦夷地での売り捌きは、場所請負人にかわって蝦夷地御用取扱商人があたった。

一八〇五年（文化二）、こうした流れをうけて、蝦夷地御用取扱商人が選定された。全国で二七名が選出されたが、松前商人は排除されていた。従来の弊風を取り除こうとしたのである。兵庫から選出されたのは、北風荘右衛門と高田屋嘉兵衛であった。「兵庫の北風か、北風の兵庫か」とまでいわれた兵庫の名門北風家と、高田屋はついに肩を並べるまでになったのである。

北風家との関係

この頃北風家は北風荘右衛門貞幹《さだもと》の養子の北風荘右衛門貞常《さだつね》の時代になっていた。『北風遺事』によれば、貞常は、蝦夷から来た大坂揚げの荷物を除き、兵庫揚げの荷物は、悉く北風家が一手に取扱い、口銭も高田屋に分配せずに、皆北風家のものにしたという。高田屋はこの地の御用元締格であったが、貞常は直接何事も処理した。高田屋はただ仕切銀上納の手続のみをしただけで、しかも仕切銀さえも調べ役の指図により往々北風家に直接に上納させることがあったという。また、江戸会所に対する入の案内も北風より差し出し、箱館会所や大坂会所などに対する種々の交渉も、高田屋を経由せず直接貞常がしたという。

ことごとく高田屋を無視した北風家であるが、蝦夷地御用掛を務めたのは一八〇五年（文化二）から一八一三年（文化一〇）までであった。

任を解かれた際に、北風家は高張提灯や日丸御印などを高田屋にひきわたした。提灯は骨組みしかないぼろぼろのものを渡し、引渡しの証文のあて先は高田嘉蔵であるが、ことさら下のほうに宛て名が書かれていた。「普通に同輩ならば今少し名宛を上方に書くべきに当家此時尚ほ同輩を持て高田屋を目せざりしか前掲名宛の書き方注意すべきが如し」と『北風遺事』は書いている。

嘉兵衛は、先代の貞幹の引き立てをうけ、蝦夷地に向かい巨利を挙げることができた恩を忘れなかった。貞常が文化年間に蝦夷地御用取扱を命ぜられると、嘉兵衛は貞幹の知遇を受けて立身した返礼であるとして、産物取扱の口銭を北風家の所得として、再び手を結ぼうとした。「高田屋より何事か懇ろに勧説する所ありしが貞常好意を退け終に当家と高田屋とは物別れとなりたり」という。

嘉兵衛が貞常に何を勧誘したのかは文面からは分からない。貞常は一七六一年（宝暦一一）に公卿侍の家に生まれ、三九歳の時に貞幹に懇願され養子になっている（喜多善平、一九六九）。その三年後に貞幹がこの世を去ったので、商人としての薫陶を養父からほとんど受けず、侍的な感覚の持ち主であった。「沈着真摯寡黙ニシテ思慮アリ」「祖業ヲ経営スル質実ニシテ人ヲ驚カス壮挙一モ有ルコト無シ」というタイプであったので、嘉兵衛とは肌があわなかったようである。先代の貞幹が嘉兵衛と一線を画そうとしたのは、嘉兵衛の幕府との距離のとり方に危惧を抱き、お家存続のため接近しないほうが得策と判断したのであろう。

貞常は家業を守るのを旨とするタイプであった。一方嘉兵衛は、北前問屋、船頭船持、御用商人にとどまることなく、幕府の国家プロジェクトに参与し、採算を度外視し、開拓殖民にまでかかわっていった。

エトロフ島場所請負人

前述のように、幕府は直捌きを実施し、アイヌ撫育の効果をあげたが、同時に掛の役人の手当てをはじめとする支出も増加した。蝦夷地経営にかかわる財政負担の問題は、盛んに議論されるようになり、一八〇三年（享和三）には従来の年額五万両の予算が半額の二万五〇〇〇両に削減された。幕府は負担を軽減するために請負制の復活を望むようになっていた。そこで信頼の厚い嘉兵衛を用いて実験的に場所請負制度を復活することとした。

一八一〇年（文化七）、エトロフ島請負人を命じられた嘉兵衛が直捌き場所よりも好成績をあげたことから、幕府は場所請負制度の復活に踏み切る。一八一二年（文化九）九月のことであった。嘉兵衛はこの一ヶ月前、カムチャツカに拿捕されていた。日露関係は一触即発の非常時をむかえていた。

第五章　千島列島への日露進出

1　国際情勢

北太平洋時代の幕開け

嘉兵衛の生きた時代、蝦夷地（北海道、カラフト、千島列島）は地理学上の数少ない空白地帯であった。カラフトが半島か島かの問題に決着がついたのは、日本では一八〇九年（文化六）、間宮林蔵の探検で、ロシアでは一八四九年（嘉永二）、ネヴェリスコイの間宮海峡発見であったことを想起されたい。蝦夷地は、植民地経営のための航路発見や食料補給地・市場開拓の観点からだけでなく、地理学的な関心からも世界の注目を集めるようになっていた。

一七三九年（元文四）のシパンベルグによる日本到達、一七四一年（寛保元）のベーリングによるアラスカ到達、一七七五年（安永四）のキャプテンクックによる北米航海、ラペルーズによる一八〇四年（文化元）の北米航海と一七八七年（天明七）のラペルーズ海峡（宗谷海峡）の発見、一七九二年（寛政四）のラクスマンによる日本来航、一八〇四年（文化元）のレザノフによる日本来航など、従来周辺とみなされていた太平洋も、世界史の舞台に登場するようになった。列強同士の領土獲得競争も激しくなった。北米西海岸ヌートカ湾におけるスペイン・イギリス間の争いに決着をつけたヌートカ協定（一七九一年〔寛政三〕）は、領有していない地域では、上陸や交易は自由であることを取り決めたもので、あらたな海洋秩序を生み出し、日本を市場に巻き込もうとする動きを加速するようになった。

毛皮を求めて

イギリスのキャプテンクックの三回にわたる北太平洋探検は、地理的情報だけでなく、ラッコ皮が高値で取引されるという情報を列強にもたらした。ウルップ島の日本名が「らっこ嶋」であることからも分かるように、ラッコの宝庫である千島列島に、ロシアが触手を伸ばすのは当然であった。

日本近海にロシアの船が出没するようになってきた。ロシアだけではない。たとえば、ヌートカ湾事件にかかわったアメリカ船レディワシントン号やイギリス船アルゴノート号が日本に来航するなど、日本の周辺はにわかにあわただしくなってきた（平川新、二〇〇八）。さらに、フランス国王がラペルーズに与えた訓令のなかには、千島におけるロシアの進出状況を調べることと、日本に関するものもあった。

フランスとの毛皮の交易の可能性、ならびに原住民の襲撃から安全な植民地ないしは企業所設置の可能性について調査すること。（中略）日本政府が欧州人との貿易を絶対に禁止しているか否かを確認する。日本人に有用で貴重な毛皮をおとり商品として使うことにより、前記の沿岸における港の開設の可能性を調査する（ラペルーズ、一九八八）。

引用した訓令からラペルーズの日本調査の目的が、日本の鎖国状況の実効性を調査し、対日通商関係を樹立することにあることが分かる。それだけでなく、ラペルーズは以下のような鎖国観をもっていた。

我々は実際に済州島、朝鮮、日本の沿岸を巡航したが、文化の低いこれらの国々では、外国人にたいしてその国への寄航を許可しなかった（ラペルーズ、一九八八）。

ラペルーズは東アジア諸国の「海禁」という対外関係のありかたを文化の低さとして認識している。日本の「鎖国」に関してはエンゲルベルト・ケンペルのように平和を保証するものと考える見方もあるが、探検隊や遠征隊メンバーの多くは、ラペルーズのようなオリエンタリズムを共有していた。西洋の論理では日本の鎖国の扉をこじ開けることが道理にかなうことになるのである。ペリーが、単なる通商上の観点からだけでなく、漂流民の救助問題をたてに人道上の観点からも、開国を迫ったことを想起されたい。海禁や朝貢関係に基づく東アジアの対外秩序と、国境画定や条約関係に基づく西洋の対外関係のあり方が、道理の面でも摩擦をおこしはじめていた。

「母なるヴォルガ」というロシア民謡がある。しかし、そのルーツをたどると、ヴォルガ川はもとは「イティル川」と呼ばれ、アジアの川だったことが分かる。イティル川がヴォルガ川に変わった時がロシアのシベリア征服の始まりであった。

ロシアのシベリア征服

ロシアの東方進出の第一歩は、一五七九年（光永七）（一説には一五八一年（天正九））、豪商ストロガノフに雇われたエルマークがコサックを率いて本格的なシベリア遠征に出発した時だった。日本では織田信長の時代にあたる。以来、ロシアは東へ快進撃を続け、わずか六〇年ほどでカムチャツカ半島に達してしまった。政府の統制はその猛烈な速度に対応できず、指揮系統はシベリアまで機能しなかった。それぞれが無秩序に東進していったのが実情であった。シベリア進出の原動力は毛皮獲得であり、担い手になったのは、一攫千金を夢みるコサック、兵士、毛皮ハンターという雑多な集団であり、そこでは放縦、無秩序、混乱が支配していた。

カムチャツカを征服したのはコサックの五十人隊長ウラジミル・アトラソフだった。カムチャツカ半島の眼前には海洋が広がっていた。そこからは、千島列島沿いに日本に達する南方航路と、アリューシャン列島沿いにアメリカに連なる東方航路が同時に開けていた。アリューシャン列島に沿ってアメリカに進出したロシアは、一七八四年（天明四）にはコディアック島に拠点を築き、一七九九年（寛政一一）にはロシア領アメリカとしてアラスカ領有を宣言し、露米会社を立ち上げることになる。

一方、千島列島沿いに南下したロシアは日本と衝突することになる。日本に接近するに際し、ロシアがアムール河口から日本海を経て日本に達するルートをとらなかったのは、一六八九年（元禄二）、露清間に締結されたネルチンスク条約により、アムール川への進出を阻止されたからである。アムール川からのアクセスが不可能になった丁度その頃、コサックの隊長アトラソフはカムチャツカ半島で日本人の伝兵衛を発見した。当初、アトラソフは、彼が日本人であるとは認識できず、インド帝国のウザカ出身と思い込んでいた。伝兵衛は大坂から江戸へ行く途中で遭難したのだが、アトラソフの耳には、江戸がインド、大坂がウザカと聞こえたのだ。モスクワにあるシベリア庁に連行してはじめて日本人であることが判明した。生身の日本人の出現は、新たに征服したカムチャツカ半島が日本に近いということを暗示するものだった（Оглоблин, 1891）。

ピョートル大帝は伝兵衛に関心をもち、一七〇二年（元禄一五）、モスクワ郊外のプレオブラジェンスコエ村で彼を引見し、日本語教育の開始と日本への航路発見を命じた。さらに、ピョートルはベーリングにアジア大陸とアメリカ大陸が地続きか否かを調査するよう命じた。ベーリング探検は一七二八年（享保一三）～四一年（寛保元）にかけて行われた壮大な探検で、これにより北太平洋の姿が地図上に正しく反映されるとともに、そこが高価な毛皮のとれるラッコの宝庫であることが判明した。

ロシアの千島列島南下

ロシア人がはじめて千島列島に足を踏み入れたのは、一七一一年（正徳元）、コサックの頭目《アタマン》ダニラ・アンツィフェロフと副頭目《エサウル》イヴァン・コズィレフスキーの千島探検の時である。二人ともアトラソフや後任の隊長を殺害した犯罪者で、シュムシュ島とパラムシル島を征服することで贖罪を願ったのである。アトラソフ自身も商船を強奪した罪で監獄に収容されていたので、ロシアのカムチャツカ征服や千島進出は無法者の贖罪行為として成し遂げられた部分が大きい。

シュムシュとパラムシルの両島を拠点に、ロシアは征服した地域の住民に毛皮税を課し、ロシア正教に改宗させ、徴税のかたに人質をとった。日本の千島進出の際にも、日本人によるアイヌの扱いは非道であった。しかし、ロシアの場合は、無法が対先住民との関係だけでなく、ロシア人同士の関係にも及んでいた点が、異なるといえる。

一七三九年（元文四）、ロシア人は日本人の前に姿を現した。ベーリングの第二次探検では研究者集団ごとに異なる七つの課題が与えられ、そのなかにカムチャツカと日本の間にある海域の調査があった。ベーリング探検隊の別働隊のマルチン・シパンベルグ率いる日本探検隊は日本近海に姿をみせ、ウイリアム・ワリトン率いる船隊は上陸して薪水を求めた。この黒船は「元文の黒船」として日本側の文献に記録されている。彼らが残していったコインやカードからロシア人であることが判明し、幕府は同年に異国船渡来に関する「海防御触書」を発した。これ以降、ロシア船が日本近海に出没するようになる（安部宗男、一九八九）。

一八世紀中葉には、ロシアの税徴収の範囲は千島の中央あたりまで及んだ。ロシアは毛皮税の徴収を確保するために、アイヌの人質をカムチャツカのボリシェレツクに収容した。アイヌにとって千島列島とカムチャツカ、カラフトを自由に行き来する生活様式と徴税や人質制度は相容れがたいものであった。そのため、故郷の島を捨てて千島南部へ逃亡するアイヌ民族が後を絶たず、その数は、「流移人（ソシュルイ）」としてカテゴリー化されるほど多かった。一七五二年（宝暦二）にロシアは人質制度を廃止した。

ロシアは、千島列島の島々にカムチャツカから順番に番号をつけた。それには二種類の方式があった。一つはコズィレフスキーが一七一三年（正徳三）にパラムシル島まで遠征したときの報告書に基づくもので、シュムシュ島を第一番島とし、松前島を第一五番島とするものである。今ひとつはエトロフ島まで遠征したイヴァン・チョルヌィが一七六九年（明和六）に政庁に提出した報告書によるもので、シュムシュが第一番島で厚岸が第二二番島である（ポロンスキー、一九七四）。

一七六九年（明和六）に三九名のロシア人がウルップ島に渡来して、コロニー（ロシア植民団）を築いた。ロシアの進出はアイヌとの間に衝突をおこし、一七七一年（明和八）、植民地化の対象とされたアイヌはウルップ島で対露反乱をおこし、ロシア人二一名を殺害した。一八名のロシア人がカムチャツカに逃げ帰った。シベリア総督は探検隊を派遣し、一七七六年（安永五）にはイルクーツク商人のシャバリンは、クナシリ島、ウルップ島、エトロフ島のアイヌ一五〇〇人に毛皮税を課した。

安永渡来のロシア人

一七七八年（安永七）、ついにシャバリンを頭目とするイルクーツク商人が根室のノッカマップに来航し、松前藩に交易を申し入れた。日本側にすれば唐突な申し出であったが、ロシア側からすれば、何度も調査を行い、ロシアに漂着した日本人漂流民から事情を聴取したうえでの行動であった。松前藩士が明年エトロフ島での返答を約束したので、ロシア人たちはウルップ島で越年した。翌一七七九年（安永八）、一行はエトロフ島で日本人を待ったが、到着しないので、厚岸に渡来し、ここで日露会談が実現した。この事件はロシアではポロンスキーの『千島誌』が、日本では『蝦夷拾遺』などが伝えている。厚岸に到着した松前藩士は、日本側の資料

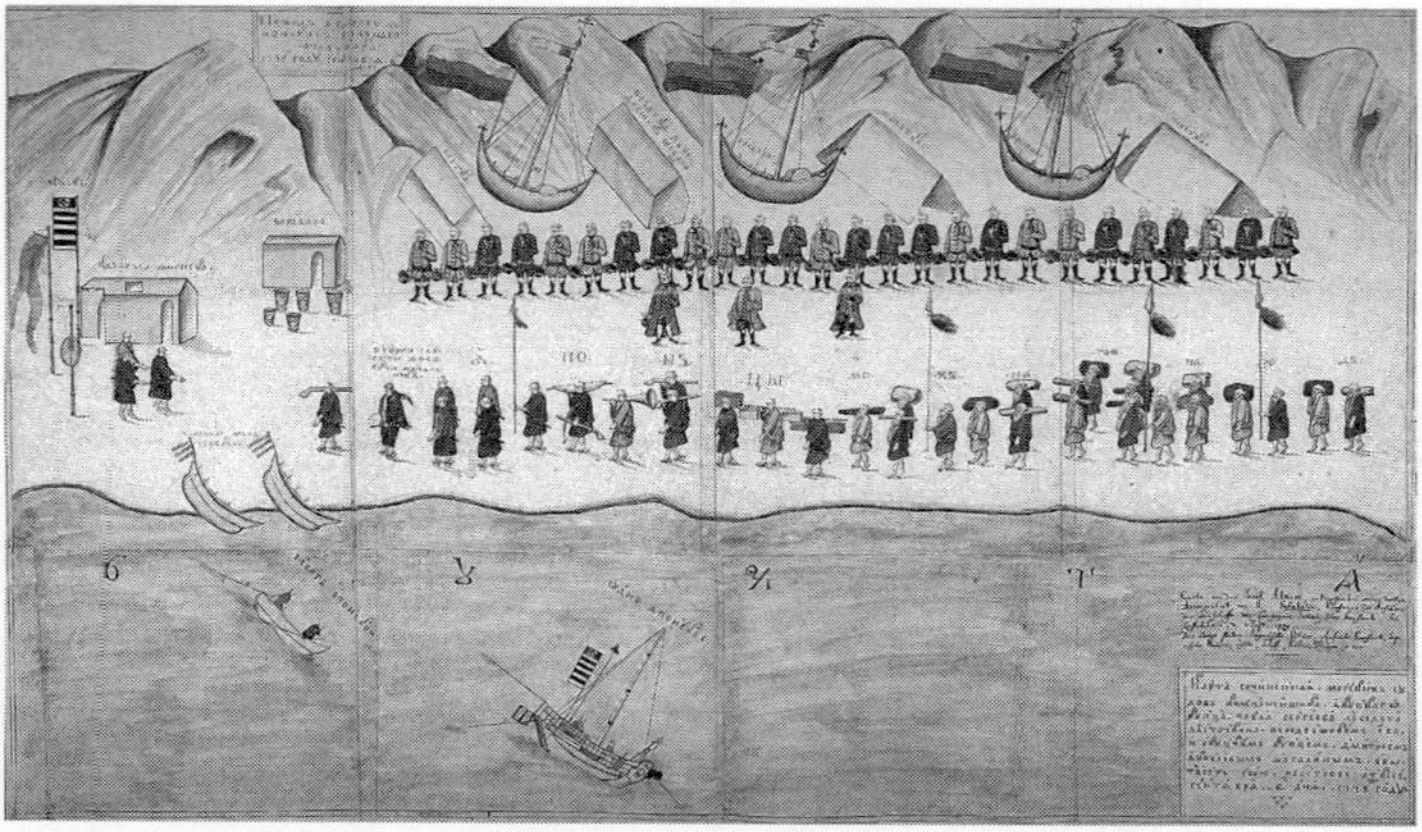

厚岸における日露の会見図
（シャバリン筆，上で整列しているのがロシア人，下の行列で履物をはいているのが日本人，裸足で莚をかついでいるのがアイヌ人）

によれば、異国との交易は長崎以外では許されていないので以後渡来しないように（『蝦夷拾遺』）と、申し入れたとある。しかし、ロシア側の資料によれば、交易のことは許されないが、「ロシア人がもし米や酒に欠乏する時はウルップ島から毛人（アイヌ人）を派遣して申出られたい」と日本人は言ったという（Полонский, 1871）。松前藩はロシア人との直接交易は拒否したが、アイヌを通じての間接交易の可能性を示唆したようである。外交案件は、幕府の専権事項であり、松前藩がそれを扱う権限はないのであるが、蝦夷地でのアイヌを介しての辺境地同士の交易をほのめかしたといえよう。少なくともロシア人はそう認識している。

一七七九年（安永八）、エカテリーナ二世は臣民となったアイヌ民族から毛皮税を徴収することを禁止した。その理由は第一に、住民を管理する者が私腹を肥やす、第二に、アイヌを保護するための軍隊の維持に多額の費用がかかる、第三に、日本の国境付近での性急なアイヌ臣民化の動きは日本を刺激する、第四に、英米を刺激したくないというものであった。日本や英米を刺激することで紛争化することを恐れたのである。

一七八〇年（安永九）、大地震がおこり、ロシア人のウルップ島開拓は頓挫する。ロシア人は千島を伝ってアリューシャン列島のほうに撤退した。

日本の蝦夷認識

日本が千島を意識したのは平安時代であった。たとえば、一二世紀半ば西行法師は「いたけるもあま見る時に成にけり　えぞが千島をけふりこめたり」（『夫木和歌抄』）とうたっている。ここでは「蝦夷が千島」を煙がたちこめる茫漠としたかなたにあるものとしてとらえている。「蝦夷が千島」という名称が象徴するように、一七世紀中葉に描かれたとされる「正保御国絵図」では千島は列島ではなく、北海道東部に固まって描かれている。クナシリやエトロフという名称はあるが、島の配置も弧状になっていないので、自身の観察によるものではなく、伝聞に基づくものと思われる。

赤蝦夷の出現

松前藩が千島列島南端のクナシリ島に場所、すなわち藩、または知行主の交易直営地を開いたのは一七五四年（宝暦四）のことであり、その後定期的にクナシリ島を訪れるようになった。

日本が千島に大きな関心を持ちはじめるのは、さらに時代がくだった一七七一年（明和八）のベニョフスキーの警告以後のことである。ハンガリー生まれのベニョフスキーが、流刑地のカムチャツカから船を奪って逃亡する途中に、ロシアが侵略してくると警告したのである。日本史では「はんべんごろうの警告」として知られている。「フォン・ベニョフスキー」という名前が日本人の耳には「はんべんごろう」と聞こえたのだ。

これに刺激をうけた工藤平助《くどうへいすけ》は、『赤蝦夷風説考』（上巻一七八三年〔天明三〕、下巻一七八一年〔天明元〕）を書いた。オランダ経由の情報や松前藩勘定奉行の情報をもとに執筆された、日本人によるはじめての本格的なロシア論であった。そのなかでは、ロシアは昔から千島伝いにロシアの物産、干鮭、鯨油、アイヌの物産などと日本の塩、米、反物、鉄の細工物、刀物、包丁などを交換しているという抜け荷の指摘があり、その対策として蝦夷地を開発し、金銀銅山の金銀でロシアと交易し、その利益で蝦夷地を開発すれば国力も充実すると進言していた。この建言が田沼意次の受け入れるところとなり、天明の蝦夷地探検が実現することになった。

その三年後に林子平《はやししへい》は『三国通覧図説』（一七八五年〔天明五〕脱稿、一七八六年〔天明六〕刊）を刊行し、ベニョフスキー事件をとりあげ、ロシアが南下するのは交易が目的ではなく、領土を侵害するためであるとして国防の必要性を訴えた。そこには千島も描かれているが、島の大きさや位置関係は、不正確なままであった。

天明の蝦夷地探検

一七八五〜八六年〔天明五〜天明六〕にかけて実施された蝦夷地調査の目的は、蝦夷地でのロシア人との交易の有無、松前藩の場所請負制度におけるアイヌ使役の実態、金銀銅山や産物の実態調査であり、東西の蝦夷地を二手にわけて踏査した。この調査により多くのことが判明した。調査結果を考察した川上淳氏の研究を基に交易と領有に関する部分をピックアップしてみよう（川上淳、一九九六）。

古来はカムチャツカまで蝦夷地に属しており、厚岸アイヌの酋長イコトイの先祖はカムチャツカ狩猟をしていたが、近年ウルップ島まで残らず赤人（ロシア人）が横領し、一両年以来、エトロフ島のアイヌもロシアに従うようになった。ロシアはアイヌの地名もロシア風に改称し、ラッコ猟をロシアの支配下においた。ウルップ島でラッコ猟ができなくなったアイヌは、ウルップ島以北とエトロフ以南のアイヌ同士が交易をするようになった。ロシア人はウルップ島まで毎年来ており、請負人と直接交易はしていないが、アイヌを「取次」にして「赤人持渡りの品」を請負人の手先が「内々」に入手した。すなわち、幕府はウルップを挟んでアイヌが北と南に分断され、アイヌ同士で交易をしていること、アイヌを仲介に日本とロシアの間接交易がある事実を承知していた。しかも、川上氏によるとそれを取り締まった様子はないという。

天明の探検に参加した最上徳内はエトロフ島を探検し、ロシア人イジョからエトロフ島やウルップ島以北の島の情報を取得した。それに基づき、一七九〇年（寛政二）に彼が描いた地図にはロシア語とアイヌ語の島名が併記されていた。オンネコタン島とパラムシル島の位置が逆転するなど不正確な点もある。しかし、この二年前の一七八八年（天明八）に松前藩の資料を基に描かれた古川古松軒《ふるかわこしょうけん》「松前・蝦夷之図」の千島が相変わらず団子状であるのに比べると、ロシアからの情報を加味した最上の地図は、格段に精密度が向上している。

天明の探検は成果をあげたが、田沼意次が失脚することで、蝦夷地開発や調査も頓挫してしまった。松平定信《まつだいらさだのぶ》は、国防の観点から蝦夷地を未開のまま残し、そこをロシアとの緩衝地帯にしようとした。しかし、蝦夷地をめぐる世界情勢はそれを許さなかった。

クナシリ・メナシの戦い

一七八九年（寛政元）、東蝦夷地のクナシリ島と霧多布《きりたっぷ》場所のメナシでアイヌが蜂起し、和人七一名が殺害される事件がおきた。急死したアイヌ二人の死因を日本人による毒殺と思ったアイヌが暴動をおこしたのであった。これまで日本人がアイヌのリーダーを何度となく謀殺してきたのが、遠因であった。アイヌの蜂起は松前藩により鎮圧されたが、背後にロシアがいるのではないかとの噂が流れた。幕府の事件認識も「この度の一件へ赤人と唱へ候異国のもの荷担いたし候由」（「蝦夷地一件」）と青島俊蔵《あおしましゅんぞう》の上申書にあるように、ロシアの加担によるものとの認識であった。場所請負人飛驒屋の不正と、松前藩の不行き届きが原因とみて、幕府は監督を兼ね模範的な交易を試みる御救《おすくい》交易を開始した。事件の収拾を図ったわずか三年後にロシア使節が来航し、幕府の国防意識はさらに先鋭化することになる。

2　ラクスマン使節来航

漂流民送還外交の幕開け

一七九二年（寛政四）に、ロシアははじめて正式に日本に使節団を派遣した。大黒屋光太夫《だいこくやこうだいゆう》の約一〇年におよぶ帰国嘆願運動がみのり、漂流民返還に際し日本への通商要求を試みることになったのだ。使節団は、地方都市の守備隊長である二八歳のラクスマン率いる四〇人程度のもので（『北槎聞略』）、イルクーツク知事イヴァン・ピーリの松前藩主宛書翰を持参していた。漂流民の引渡しと通商関係樹立を要求する「漂流民送還外交」の始まりを告げるものであった。第一回使節は交渉不成立も想定し、断られても面子がつぶれないよう、女帝エカテリーナ二世からの国書持参や大物大使派遣は避けた。日本の意向を打診する位置づけのものだった。

対露対応に際し、幕府は従来の幕藩体制の枠組みのなかで前例を探した。まず、一六四三年（寛永二〇）のオランダ船が南部藩の海岸に漂着した事件と享保前期の清国貿易抜け荷事件の先例にしたがって、蝦夷地に目付の石川左近将監と村上大学義礼《むらかみだいがくよしあや》を宣諭使として派遣した。つぎに、カンボジアに与えた例に従って、ロシア人が長崎回航を望んだならば、「入港の信牌」を与え、カンボジアの国王からの捧げ物を拒否した先例にならって、ロシアからの捧げ物も受けとらないことに決めた。ここまでは前例の範囲内の手続きでおさまっていた。

問題は漂流民受領だった。これに関しては、通信・通商関係にある朝鮮、琉球、オランダ、中国を通じて長崎で受領するシステムができていた。しかし、松平定信は松前で漂流民を受領することにした。ロシア船に長崎回航を命ずることは、漂流民を送還してくれたロシアに対し礼を失するという、道理の観点からの判断であった。

いにしえよりの国法

日本はロシアからの申し出を拒否するに際し、拒否理由を説明した。会見では宣諭使が「異国人に被諭御国法書諭書」を読み上げ、通信のない異国の船

ラクスマン一行根室滞在図

（根室の越冬小屋の図，右端で座って煙草を吸っているのがラクスマン，左から3人目が大黒屋光太夫）

が来航した時には、召しとるか打払うのが「いにしへよりの国法」であると諭す一方で、ロシア使節に対し、漂流民送還の労をねぎらい、この度に限り松前で受領するが、再度の来日は拒否した。また、ロシアから持参した手紙は、言語が不案内という理由で、受け取りを拒否した。すなわち手紙を受け取ると返書をしないと失礼になるが、国王の呼称もわからず返書のしようがないので、手紙の受け取りそのものを拒否するというのである。

さらに、なおも望むならば長崎へ行きそこでの決定に従うようにとして、「信牌」を与えた。漂流民送還という人道的目的を掲げてきた使節に対し、日本側は幕藩体制の範囲内でできるだけ礼にかなった対応を心掛けたといえる。しかし、一回限りの長崎寄港証である信牌は、パーセプション・ギャップにより通商許可書と認識されていくことになる。

埋め込まれたトラブルの火種

松平定信が対露対応の基本とした枠組みは、「礼と法」による対処である（「魯西亜人取扱手留」）。しかし、礼に基づく対応と法に基づく対応は、矛盾するものであった。法では峻拒しながら、礼では、漂流民の受領を松前で許し、外交儀礼でも座礼と靴を脱ぐことを強要せずに、ロシアのコードを容認するなど、例外的措置をとった。宿舎の設備（特製ベッドや西洋風トイレなど）や食事も、ロシア歓迎のサインを出していた。おまけに宴会の席では長崎か蝦夷地におけるロシアとの交易のことをほのめかしたのである（「魯西亜人取扱手留」）。ロシア側がいい感触を得たと感じても、あながち一人よがりとはいえない。

同時代の松前道広《まつまえみちひろ》も、信牌授与を「官より一度の交易を容し給うた」（「地北寓談」）と大原左金吾に語っているので、日本人にもそのような認識は共有されていた。ロシアへのメッセージは玉虫色であったので、日本側では当事者が引退した後は、方針として残ったのは、記録された文書のみで、含みの部分は蒸発してしまった。ロシア側に残った文書（信牌）は、長崎に一回入港できる証文であったが、単複を明示しなくても文を組み立てることのできる日本語と、明示しないと文にならないロシア語との文法的な差異もあり、翻訳を繰り返すうちに、回数を限定しない長崎入港許可書になってしまった（生田美智子、二〇〇八）。蝦夷地来寇事件の発端は、第二回遣日使節レザノフの怨恨だと説明されるが、トラブルの火種は第一回遣日使節ラクスマンの時に埋め込まれていたといえよう。

日本は当時国境意識をもっていなかった。たとえば、琉球は中国に朝貢使を送り冊封の礼をする一方で、日本の将軍に琉球使節を送ってきていた。東アジアの国際秩序では、日本と中国に両属していても、矛盾が生じなかった。明治になり日本が西欧型の国際秩序を採用すると、政府は琉球に対し中国への冊封関係の廃止を求め、ついに武力により強制的に日本に統合したことを想起されたい。

3　露使再来まで

領土意識の芽生え

北方地域では、境界が未画定であったが、他国と接触することがなかったので、従来は国境問題が顕在化することはなかった。しかし、ロシアが蝦夷地に接近してきたことで幕府は危機感を抱き、前述したように、近藤重蔵は、一七九八年（寛政一〇）と九九年（寛政一一）に立て続けにエトロフ島に渡り、日本領有を宣言する標柱を二柱立てた。嘉兵衛もエトロフ島に一七の漁場を開拓し、アイヌの日本同化を推進し、蝦夷地の内国化をすすめた。一八〇一年（享和元）、富山元十郎と深山宇平夫がロシア人の植民地のあるウルップ島へ渡り、日本領有を宣言する標柱を立て、ロシア人にウルップ島からの退去を求め、アイヌを介した交易を禁じた。こうして日本は「鎖国」時代に千島列島における領土分割競争に参入していったのである。

ロシア研究の開花

第一回使節ラクスマンが去り、第二回使節のレザノフが来航するまでの期間は、ロシア研究が開花した時期と特徴づけることができる。日本のロシア研究は、一七八一年（天明元）の工藤平助『赤蝦夷風説考』、一七八六年（天明六）の林子平の『三国通覧図説』に見られるように、すでに一七七一年（明和八）のベニョフスキーの警告を契機として胎動していた。一七九二年（寛政四）、ラクスマンが渡来し大黒屋光夫太たちが帰還したことで、ロシアに対する関心はますます高まった。ヨーロッパの文明国からの初の漂流民であるので、注目を集め、多くの漂流関連本が出た。一七九二年（寛政四）の加藤肩吾《かとうけんご》『魯西亜紀聞』や後藤十次郎『東方珍話』、一七九三年（寛政五）の篠本廉《ささもとれん》『北槎異聞』、桂川甫周《かつらがわほしゅう》『漂民御覧之記』、吉田篁墩《よしだこうとん》『北槎略聞』、一七九四年（寛政六）の桂川甫周の『北槎聞略』などである。

またロシア語やロシア文字の本も出た。一七九三年（寛政五）の田辺安蔵《たなべやすぞう》『魯西亜語類』、一七九四年（寛政六）の森島中良《もりしまちゅうりょう》（推定）『魯西亜奇語』、一七九六年（寛政八）の源有『魯西亜文字集』、作者不詳の『魯西亜弁語』などである。さらに、オランダ書からロシアに関する部分が翻訳された。一七九三年（寛政五）の前野良沢《まえのりょうたく》『魯西亜本紀』、『魯西亜大統略記』、『魯西亜本紀略』、一七九五年（寛政七）の志筑忠雄《しづきただお》『魯西亜志付録』などである。日本におけるロシア学の台頭には蘭学の勃興も大きくかかわっていた。

北門対策と鎖国論の台頭

ラクスマン来航一年前の一七九一年（寛政三）九月、幕府は一五〇年ぶりに異国船取扱法を出した。きっかけは日本近海に異国船が出没しはじめたからである。ラクスマン渡来という現実を前にして、幕府は一七九二年（寛政四）、海防強化令を出した（藤田覚、二〇〇五）。一七九六年（寛政八）と一七九七年（寛政九）にイギリス船プロビデンス号が室蘭沖に姿をあらわすと、幕府は一七九八年（寛政一〇）、蝦夷地検分を行い、翌一七九九年（寛政一一）には東蝦夷地を向こう七年間仮上知させ、幕府の直轄とし、箱館奉行の前身である蝦夷地御用掛が置かれた。一八〇二年（享和二）二月、蝦夷地御用掛を廃し、蝦夷奉行が設置され、同年五月に箱館奉行と改称された。同年七月には東蝦夷地が永久上知となった。こうして、松前藩の領地は西蝦夷地だけとなった。

ラクスマン来航は、国防論議やロシアとの交易是非論も喚起した。本多利明《ほんだとしあき》は『経世秘策』（一七九四年（寛政六））や『西域物語』（一七九八年（寛政一〇））を著し、蝦夷地の開発やロシアとの交易をといた。一方、一八〇一年（享和元）、オランダ通詞の志筑忠雄はケンペルの大著『日本誌』の付録を訳した。原題はあまりに長いので、短く『鎖国論』と題した。「鎖国」という言葉がここに誕生したのである。もとより鎖国という状況や観念は従来から存在していたが、それを指すタームがなかったのである。ケンペルや翻訳者の志筑は、ヨーロッパの国とは通好しないという対外関係を、平和を保障するものとして称えた。林大学頭《はやしだいがくのかみ》や柴野栗山《しばのりつざん》たちも「鎖国政策」を良策として支持を与えた。北方体制の整備とともに鎖国論も強力なものとなっていった。

露米会社設立

一方、ロシアではラクスマンが信牌を得て帰国したことから、一七九四年（寛政六）にヴァシリィ・ズヴェズドチョフを隊長とする四〇名の移民団をウルップ島に派遣し、コロニー「アレクサンドラ」を建設した。一七九九年（寛政一一）、嘉兵衛がエトロフ島渡海を成功させた時に、ロシアでは、乱立していた毛皮会社を統合する露米会社の設立がパーヴェル一世により許可された。ラッコの商品価値に気づいたイギリス、フランス、アメリカなどが北太平洋に出没するようになり、ロシアは会社を統合して国際競争力の強化を狙ったのである。勅許により設立された「皇帝庇護下の露米会社」は、二〇年にわたる特権を付与され、国家に代わって北太平洋の領域で排他的に活動するようになった。一七九九年（寛政一一）に制定された会社の特権は一一条からなり、露米会社は、ロシアが発見し領有権をもつ北緯五五度以北からベーリング海峡までのアメリカの北東部（ロシア領アメリカのこと）およびそれ以北、アリューシャン列島、千島列島だけでなく、北太平洋にうかぶ諸島におけるあらゆる漁場や施設を利用できると決められた（第一条）。ロシア領アメリカが「アメリカの北東部」と表記されているのは、当時のロシアから見て北東部、シベリアのさらに向こうという意味である。アメリカに視点を置いた現代の表現ではアメリカ北西部といわれる。会社の規約では、北太平洋の地域に勝手に行くことは禁止され、それらの領域で以前から活動している人であっても露米会社に加入しなければ、活動できなくなるとされた（第一〇条）（Российско-американская компания и изучение тихоокеанского севера 1799–1815）。イギリスの太平洋圏参入に危機感を募らせたロシアの勇み足が、垣間見える特権の内容である。

ロシアは、エカテリーナ二世の時代から、ロシアが発見した太平洋の島や陸地に対するロシアの権利を他の海洋国に対し通告する必要を商務大臣ミハイル・ヴォロンツォフや外務大臣アレクサンドル・ベズボロトコが訴えてきた。エカテリーナ二世も、ロシア領の警備を目的として太平洋への艦隊派遣を決め、領有宣言をするためのグッズ（紋章やメダル）を用意した。しかし、ヨーロッパ情勢が緊迫化したためにこの計画は頓挫してしまった。こうした動きの延長線上でこの特権の内容が決められた。

4　レザノフ使節来航

ロシアの対アジア戦略　一八〇一年（享和元）に即位したアレクサンドル一世は、積極的な東アジア政策を展開しようとし、日本と中国に使節を派遣することを試みた。一八〇四年（文化元）、日本へはニコライ・レザノフを派遣し通商関係樹立を交渉させ、一八〇五年（文化二）、中国へはユーリィ・ゴロフキンを派遣し、対中交易の拡大とアムール川の航行権について交渉させようとした。興味深いことに、この二人の使節はともに、外交儀礼を直接の原因として、交渉決裂に至っている。レザノフは使節に対する扱いが非礼だったことに憤慨した。ゴロフキンは国境で迎えをうけ、嘉慶帝《かけいてい》の名を記した額に三跪九叩頭するように要求された。ゴロフキンはこれを断ったので、結局中国へは入れずに、ロシアに引きかえした。それより約一〇年前、乾隆帝《けんりゅうてい》の八〇歳の祝いと交易拡大を要求するために訪中したイギリス使節ジョージ・マカートニーも、三跪九叩頭の礼を拒否し交渉を決裂させている。対外関係をシンボライズする外交儀礼をめぐる決裂が多いのは、使節たちの個人的資質の問題というよりは、華夷秩序（上下関係）に基づく東アジアの外交秩序と対等な契約関係を基盤とする、西洋の外交秩序の衝突であったことを物語っていよう。

ロシア使節来航と漂流民送還

一八〇四年（文化元）、第二回遣日使節のレザノフが来日する。世界周航計画の一環としての対日交渉という位置づけであった。ラクスマン使節来航から一三年が経過していた。ヨーロッパ情勢が不安定で日本に使節を派遣する余裕がなかったが、一八〇二年（享和二）から一八〇三年（享和三）にかけてヨーロッパの国際関係が安定し、「平和の中休み」と言われる時期になったので、世界周航が実現したのである。使節のレザノフは、世界周航探検隊隊長、遣日使節、植民地全権を兼務していた。ここから分かるように、レザノフの来日目的は露米会社の世界戦略の一環であった。

ロシアは、信牌を携行しているので、対日通商関係樹立交渉の成功を疑わなかった。使節はツァーリ（皇帝）から日本皇帝（将軍）宛の国書をたずさえ、使節の身分も侍従長だった。露米会社の総支配人であるレザノフは、日本との交易樹立により、露米会社が抱える問題、すなわち物資の補給と毛皮販路の開発を目論んでいた。仙台からの漂流民を連れていたが、今回の主たる来航目的は対日通商関係樹立にあり、漂流民送還は副次的であった。

日本は約半年間、使節を待たせて審議したが、結局、一八〇六年（文化二）三月、昔から往来のある中国、朝鮮、琉球、オランダ以外の国とは通信・通商しないこと、ロシア一国のためにこの「歴世」の法を変えることは不可能で、贈物も受け取ることができないことを言い渡した。拒否の理由は、通商関係を樹立することは、「海外無価の物を得て、我国有用の貨を失」うことになり、しかも、「風俗を乱」し、「我民」を損なう恐れがあるからとした。さらに漂流民の受領に関しても、ラクスマン

ロシア使節レザノフ来航絵巻（部分）
（長崎に来航したロシア人とナジェジダ号を描いた絵巻の一部。右から２人目の「国王之使節」とあるのが，レザノフ）

のときは、今後は長崎以外では受領できないとしたが、レザノフには今後はオランダ船によるべしとして、漂流民送還によるロシア船の来航そのものを禁じた。半年も待たせ期待を持たせたあげく、ロシア側の一切の提案を拒否してしまったのである。しかも、とりあげた信牌も返却しなかった。信牌は、普通中国商船の船主に与える入港証明書で、一度使用すれば取り上げられるのが普通なので、日本側としては当然の対応であった。しかし、ロシア側はいったん与えた許可書を取り上げる背信行為と認識することになった（クルウゼンシュテルン、一九六六）。

レザノフに対するリーク情報

レザノフは日本滞在中、オランダ商館の東南東、梅が崎にあった昆布・乾魚蔵を増改築した宿舎に隔離されていた。しかし、日常接触していた通詞や警固兵から日本に関する情報を得ていた。それによれば、日本の民は通商を熱望して、将軍（家斉）も許可する意向であったが、反対する老中（戸田氏教）が天皇の許可が必要であるとして朝廷に報告し、天皇（光格天皇）が反対したという（生田美智子、二〇〇八）。後に、ピョートル・リコルドも高田屋嘉兵衛から日本人がロシアとの通商関係が結ばれることを望んでいたという話を聞いているので（Рикорд, 1816）、当時、そのような風潮があったのであろう。

本木庄左衛門《もときしょうざえもん》や石橋助左衛門《いしばしすけざえもん》、名村多吉郎《なむらたきちろう》らオランダ語大通詞は、日本側の情報をリークしただけでなく、オランダを介しての通商関係樹立計画をもちかけた。レザノフが日本来航時にロシア駐在オランダ公使ホーヘンドルプのオランダ商館長宛ての手紙を持参したことからも想像できるように、露米会社の日本貿易参入をよしとする勢力も、オランダ内部には存在した（木村直樹、二〇一〇）ようである。オランダ通詞たちは「北方のことをお忘れなきように」（レザノフ、二〇〇〇）という謎めいた言葉を何度も繰り返し、レザノフのまなざしを日本の北辺にふりむけた。

レザノフの交易計画

日本使節団の一員であったレヴェンシテルンの日記（一八〇五年〔文化二〕三月一九日）によれば、レザノフは対日交渉が破局になった後も以下のような交易計画をもっていた。

毎年二隻の船がクロンシュタットを出航する。一隻は荷物を満載して日本へ向かう。日本には商館員居留地がつくられる。日本からは日本の品々を積んで船がペトロパヴロフスカヤ湾へと向かう。

カムチャツカでは船は新たな船荷として毛皮を積み、それをもって中国へ行く。中国にもまた新しい商館員居留地があり、船は中国の品々を積み込みクロンシュタットへと向かうのである。もう一隻は直接マニラへ向かう。そこでは主として砂糖と〔この〕国が生産する商品を積み込み、それらを同じくペトロパヴロフスカヤ湾に届ける。そこでまた毛皮を得、それによって中国の商館地でペテルブルグのための荷物を受け取る。マニラにも商館員居留地ができる。ペトロパヴロフスカヤ湾はアメリカ会社の倉庫地となり、カムチャツカとカディヤクからの二隻の船が商品の輸送を行う。そしてイルクーツクまではペトロパヴロフスカヤ湾の補給を受けていく（生田美智子、二〇〇八）。

レザノフは、一八〇五年の段階でロシアのペトロパヴロフスクとクロンシュタット、日本、フィリピンのマニラ、ロシア領アメリカのカディヤク島におよぶ北太平洋交易圏の構築を夢見ていた。この時代のツァーリ政府は、アメリカの歴史学者レンセンが言うように、北太平洋をロシア帝国の内海にするためのツールと露米会社を位置づけていた（Lensen, 1959）。

レザノフの逆襲

レザノフは長崎を離れるに際し、六ヶ条からなる抗議の覚書を書いた。そのなかには、日本に責任者の処分とオランダ商館経由で幕府のロシア皇帝に対する謝罪文を即刻届けることと並んで、以下のような要求があった。

松前に、交易のために両国臣民が自由に出入りできる港を一ヶ所、ロシア商館建設地を二ヶ所指定することを要求する。日本帝国に対しては次のように約束する。交易は両国民を満足させるものであり、キリスト教は決して公然とした形では行われず、日本帝国のすべての法律は厳格に遵守される。これらのことは、私の六ヶ月の日本滞在によって証明されている（生田美智子、二〇〇八）。

この覚書は日本に手交されなかったようであるので、これに対する日本側の反応は見られないが、レザノフが対日通商関係樹立の試みを放棄したわけでないことが分かる。レザノフが「松前」に言及したのは、通詞たちの謎の言葉（「北のことをお忘れなきように」）も関係しているが、商務大臣N・P・ルミャンツェフの訓令第一九条を忘れていなかったからでもある。ルミャンツェフはレザノフに三つのシナリオを与えていた。すなわち、長崎での交易が拒否された場合、松前氏とアイヌが分有している松前での交易を懇願し、それも成功しない場合は、露米会社が入植しているアレクサンドル島（ウルップ島のこと）でアイヌを介した間接交易を行う方途を模索せよと述べていた（生田美智子、二〇〇八）。

レザノフの蝦夷地視察

レザノフはロシアへの帰途、四月九日、蝦夷地の宗谷に上陸し、アイヌ民族や松前藩士と話をした。五月二日、カラフトのアニワで日本人の役人の監視のもと、大坂から来た商船がアイヌ民族と交易をしているのを目撃した。日本人と字引とビロードを交換した。同行のクルウゼンシュテルンはアニワ湾の占領について以下のようなことを書いている。

アニワの占領そのものに関していへば、之は些少の危険もなく行はれることが出来る。蓋し、日本人は如何なる種類の武器をも欠いているから、反抗の考へすら起らぬに相違ない（クルウゼンシュテルン、一九六六）。

さらにクルウゼンシュテルンはアニワ湾を占領したところで、武威の失墜を何よりも恐れる日本政府は勝算のない奪還闘争をすることはないだろうと予想している。

5　レザノフ渡来後の日露関係

日本語学校への奨学金増額

ロシアは、レザノフの対日交渉決裂の要因をオランダの妨害と日本の政局によるものと見ていた。政局が変われば対露方針も変わりうると思っていたので、今回の日露会談が不成功に終わっても、それで対日通商関係樹立をあきらめたわけではなかった。

ロシアの対日関心を見るひとつの指標が、日本語教育の状況だろう。一七三六年（元文元）七月、ペテルブルグにあるロシア科学アカデミーに附属して設立された日本語学校は、一七五三年（宝暦三）に日本人漂流民が住むイルクーツクに移転された。今ひとつの日本語学校が一七四七年（延享四）以降にヤクーツクに設立されたが、一七五四年（宝暦四）にイリムスクに移転され、一七六一年（宝暦一一）にイルクーツクの学校に合併された。この時点では学校には七名の日本人教師と一五名の生徒がいた（アルパートフ、一九九二）。一八〇五年（文化二）には生徒は六名になっていた。しかし、一八〇五年（文化二）八月一六日付のキャフタ税関長ゴルブツォフの商務大臣ルミャンツェフ宛の報告は、日本語学校学生への給付金を、年間五四ルーブルから九六ルーブルに増額したことを伝えている（『ロシア史料にみる一八〜一九世紀の日露関係』第五集）。このことからも、対日通商関係樹立の意欲は衰えていないことがうかがえる。

ラショワ島アイヌのエトロフ島渡来

一八〇五年（文化二）、六月二日、エトロフ島シベトロへラショワ島アイヌ一四人が渡来した。羽太正養によれば、彼らは近年ロシアに編入されたばかりで、エトロフ島のアイヌとは言葉が少し違うだけで大体通じるという。彼らを捕らえて糺したところ、以下のような令を受けていることが判明した。

昨年ヲロシヤ本国よりカムサツカに居る所の役人迄書翰来り、同所より申しこす趣は、此節ヱトロフ嶋へ日本人大勢入込たるや、嶋中の様子得と相糺申聞よ（「休明光記」）。

ラショワ島アイヌはカムチャツカの役人の命令のほか、ラショワ島アイヌの長から交易の可能性があるか否か調べるよう命令も受けていた。さらに交易品として鷲羽を持参していた。箱館奉行の羽太正養と戸川安諭が協議のうえ、穏便に帰国させることにし、幕府の裁可も得たが、一八〇六年（文化三）、彼らは脱走してしまった。

エトロフ島におけるラショワ島アイヌの行動も、長崎におけるレザノフの行動も、ともに対日交易の可能性を探るロシアの動きであった。

「降福孔夷」騒動

一八〇五年（文化二）八月、ロシアの要求を拒否した幕府は、蝦夷地の防備を強化する必要性を痛感し、レザノフの宣諭役をつとめた遠山景晋《とおやまかげみち》（通称金四郎）に蝦夷地巡察を命じた。遠山一行は一八〇六年（文化三）に松前に到着した。江差の姥《うば》神社を見分した時に、一行の一人である最上徳内が一扁額《へんがく》を見つけた。そこには「降福孔夷」と書かれ、寛政一〇年八月松前藩主の松前章広の書銘があった。「孔」の次が草書でよく判読しにくいので、同行の松前藩士に尋ねると「隆福紅夷」、すなわち、「福を紅夷《こうい》に降す」と読んだ。「孔」を「紅」と誤読したため、一行は紅夷＝蛮夷＝ロシアではと推測した。遠山景晋が『詩経』にある「降福孔夷」、すなわち、「福を降すこと孔夷《はなはだおおい》なり」であると戒めたのだが、最上はこれを書き取り、別命で出張中の柑本兵《こうじもとひょう》五郎《ごろう》に見せ、柑本はそれを村垣左太夫《むらがきさだゆう》に見せた。村垣が松平信明に伺いをたてたことから幕府で問題視されることになった。林大学頭に諮問したところ、当主松前章広を召喚し吟味する騒ぎに発展した（島谷良吉、一九七七）。

松前氏は、寛政年間からロシアに内通しているとして、言動を問題にされていた。大原左金吾が『地北寓談』などで前藩主の道広を糾弾していたことを想起されたい。吟味の結果、一八〇七年（文化四）、章広は以下のように申し渡され、永久蟄居させられることとなった。

その方の儀、家督中蝦夷地とり治め行き届かず、異国人の手当ても等閑に心得、その上隠居いたし候ても、言行慎まざるの様子あい聞え、不埒に思し召し候（「休明光記」）。

西蝦夷地上知　幕府は、藩主の永久蟄居だけですまさず、松前氏から東蝦夷地に加えて西蝦夷をも上知させ、蝦夷地全体を天領にすることにした。蝦夷地全土直轄はかねてよりの幕閣内の世論でもあった。一八〇七年（文化四）三月、幕府は松前章広に九〇〇〇石の梁川《やながわ》（現在の福島県伊達郡梁川町）に転封する旨を伝えた。従来松前藩は一万石の待遇を受けており、また松前蝦夷地における実収入はすくなくとも他の藩の五、六万石に相当していたので、この転封は懲罰的な処分であった。松前章広に従って梁川に移った士族は七八名、足軽三三名で従来の半数にも満たなかった（『新撰北海道史』）。

ロシア船に関する指令　一八〇六年（文化三）一月、幕府は沿海の諸大名に対し、渡来ロシア船を穏便に取り扱うようにという以下のような指令を出した。

此後萬一漂流に事寄乗渡、何れ之浦方に船を繫申間敷ものにも無之候間、異国船と見請候は丶、早々手当いたし、人数等差配、見分之者差出し、得と様子相糺し、弥オロシヤ船に無相違相聞候は丶、能々申諭し、なるたけ穏に帰帆いたし候様可取計候、尤実々難風に逢ひ漂流いたし候様子に而、食物、水、薪等乏しく、直に帰帆難相成次第に候は丶、相応に其品相与へ、可為致帰帆候、且何程相頼候とも決而上陸は不為致、帰帆迄者番船附置、見物等も相禁し、其段早々可有注進候、尤再応申諭し候而も相拒み、不致帰帆及異儀候はヽ、時宜に応し不及伺打払、其旨可申聞候、右体之始末に至り候節は、諸事寛政三亥年異国船之儀に付相触候趣に准し取計ひ可申候（『通航一覧』巻二八三）。

ロシアに照準をあてたこの指令は、従来の指令の延長線上にあるものであり、ロシア船が来れば、説得して穏便に帰帆させるという趣旨のものであるが、「食物・水・薪」を与えるとしている点が、従来のものより寛大度が増していた。だが、申し渡しても拒む場合は、幕府に伺いをたてることなく、打払えとなっている。

藤田覚氏の調査によると、この令は松前を含む蝦夷地には適用されなかったという。蝦夷地には文化の薪水令ではなく、黒印下知状第二条の「自然異国之船令着岸は、其所に留置き、早々可注進事」が適応されたという（藤田覚、二〇〇五）。

第六章　蝦夷地来寇事件

1　魯寇騒動序章

レザノフの日本遠征総括

一八〇五年（文化二）五月二五日、レザノフ一行のナジェジダ号はペトロパヴロフスクへ戻った。同年六月八日、レザノフはアレクサンドル一世に日本遠征を総括する報告書を送った。そのなかで対日交易について以下のようなことを書いている。

日本との貿易は我々にとって非常に利益をもたらすでしょう。アジア中で一番優れた米と銅が日本製品の要です。最上の米がここでは一プード〔一六・三八キログラム〕一ターレル〔三マルク相当の旧ドイツ銀貨〕もしません。我々はカムチャツカに多くの物を供給できるでしょう。（中略）すべての民が望んでいるのですから、貿易を始めるのもそれ程難しくないでしょう。すでに迫害が定着してしまったナンガサキ《ママ》以外に、北方から遙かに有利に貿易を確立できるでしょう（『ロシア史料にみる一八〜一九世紀の日露関係』第四集）。

六月一三日、レザノフはマリヤ号で北アメリカにおける露米会社の経営状態の視察に向かった。ラッコ猟の減退と植民地への食料その他の必要物資の補給困難から、会社の経営が苦しくなっていたからである。露米会社の株価は一七九九年（寛政一一）の三七二七ルーブルから一八〇五年（文化二）には二八〇ルーブルに暴落していた（外川継男、一九八二）。

皇帝への上申書

レザノフはアメリカに向かう途上、ウナラシカ島から一八〇五年（文化二）七月一八日付で武力による対日通商関係樹立計画をアレクサンドル一世に上申した。

フヴォストフとダヴィドフのような立派な協力者を得た今、その力を借りて船を建造し、来年日本に向かい、松前〔松前島、すなわち北海道のこと〕で村落を掠奪し、彼等をサハリン〔カラフトのロシア名〕から追い払う所存でおりますが、皇帝陛下におかれましては、小生の行為を罪とみなされることはないと存じます。日本沿岸で恐怖心を煽り、漁場を奪い、二〇万人分におよぶ食糧を略奪する所存です。さすれば、日本人は我国と通商関係を開かざるを得なくなりましょう。それは彼等の義務であります。日本人はウルップ島でもすでに居留地を設立したと聞いております（Командор. 1995）。

ニコライ・フヴォストフは、一七七六年（安永五）五等文官を父としてリャザンに生まれたという
から、後述するゴロヴニンやリコルドと同い年である。彼らより二年早く海軍兵学校に入学し、一四
歳で、すでに対スウェーデン戦で金牌を授与されている。レザノフと出会ったのは一八〇二年（享和
二）のことで、彼の海軍士官としての能力を見込んだレザノフが、露米会社で働くよう勧めたのであ
る。露米会社は軍籍を残したまま勤務することができた。その話を聞いた当時一八歳のガヴリイル・
ダヴィドフが同行を希望し、彼らは以後死ぬまで行動を共にした。二人は無事アメリカ航海を終えペ
テルブルグに帰還した。レザノフは彼らの手腕と力量を見込み、二倍の金額で再度アメリカに行くこ
とを依頼した。彼らは一八〇四年（文化元）、マリア号でアメリカに向け出帆したが、船の調子が悪く
なり、引き返してペトロパヴロフスクで船の修理をしていた。一八〇五年（文化二）五月、日露交渉
に失敗したレザノフが帰還し、三人は三年ぶりの再会をはたしたのであった。フヴォストフとダヴィ
ドフという旧知の信頼できる海軍士官の存在が、レザノフの対日強硬路線計画の実現を後押しした。

日本が対露政策を穏便路線にしつつあった頃、レザノフは武力による通商関係樹立に路線を転換し
ようとしていた。「罪とみなされることはない」とわざわざ断っていることから、日本掠奪が違法行
為にあたると認識していた。たとえ違法であれ、敢行して成功すれば追認されるだろうというのがレ
ザノフの読みであった。ロシア領アメリカの根拠地シトカに渡ったレザノフは、部下のフヴォストフ
とダヴィドフを指揮官として、ユノナ号とアヴォシ号による日本攻撃隊を組織した。

ロシア領アメリカなど太平洋の植民地を視察したレザノフは、露米会社にとり最優先課題は、食料危機の対策であることを痛感した。このまま放置すれば、飢餓や壊血病により死者が出る可能性があった。

一八〇六年（文化三）二月一五日、レザノフがアメリカ北西海岸ノヴォアルハンゲリスク港からアレクサンドル一世に送った上申書には次のような一節がある。

当地では、二百人弱のロシア人と三百人強のカディヤク系アメリカ人が食べ物や貯えが底をついた状況にありました。（中略）この先も餓死が危惧されますので、私はカリフォルニアへ行き、イスパニア政府に緊急の食糧買い入れを支援するよう要請しなければなりません。（中略）神の思し召しにかなえば、五月にも帰還し、当地で建設中の単檣帆船を伴って日本沿岸へただちに向かいます。そしてサハリンに入植した隣国の人間をそこから追い出し、ロシア領アメリカの人口を補強するためにこれらの捕虜の一団を送り出します。彼らは暴政から逃れ、当地で私の配下となり、本当に平穏な幸せを見出すでしょう（Российско-американская компания и изучение тихоокеанского севера 1799-1815）。

二月二五日、彼は食料調達のため、フヴォストフの率いるユノナ号に乗組み、当時取引のまったくなかったカリフォルニアのサンフランシスコに向かった。ロシア領アメリカの最高責任者として、レザノフは現地当局と交渉をしたが、本国のスペイン王室は外国との接触を禁じていた。六週間の滞在の間に、四二歳のレザノフはこの地の総督の一五歳の娘コンチータの心をとらえ、求婚した。彼女と婚約することにより、ロシアとの交易に乗り気でなかった総督は食料購入を黙認した。こうして露米会社は食料危機を乗り切ったのである。

レザノフの秘密指令

一八〇六年（文化三）七月二七日、レザノフはフヴォストフ率いるフリゲート艦ユノナ号に乗り、ダヴィドフ率いるアヴォシ号を従えて、ノヴォアルハンゲリスクを出帆、日本へ向かった。八月八日、レザノフは部下のフヴォストフへ極秘と書いた「レザノフから千島列島およびサハリン航海への機密遠征長フヴォストフへの指示」を渡した。そこには、以下のように、対日通商要求において強制手段行使に踏み切る理由が述べられていた。

日本はかつて通商に同意しながら、その後そのための使節団を派遣したところ、政府内で反露派が勢力を伸ばしたというだけで、我々を拒絶するという背信行為をおかした。私は貴下らにはっきり言う。私が承知している限り、民衆は通商を望んでいるので、対露通商が拒否されたことに不満で、少しでも多くの通商を行うことが必要だと考えている。（中略）日本は、ロシアに危害を加えることはできないが、ロシアから危害を加えられる恐怖を常に感じ、しかもそれを阻止するなんの能力もないことに、気づくだろう。したがって我々の政府の側が、積極的な方策をまず成功させ、それを継続させることは、日本人を望ましい目的に近づけることになるはずである（Российско-американская компания и изучение тихоокеанского севера 1799-1815)。

レザノフは目的を達成させるため一一条のミッションをフヴォストフに与えた。その主なものは、サハリンのアニワ湾で日本船を焼き討ちにすること、健康で労働に適した日本人は連行すること、職人や手工業者を捕虜にするよう心がけること、それ以外の者はサハリンに二度と来ないよう言い聞かせて松前島に帰すこと、僧侶や捕虜をノヴォアルハンゲリスクへ連行すること、日本人の倉庫を略奪することであった。通商関係樹立だけでなく、ロシア領アメリカのノヴォアルハンゲリスクに日本人を入植させるつもりであったのだ。

レザノフの追加指令

しかしレザノフは、船中で突如予定を変更し、今回の訪日と訪米についてアレクサンドル一世に報告するために、ひとまずペテルブルグに帰還すると告げた。九月一五日、フヴォストフはユノナ号でレザノフをオホーツクに送り届けた。レザノフは秘密指令を出したものの逡巡し、ユノナ号が出帆する直前になって、九月二四日付の文書で八月八日の命令を中止させる追加指令を出した。

オホーツクに到着してから、余は貴下に与えた任務があらたに補足される必要があると考えている。船の前檣が折れたことや逆風によって、船の航行が阻まれた。さらに、晩秋になったので、貴下は急ぎアメリカに行かなければならない。（中略）風向きにより、時間を無駄にすることなくアニワ湾に立ち寄るようなことになれば、贈物やメダルでサハリン原住民を厚遇し、かの地の日本人の入植がどのような状況にあるか視察されたい（Российско-американская компания и изучение тихоокеанского севера 1799–1815）。

この追加指令はアメリカに行けと命令する一方で、順風がえられたらサハリンのアニワ湾へ行けと命令している。困ったフヴォストフは、追加令の真意を確かめるべく、レザノフを探したが、彼はすでにペテルブルグに出発した後だった。この指令に関しては、従来は、遠征を中止したのか否か意味不明の命令であるとされてきた。確かにレザノフの追加指令の真意は文面を分析しただけではわかりにくい。コンテキストを拡大して判断する必要がある。クリモヴァはロシア文書館の資料から、レザノフが追加令を出した同じ日、すなわち、一八〇六年九月二四日付のロシア領アメリカの総支配人アレクサンドル・バラノフへの手紙のなかでフヴォストフらを「遠征に行かせないでください」と言っていることから、彼の真意が中止にあったことを明らかにした。さらに、それにもかかわらず、フヴォストフがこの追加指令を二四日に「レザノフ閣下から遠征許可をいただいた」と認識していたことも明らかにした（クリモワ、二〇〇八）。

レザノフの死

一八〇七年秋、レザノフは、スペインとの交易の可能性をさぐりつつ、結婚許可をとりにペテルブルグへの帰途を急いでいた。行く先々で催される歓迎会で疲労困憊だった。シベリア総督のイワン・ペステリとは、露米会社なしにはシベリアの未来はないと話し合っ

レザノフの墓碑

(ペテルブルグに戻る途中病死したレザノフのクラスノヤルスクにある墓碑。「マルタ十字勲章保持者，提督，最初の世界周航の指導者，外交官，露米会社首脳ニコライ・ペトロヴィチ・レザノフ，ここに眠る」と書いてある)

た。ついに帰還途中、クラスノヤルスクで病死してしまう。コンチータがレザノフの死を知ったのは一八四二年（天保一三）というのが通説だったが、ヴォルホヴィティノフによれば、一九六〇年代にロシア国立図書館で、レザノフの死を知らせるコンチータの兄に宛てた手紙が見つかっている。さらに、一八〇八年（文化五）にバラノフはコンチータの家族にレザノフの死を二度にわたり知らせたという。いずれにせよ、コンチータはレザノフへの貞操を守り、貧しい人々の救済に生きるマザー・テレサのような日々を送り、晩年は修道女となった。他方、レザノフは死の直前に書いた手紙のなかでコンチータのことを「熱情の結果」や「祖国（ロシア）への新しい生贄」と表現し、亡き妻のことを「私の愛する人」と呼んでいる（ボルホヴィチノフ、二〇〇九）。

レザノフの日本遠征は不成功に終わったが、カリフォルニア遠征は大成功を収め、ロシア領アメリカを食料危機から救うことができた。クラスノヤルスクにはレザノフに捧げた立派な墓碑が建てられた。露米会社が彼の功績をたたえて建造したものである。一九三〇年代に撤去されたが、二〇〇七年に再建されている。ロシアでは、レザノフは失敗に終わった対日交渉ではなく、ロシア領アメリカの危機を救った対スペイン交渉の成功により記憶されている。

レザノフとコンチータの二七歳の年齢差とカトリックとロシア正教という宗教の壁を越えた恋は、多くの文学作品の題材となった。なかでも人気詩人アンドレイ・ヴォズネセンスキー（「百万本のバラ」の作詞者）の作品「アヴォシ」をもとにしたロックオペラ『ユノナとアヴォシ』は、ソ連時代から現在に至るまでロングランを続ける長寿人気作品である。

2　蝦夷地襲撃事件

一八〇六年の襲撃事件

一八〇六年一〇月（和暦文化三年九月）、フヴォストフは、ユノナ号でカラフト南部のアニワ湾のオフイトマリに上陸し、アイヌの中老にメダルと次のような文書を手渡した。

海軍中尉フヴォストフ指揮下のロシアのフリゲート艦「ユノナ号」。サハリン島ならびに同島の住民をロシア皇帝アレクサンドル一世の至仁なる庇護下に受け入れるしるしとして、アニワ湾西岸にある村の長にウラジーミル綬銀勲章を授与する。当地を訪れるすべての船舶は、ロシア船も外国船も、この長をロシア臣民とみなされたい（Российско-американская компания и изучение тихоокеанского севера 1799-1815）。

長老の小屋には、「一八〇六年一〇月一〇日、ロシアのフリゲート艦ユノナ号は当地に来航し、一村落をソムネニエ（疑惑）と命名する」と書いた銅板を打ち付けた。筆者が古河歴史博物館で見たロシア文は銅版のテキストを紙に写したものである（「魯西亜人丙寅秋唐太島エ指置書写」）。

翌日、フヴォストフはクシュンコタンに上陸し、日本の番屋へ入った。日本人は、おかゆでもてなしたが、誰も箸を使って食べることができなかった。すぐに戦いになり、日本人全員が縛りあげられた。ロシア人は放火、略奪をしたのち、一〇月一四日、弁財天があったところに銅板を貼り付け、この村落を「リュボピィトストヴォ（好奇心）」と命名した（「魯西亜人丙寅秋唐太島エ指置書写」）。日本側資料によれば、一八〇六年（文化三）九月上旬、フヴォストフ率いるロシア船が樺太アニワ湾のクシュンコタンに上陸し、いきなり運上屋を襲撃し、米や酒などを略奪し、放火している。

それまで平和的手段で粘り強く交渉してきたロシアが、はじめて武力を用いたのである。江戸時代、「魯西亜恐ろし」という印象を、はじめて日本人に与えることになる事件である。当時カラフトは松前藩の支配下にあった。ここには松前藩の会所があり、夏の間は松前藩士が駐留し、アイヌとの交易を行うが、秋になると番人を残して藩士は引き揚げており、襲撃があった時、藩士はすでに松前に引き揚げていた。フヴォストフはロシア語で領有を宣言する真鍮板を置いていった（『通航一覧』巻二八五）。

ロシア人は翌日もクシュンコタンに上陸し、酒や米、雑貨を略奪した。さらに運上屋、倉庫、船などに放火し、会所にいた番人のうち富五郎、源七、酉蔵、福松の四人をカムチャツカに連行した。かわりにアイヌの少年を釈放した。残った三人の番人は、冬季は宗谷海峡の連絡が途絶えるので、松前藩士の到着を待つほかなかった。

翌一八〇七年（文化四）にクシュンコタンに到着した松前藩士は、前年のロシア人狼藉事件のことを知り、松前藩に急報した。こうして、半年以上も表沙汰になることがなかったカラフト襲撃事件は、四月六日に松前藩に伝えられ、明るみに出ることとなった。その直前の三月二二日、カラフト襲撃事件の第一報が届いていない段階で、幕府は松前および西蝦夷地を上知し、松前藩を転封する決定を下した。

襲撃事件の知らせを受けた箱館奉行羽太正養は、奉行調役並である深山宇平太、同下役小川喜太郎のほかに、勤番の津軽の士卒八〇名を宗谷に派遣した。ロシア人による沿岸攻撃にそなえて、まずは宗谷の防備をかため、カラフトに出陣するつもりであった。その体勢を整えようとしていた矢先に、今度はエトロフ島襲撃の知らせが届いた。

一八〇七年の襲撃事件

日本側史料によれば、翌一八〇七年（文化四）四月二三日、フヴォストフ率いるユノナ号とダヴィドフ率いるアヴォシ号は、エトロフ島のナイホに現れ砲撃を加えた。ナイホの番人は幕府の守備隊が駐屯するシャナに通報した。シャナには南部と津軽の藩兵、三五〇～三六〇人が駐屯していた。最高責任者の箱館奉行支配調役である菊池《きくち》惣内《そうない》は、エトロ

襲撃したロシア人の図
（エトロフ襲撃事件を描いた大村治五平による挿絵。銃剣をもつロシア人を描いている）

フ島にたどり着いた南部の漂流民を箱館に護送するため、高田屋嘉兵衛の手船辰悦丸で箱館に出かけており、箱館奉行調役下役元締の戸《と》田《だ》又《また》太《だ》夫《ゆう》と、下役関谷《せきや》茂《も》八郎《はちろう》が留守をまもっていた。

二五日、フヴォストフはナイホに上陸した。番人の五郎次と佐兵衛、稼方の長内、六蔵、三助の五人をつかまえ、米、塩、衣類などを強奪し、番屋、倉庫に放火した。

二九日、ロシア船がシャナに近づいてきた。日本側は、クシュンコタンとナイホで襲撃があったことは知らされていたが、すぐに攻撃をしかけることはしなかった。会所支配人の陽助が白旗を掲げロシアに日本側の和平の意思を示したにもかかわらず、ロシア側は発砲した。陽助は内股を打ち抜かれた。現場にいた南部藩砲兵師大村《おおむら》治五平《じごへい》によれば、日本側がロシアに発砲しなかったのは、関谷茂八郎や間宮林蔵が、ロシアが銃を発射するのは陸地へあがる際の「礼法」だと主張するので、日本側は油断したのだという

（『私残記』）。日露で銃撃戦となり、日本の死傷者三名、ロシア三名の負傷者を出した。戸田又太夫は、ロシア軍の上陸を許した責任を感じ、自刃した。三五歳位であった。

五月一日には、ユノナ号とアヴォシ号が上陸、略奪をほしいままにし、放火した。大村治五平は足に流れ弾があたり、山中に潜んでいたのを発見され、拉致された。エトロフ島から引き揚げてきた工藤氏助と佐々木小兵衛《ささきこへえ》の証言によれば、ナイホにきた賊は、日本人を生け捕りにしたが、アイヌに関しては日本の格好をしているので一旦は一緒に捕らえたものの、着物の中に手をいれ、毛深ければ釈放し、そうでなければ日本人だとして、船に留置したという。ロシア語ではクリル諸島南部の人間をモフナトィエ・リュージ（毛深い人）あるいは「毛深いクリル人」という。毛の有無がクリル諸島南部のアイヌと日本人を区別する特徴と考えられていた。また「長崎にての遺恨」を思い知れと日本語で言ったという（『視聴草』）。

菊池勇夫が紹介している『太田広治筆記』によると、防衛にかり出されていたアイヌが、シャモ（和人）がこの島にきたからこんな乱にあうのだとして、日本人の番人を切り殺したという（菊池勇夫、一九九九）。エトロフが襲撃される直前の四月一五日、エトロフ島ではアイヌがそった髭をうずめる髭塚も三ヶ所になったとして、日本への改俗記念の祝いが行われた（『私残記』）。アイヌ和風化政策の実績を着々と挙げていたエトロフ島であったが、アイヌの人々は、日本による同化政策を、かならずしも歓迎していたわけではなかったようである。

五月三日、フヴォストフたちは、ロシア人コロニーをみるためにウルップ島に立ち寄ったが、すでにロシア人は引き揚げたあとだった。二一日に、彼らは前年に引き続きカラフトに到着し、クシュンコタンに上陸して放火した。駐在していた松前藩士は一二〇人余りの兵を持ちながら、闘わずしてクシュンコタンを捨てて、ソウヤに逃げ帰った。

五月二九日、フヴォストフらの二艘は、海峡を渡り、稚内沖の利尻島を襲った。この島には大筒を積んだ官船万春丸が寄航していたが、その銃は豊臣秀吉が朝鮮侵略の際に現地で入手した「大筒」であったという(『視聴草』)。二〇〇年以上前の年代物である。

松前奉行宛書簡　一八〇七年(文化四)六月、ロシア人は前年にカラフトで捕えた日本人の番人四人と今回エトロフ島で捕らえた番人五人に南部藩士大村治五平を加えた一〇人の日本人のうち、五郎次と佐兵衛を残して八人を利尻島で釈放した。彼らには以下のような書状を持たせてあった。『通航一覧』巻二九二に収録されているが、ここではロシア語史料から引用する。

フヴォストフより松前知事 gubernator へ

日本の隣接国であるためにロシアは、この帝国〔日本のこと〕臣民の真の幸福に向けて、友好的な関係と通商を望まざるをえません。そのため、長崎へ使節団が派遣されました。しかし、これを拒否されたことはロシアにとって侮辱であり、ロシア帝国の領土であるクリル列島及びサハリンで日本人が交易を拡大しているため、この大国〔ロシア〕は、ウルップやサハリンの住民を通じて我々〔ロシア〕との交易を望むと〔日本が〕知らせない限り、ロシア人は常に日本人の交易に損害を与えうるのだということを示すような別の措置を取らざるをえませんでした。ロシア人は今回、日本帝国にかくも微々たる損害しか与えませんでしたが、このことによって日本人には、日本の北部はいつでもロシア人によって損害を受ける可能性があり、日本政府が今後も頑なな態度を崩さなければ、その土地を失うことになるだろうということを示したかっただけなのです（『ロシア史料にみる一八～一九世紀の日露関係』第五集）。

書状は、通商交易を始めない限り、日本の北部に損害を与えるだけでなく、占領することもありと脅している。

3　日本の対応

届かなかった日本の返書

ロシア人の文書を受けて、深山宇平太は以下のような文書を数通作成し、ロシア人の来そうな所においた。

いよ〳〵御無事を祝し候、しかれは、御手紙之通りにては通商の願ひかなひ不申候、其訳はオロシヤは礼儀のある国なれは、是迄通商不致、しかるに去年よりろうぜきをいたし候上、通商の事を申越れ聞入なひ時は、船々沢山に遣し又ろうぜき致し可申と、失礼不法の事を申、かゝる国へ通商はならず、其国より船を沢山遣し候時は、此方にても要害をかため、軍をいたすへし、通商いたし度は、是迄の事をさつはりと改て、悪心のないしるしに、日本人を不残返し、其上にてあきないの事を申へし、しからはうかゝひの上、来六月唐太島にて有無のあいさつに及ひ可申候

一あくしんなくは、早々地方を放れ帰国あるへし、若互にあやまちあれは、通商ところはなく候、謹言（『通航一覧』巻二九二）

あれだけの狼藉をはたらいた加害者に対し、冒頭で「いよ〳〵ご無事を祝し候」という挨拶をしている。当時の日本では礼節をわきまえていることが文明国であるか否かの指標であったので、犯行声明に対する返書の冒頭が、このような一文になったのであろう。失礼不法をはたらく国との通商はありえず、通商したければ行いを改めて日本人を解放せよ、その場合には来年六月にカラフトで可能性の有無を返答するというものであった。通商の可能性を否定せず、相変わらずグレーな印象を与える返答であった。しかし、オホーツクに帰航したフヴォストフとダヴィドフは船が港に入るや否や、逮捕・収監され、この文書を見ることはなかった。

奉行所の対応

一八〇七年（文化四）五月一八日、エトロフ島襲撃事件を受けて、箱館奉行羽太正養が幕府に届けた最初の報告によれば、「ヲロシア大船二艘」が会所前の浜におしよせ、「争戦」となり、「支配人陽助」が内股をうたれ怪我をした。ロシア人はおよそ「七百人程」で日本側は「二百三十人程」であった。「必死に相成争戦仕、異国人之内五六人鉄砲以打殺し」た。防

戦かなわず立ち退くときに、戸田又太夫も引き払ったが、異国人が追いかけてきたので、「万一御役人之内役等之為に被召捕候而者、外国へ対し御外聞に相拘残念之旨附添候もの江申聞、於途中自害」したというものであった（『通航一覧』巻二八七）。

しかし、ロシア人が七〇〇人いるというのは現実とはかなりかけ離れた報告で、後に、ロシア人に拉致された日本人八人が解放されると、ロシア人は実際には六四人しかいなかったことが判明した。さらに、羽太はロシア人を五、六人打殺したというが、実際には、銃撃戦ではロシア側に死者は出なかった。泥酔して、ロシア船の出帆に間に合わなかった水夫二名が、アイヌに殺害されただけであった。

エトロフ襲撃事件は日本国内に強い衝撃を与えた。とりわけ、二三〇名ほどの兵力がありながら七〇名ほどのロシア水兵に敗れたエトロフ島のシャナ会所の一件は大きな衝撃を与えた。

幕府の対応

カラフトに三〇〇人の警護兵を手配したいという箱館奉行の申し出に対し、一八〇七年（文化四）五月、老中は以下のような返答をわたした。

去秋罷越候異国人の狼藉なとには一向取合不申方、御国体も可然候、差離れ候場所江人数も遣し置、万一此上手違も有之候ては、外国より我国を軽蔑のはしを開き申間敷ものにも無之、仮初の事にて御威光にも拘候間、能々安芸守共申談、取調可被申事

一ソウヤにて、見切御固に相成候上は、カラフトには番屋等補理候儀は無用たるへく候（『通航一覧』巻二八四）。

すなわち、異国と闘って万一負けるようなことがあっては御威光にかかわるので、ロシアには取り合わないよう、また、防備はソウヤまでとするので、カラフトの番屋や倉庫の再建や出兵は必要なしとした。

さらに、一八〇七年（文化四）六月、エトロフ島襲撃に関しても幕府から箱館奉行には以下のような通達があった。

此度蝦夷地江来候異国船、其方領分も向寄付、海岸近く来候はゝ、同心得方之儀厳重に相備、手厚に取計候儀勿論に候、一体何故之事情に而来候歟、其儀相尋候儀専一之事に候、彼ものともより何れにも不法に手向ひて狼藉候に決候はゝ、時宜次第陸江上候而打潰候様にも致し、十分に可被取計候、最初より上陸為致間敷と而已存込、速に此方より手指を始候而打払候儀は不宜候事（『通航一覧』巻二八八）。

こちらから手出しをしないよう、ことをあらだてないよう穏便に収めようと腐心しているのが分かる。兵だけは大量に動員し、東北諸藩に出兵要請している。三〇〇〇人が要地に配備され、このための運搬に高田屋の船が総動員されることになる。

ロシア船打払令　幕府は防備体制を整えるとともに、一八〇七年（文化四）一二月九日、以下のようなロシア船打払令を出した。

魯西亜船取扱方之儀に付、去寅年相達候旨有之候処、其後蝦夷之島々江来り狼藉に及ひ候上は、向後何れの浦方にても、おろしや船と見請候は丶、厳重に打払ひ、近付候においては召捕又は打捨、時宜に応し可申は勿論之事に候、萬一難船漂着にまきれ無之、船具等も損し候程之儀に候は丶、其処に留手当いたし置、可被相伺候、畢竟おろしや人不埒之次第に付、取計方厳しく致し候わけに候條、油断なく可被申付候、

右之通、萬石以上以下海辺に領分有之面々江、不洩様可被相触候（『通航一覧』巻二九五）。

ロシア船ならば打払い、ロシアの漂流船は漂着地に係留し、幕府に通報するように指示している。一八〇六年（文化三）正月令、いわゆる文化の薪水給与令（ロシア船であれば、説得して穏便に帰帆させ、漂流ならば新水を給与する）が、蝦夷地襲撃事件を契機に、強硬なロシア船打払い令になったのである。

風聞の取り締まり

蝦夷地襲撃事件は幕府や大名だけでなく、庶民にまで噂が広まり、尾ひれがつき、収拾がつかないほどであった。とりわけ、初動段階では幕府が情報を秘匿したので、よけい不安をあおることになった。

一八〇七年（文化四）六月一〇日、老中の土井利厚《どいとしあつ》は大目付、目付に口達をして、「町奉行市中妄説を禁すへきよし、町触を出す」よう、命じた。事実経過を公開しなくては、立ち行かなくなったのである。諸大名にロシア船による東蝦夷地北エトロフ島襲撃事件の経過を述べたうえで、「右の外別條無之事に候、於世上彼是風聞可有之候間、心得罷在、向々へも急度可被咄置候事」とした。幕府は江

戸市中に以下のような町触を出した。

去る頃、蝦夷地唐太島沖合に異国船到着に付、夫夫御役人為御見分被相越候に付、町々において無益之雑談種々風説致し候旨相聞候、以後聊不寄何事彼地之噂咄等決而いたす間敷候事（『通航一覧』巻二九二）。

それでも風聞はなかなか収束しなかった。いくつか引用しておこう。

蝦夷のうらにうち出見ればまごつきの武士のたわけのたけもしれつゝ
あちこちといかりおろしやの船二艘米やりたさをまつまへの沖
松前にいかりおろしやの世とあらば米をおしみしこれも石火矢

夫病の源は虚に生るゆへに、北面に変を生じ、交易の虫湧出て、常に米を好み、尤寒気に閉られ、道ひらけざるがゆへに、自然と恵と六腑を脳せ、久名尻の辺より蝦夷のあたりをいため（後略）（「文政雑説集」）。

落書のなかにロシア人が米を欲しがっているという文言が頻出しているのに留意しておこう。一八〇八年（文化五）七月、流言・飛言はついに死刑者を出す筆禍事件にまで発展することになる。この事件を扱った『北海異談』が摘発され、作者の永助が死罪、情報提供者は遠島、本を取り扱った貸本屋は所払いに処せられた（松本英治、一九九八）。

罰せられたのは読本の作者だけではなかった。一八〇七年（文化四）、松前奉行の羽太正養は、いささかの儀に度をうしない、防御手段も講じなかったとして、奉行職を罷免された。松前奉行支配吟味役格の山田鯉兵衛、支配調役下役元締の戸田又太夫、支配調役下役の関谷茂八郎と児玉嘉内、支配吟味役格の菊池惣内なども処分された。以上列挙したのは、主なものであり、蝦夷地来寇事件はエトロフ関係者の大量処分に発展した（『通航一覧』巻二九六）。

消極的通商容認論の台頭

蝦夷地襲撃事件が与えた衝撃は強かった。エトロフ島の敗走は会所を放棄したものであり、日本の恥と受け止められた（『千島の白波』）。ただ、戦力に大差がある以上、戦端をひらけば莫大な出費がかさむうえに、大敗すれば国威が衰え、恥の上塗りになる。現実的な世論の動向は徹底抗戦よりも交易を許して穏便に事件を終息させたいというものであった。吉田厚子氏が紹介した「北辺探事補遺　附或問」のなかで、大槻玄沢は以下のように言う。

今は世界無比の大国巨邦となりし隣国を相手とりては甚だ為しにくき事なるへし、しかず彼が事情を聞糺し、愈々交易に志深くは枉げてこれを免し、和睦を求め隣好を修ることになし給ふへき歟（中略）世論も亦然り（「北辺探事補遺　附或問」）。

ロシアと交易することにより日露関係を打開するべきだというのが世論だといっている。この議論に関しては藤田覚氏の研究があるのでそれに沿ってまとめる。杉田玄白や松平定信は、ロシアの謝罪を条件に、ロシアに貿易を許すかたちで、事態の収集を図ろうとした。松平定信は、貿易を認める理由を隣国であるというロシアの特性に求めることで、それ以外の諸外国の要求を排除する論理をたてていた。箱館奉行の羽太正養も現在の日本の軍事力ではロシア軍艦を撃退できるかどうか分からないうえに、諸藩が防衛のために疲弊してしまうので、貿易許可することは国益にかなうというものであった。松前奉行の河尻春之《かわじりはるあき》と荒尾成章《あらおしげあきら》は、ロシアの謝罪を条件に、ロシアの極東地域と蝦夷地の間で交易を開始するという考えであった。ロシア辺境と蝦夷地の間の交易であれば、国法を枉《ま》げることなく「別儀」という形で許可できるというものであった（藤田覚、二〇〇五）。

4　ロシアの対応

フヴォストフとダヴィドフの逮捕

一八〇七年（文化四）六月三〇日、フヴォストフとダヴィドフは、日本からの捕獲品を満載して、ユノナ号とアヴォシ号でオホーツクに帰還した。彼らは、オホーツク港長官I・N・ブハリンに船の到着については報告したが、探検に関する資料は提供しなかった。レザノフから極秘遠征であると釘をさされていたからである。ブハリンは探検に関する情報提供を要求したが、二人はレザノフによる秘密探検命令（国家機密）をたてに、情報提供を拒否した。

ブハリンからレザノフが亡くなったことを聞かされたフヴォストフは、極秘遠征に関するすべての資料を、海軍大臣P・V・チチャゴフに渡すべきであると考えた。ブハリンは、その行為を反逆罪とみなして二人を逮捕し、積荷や探検隊の資料を差し押さえた。拘束理由は、政府の許可なしに日本遠征を行ったことと、報告書の提出を拒んだからであった。その一方でブハリンは、露骨に二人に賄賂を要求し、場合によっては「地位の保全」も可能だとほのめかしたという（有泉和子、二〇〇三）。

フヴォストフとダヴィドフは逮捕され、軍法会議にかけられた。軍法会議は、二人の行動はレザノフの八月八日の命令によるものであっても、九月二四日の命令には違反したとして、投獄を認めた。一八〇七年（文化四）九月一七日、フヴォストフとダヴィドフは、二人に同情する看守の助けでオホーツクの営倉を脱走し、ヤクーツクにたどり着いた。営倉逃亡の知らせはオホーツクから届いており、二人はまたしても逮捕された。イルクーツク県知事に連絡をとることは許されたので、二人はイルクーツク県知事で民政長官トレスキンにブハリンのことを逆告訴した。トレスキンはそれをペテルブルグに転送し、二人をイルクーツクに搬送した。

二人の処遇

一八〇八年（文化五）五月、アレクサンドル一世の命令でペテルブルグに移送された二人の一件は、商務大臣N・P・ルミャンツェフに委ねられた。その結果、八月九日の勅令で、二人の日本における行動は責任を問われず、ブハリンに対する訴えが海軍省で審議されることとなった。しかしそれで一件落着とはならなかった。海軍省はブハリンの罪を問う一方で、二人を軍法会議にかけることにした。この頃二人は対スウェーデン戦の前線に派遣され、戦っていた。二人の勇猛果敢ぶりを知っていたフィンランド方面総司令官が、海軍大臣に派遣を要請したのであった。二人はフィンランド戦線で勲功をたてた。フィンランド方面総指令官が二人の叙勲を申請したが、アレクサンドル一世は叙勲を却下することで勝手な行動をとった懲罰とした。

一八〇八年（文化五）八月九日、従来はサハリン（カラフトのこと）に興味を持っていなかったアレクサンドル一世は、かねての露米会社の要請にこたえ、サハリン島への入植を許可する正式な勅令を出した。

皇帝陛下は他の例にならって、アメリカ会社理事会に、オホーツク海にあるサハリン島へ入植することを裁可あそばされた（Российско-американская компания и изучение тихоокеанского севера 1799-1815）。

ロシア皇帝は、フヴォストフとダヴィドフの対日攻撃を批判する一方で、サハリン入植は認めることで、彼らの行為を追認したといえる。フヴォストフ・ダヴィドフ事件を研究している有泉和子氏は、後述するゴロヴニン事件をロシア側が解決しようとして二人を海賊に仕立てたと主張しており、筆者もおおむね賛成するものである。それだけではない。彼らのフヴォストフ・ダヴィドフの襲撃事件以降、ロシアはカラフトに目をむけるようになった。すなわち、彼らは、江戸期の日露紛争だけでなく、将来の新たな日露紛争の火種、すなわち、サハリン入植開始の契機も作ったといえる。

二人の死

一八〇九年（文化六）秋、二人はペテルブルグに戻ってきた。一〇月一四日、二人はアメリカ人船長のジョン・ウルフと共にG・H・ラングスドルフ教授の家に招かれた。ドイツの植物学者・医者であるラングスドルフは学術調査のためレザノフの世界周航に参加し、北海道、千島列島、カラフトなどを調査した。四人はアメリカの北西海岸で冬を共に過ごした間柄で、再会の祝杯をあげ、午前二時頃に散会した。フヴォストフとダヴィドフの住居はネヴァ川の向こう岸にあるヴァシーリー島にあった。ラングスドルフはウルフ船長と共にネヴァ川にかかる橋まで二人を見送った。この時、橋が上がっていたので、二人は別れをつげ、川岸から船に渡した板の上を通って向こう岸にわたった。川が凍らない時期、大型船を通過させるために川に架かる橋は深夜から早朝にかけて跳ね上がるのである。翌朝、ラングスドルフは二人の海軍士官が溺死したという知らせをうけとった。フヴォストフとダヴィドフだった。ラングスドルフは、二人はラングスドルフ邸に引き返そうと近道をしてつりあがった橋の上から下にある船に飛び移ろうとして失敗し、溺死したと推測している（Langsdorff, 1968）。

二人の死体は見つからなかったという。ここからさまざまな文学作品が生まれることとなった。同時代ではA・ヴォルコヴァ、A・S・シシコフ、G・R・デルジャーヴィンなどが追悼の詩を書き、シシコフは没後ダヴィドフ著『海軍士官フヴォストフとダヴィドフによる二度のアメリカ遠征』を出版し、二人を賛美する序文をよせた（Давыдов, 1810）。ソ連時代には、ルビンシテルンが『日本に囚われし者』という作品中で、この事件に触れ、二人は溺死せずにアメリカの商船に救出され、フヴォストフは南米をスペインの植民地支配から解放したボリバル将軍になったという噂を紹介した(Рубинштейн, 1931)。

5　動員される嘉兵衛

軍事輸送

前述したように、幕府はロシアからの襲撃をうけ、北方の警備を強化した。南部、津軽、秋田、庄内などの藩に命じて、蝦夷地警護を担当させた。その総勢は三〇〇〇人といわれる。奉行所は兵士の輸送に高田屋の船を徴用しようとした。しかし、ロシアからの攻撃の危険のある場所へ、水主たちは行きたがらなかった。つかまれば拉致される恐れがあった。当然運賃をはずまなければ、人員の確保はむずかしかった。しかも箱館奉行所からは内々に運賃値下げの要請が来ていた。一八〇八年（文化五）九月、嘉兵衛は箱館奉行に以下のような嘆願書を出した。

当春、蝦夷地カラフト御運賃、百石ニ付、金四拾四両、ソウヤ、金三拾八両宛、船頭ヨリ御願申上候訳者、水主共、甚不足候ニ付、何分右蝦夷地江、御固メ御人数御乗船ニ相成候得共、一統暇ヲ呉候様、松前ニ而、船頭江申出、甚当惑仕候、此度御用ニ相立不申候而者、御咎メ候段、申聞候処、漸ク聞入レ、左候得者、カラフト給金、弐拾五両、ソウヤ、金弐拾両

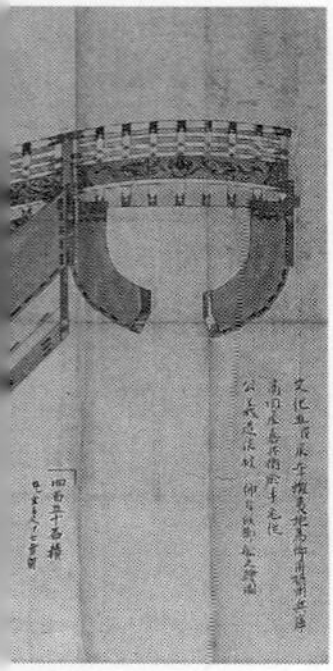

高田屋嘉兵衛・蝦夷地御用御船の図
（嘉兵衛が建造した御用船。平時は商用，非常時は軍用に供せるように設計された）

宛、呉候得者、可参段、水主一統申出、余リ高給金、色々利害申聞ケ、カラフト江金拾四両ニ相定メ、其内ニモ、ソウヤ、金拾弐両ニ相定メ、不得心之者モ有之候得共、色々申含メ出帆仕候（高田屋嘉兵衛及び二代目金兵衛にわたる幕府蝦夷地御用及び松前家御用公文書写し）。

嘉兵衛が運賃を一〇〇石につき、カラフト運賃を四四両、ソウヤ運賃を三八両に願い出た訳は、水主たちに、カラフト二五両、ソウヤ二〇両以下の給金なら仕事をやめると言われたからであった。カラフトへの輸送を断ると咎められることを縷々説明し、カラフト一四両、ソウヤ一二両の給金でやっと説得に成功し、出帆することができたのである。命の危険がある北蝦夷の軍事輸送は、嘉兵衛や水主にとり決して有利なものではなかったようである。カラフトでは人家がないので、上陸して疲れを取ることもできず、さらに昼夜を分かたず緊張の連続に耐えねばならず、水主を確保するのが大変であると嘉兵衛は述べている。

造船・破船修理

幕府の官船運営は、嘉兵衛の協力をえて順調に発展していた。降ってわいたような一八〇六（文化三）～〇七年（文化四）の蝦夷地来寇事件に対応するため、幕府は秋田、庄内、仙台の三藩に出兵を命じた。またしても、新船建造、破船修理、傭船の注文は嘉兵衛に集中した。幕府から軍船三艘建造の命令をうけた嘉兵衛は一八〇七年（文化四）一〇月には完成させた。国難の時代、嘉兵衛は造船所の規模を拡大し、大坂、兵庫から船大工を呼びよせ、作業にあたらせた。またこの時期に嘉兵衛は仙台藩の御用達にも任命された。

軍艦コンサルタント

一八〇八年（文化五）九月、箱館奉行は嘉兵衛に以下の二点を下問した。すなわち、第一は、三〇〇石程度の船で、人数を多く乗せることができて、非常時に軍船に転用できるような船は造れないか、第二は、ジャンク船の建造と運用に関してであった。嘉兵衛は仔細を検討したうえで、以下のように書面をもってこれに答えている。

一、三、四百石積ニテハ、御便利甚ダ悪敷、手丈夫ニモ出来不申物ニ御座候。先ヅ、軍船者、御便利能、沖合之凌方、御人数モ数十人乗、軍船ニハ、先ヅ、三千石積位ニ候得者、大筒モ備へ宜敷相成可申ト奉存候。何分小船手堅ク致候而者、不都合ニ奉存候。御便利ニ乗回廻方、悪敷候様ニ奉存候。右体、三千石積位に仕、大丈夫に造立仕候得者、御便利宜敷哉ト奉候

一、唐船造乗廻シ方、御尋被遊候得共、私儀唐船造リ方、乗廻シ方モ、不案内ニ御座候条此段奉申上候。

（岡本柳之助、一八九八）

嘉兵衛は三、四〇〇石では運転も不便で堅牢でない、乗員数を確保し、大砲を積み、風浪に耐えるのは三〇〇〇石内外でないと駄目だと答えている、また、ジャンク船については、建造法も操縦法も知らないと正直に答えている。当時はまだ大船建造禁止令が常識であった時代である。恐れずにはっきりとものをいう彼のコミュニケーションは、後にロシア人とのコミュニケーションの際に、きわめて有効に発揮されることになる。

一八〇九年（文化六）、幕府は官船の修理、建造などの功労に対して、嘉兵衛に銀一五〇〇疋（金に換算すると二二五両）を与えて、その労をねぎらった。

嘉兵衛は、その能力ゆえにいやおうなしに対露政策の最前線にたたされ、いつのまにか戻ることのできない危険区域に足を踏み入れていた。

第七章　クナシリ島沖の抑留連鎖

1　ゴロヴニン捕縛事件

航海者・ゴロヴニン

日露の緊張が頂点に達した時に、V・M・ゴロヴニン率いるディアナ号がエトロフ島の沖に姿を現した。ゴロヴニンは一七七六年（明和八）にリャザンの古い貴族の家に生まれた。一二歳で父を亡くし、海軍兵学校の幼年学校に入り、一七九二年（寛政四）に学校を卒業し、士官候補生になった。一八〇一（享和元）～〇五年（文化二）、ロシア海軍士官留学隊とともにイギリスに海軍留学を果たした。エリートコースをすすんだゴロヴニンは、コンヴァリス、ネルソン、コリングウッドなど著名なイギリス提督のもとで修行を積み、その航海術には定評があり、二度の世界旅行を成功させている。一度目は一八〇七（文化四）～〇九年（文化六）にディアナ号により、二度目は一八一七（文化一四）～一九年（文政二）にカムチャツカ号により遂行された。

ゴロヴニン幽囚事件がおこるのは二度の世界周航の間の時期にあたっている。ゴロヴニンは一度目の世界周航の際にも虜囚の憂き目に遭っている。フランス革命に端を発したヨーロッパの混乱で、ロシアとイギリスの国交が断絶し、ディアナ号は南アメリカのケープタウンでイギリス軍により一年半も抑留されたのである。ゴロヴニンはイギリス艦隊の間を縫うようにして、見事脱出に成功し、一八〇九年（文化六）秋にカムチャツカに到着したのであった。彼は日本でも二年三ヶ月不自由な虜囚生活を余儀なくされることになる。彼の虜囚生活はケープタウンを含めると三年半以上になるわけであるが、すべて個人的な咎によるものではなく、国際関係の反映であった。

ロシア人のエトロフ島上陸

蝦夷地襲撃事件の記憶がさめやらぬ一八一〇年（文化七）夏、またしてもエトロフ島にラショワ島アイヌが渡来した。彼らは、ロシア人の命によりフヴォストフ事件以後のエトロフ島の偵察にやってきたという。幕府は約一年間彼らの身柄を拘束したが、これ以上留め置くと、ロシア人に渡来の口実を与えるとして、再渡来を禁じ解放することにした。翌一八一一年（文化八）五月九日、松前奉行所調役下役石坂《いしざか》武兵衛《ぶへえ》は、ラショワ島アイヌ八名を放還するためにエトロフ島シャナに到達した。

そのとき、ロシア船がエトロフ島沖合に姿を現した。ゴロヴニン率いるディアナ号である。ゴロヴニンは一八一〇年（文化七）一〇月二四日付の海軍省からの訓令で千島列島南部とシャンタル島周辺の測量をするよう命じられていた。そこには以下のようなことも書かれてあった。

日本人との接触はできるだけ避け、とくに彼らの力が勝っている場合には、侍従長レザノフが北蝦夷に送ったフヴォストフ海軍中尉率いる遠征隊が行った事に対し日本人に復讐されないよう努力されたい（Российско-американская компания и изучение тихоокеанского севера 1799-1815）。

ゴロヴニンたちは正確な千島列島の地図を作製し、ラショワ島とウシシル島の間にある島を乗組員の名前をとってスレドニー島と名づけ、ケトイ島とシムシル島の間の海峡をディアナ海峡、ケトイ島とウシシル島の間の海峡をリコルド海峡と名づけた。残る測量は千島南部のみとなった。ロシア人たちは、薪水をもらいに上陸することにした。

初会見　ゴロヴニンはアイヌを介して、日本人に余計な警戒心を与えないよう、測量目的は隠し、薪水目的で上陸したといった。石坂武兵衛は蝦夷地来寇事件の抗議をすると同時に、日本人にはトラウマがあることを話した。ゴロヴニンはそれに対し次のようにいった。

攻撃したのは商船であり、乗組員はすべて、指揮者も航海士もロシア帝国の公職にある者でなく、狩猟や交易に従事していた者でした。彼等は直属の上司にも無断で勝手に日本人を襲撃し、掠奪したのです。しかし、彼らの行動が明るみに出ると、事件は調べられ、犯罪者はわが国の法に則り処罰されました（Головнин, 1816）。

当時のアイヌ語に法律概念や官僚機構を表す語はないようなので、どこまで通訳できたかわからないが、石坂は納得したようで、薪水の給与を受けるには、エトロフ島のフウレベツに廻航するように言って、紹介状を書いてくれた。

この頃、会所はシャナからフウレベツに移転していた。ゴロヴニンは石坂が連れていたラショワ島アイヌに通訳や水先案内をする者はいないか募ったところ全員が応募した。アレクセイ（日本名オロキセ）を選び、ディアナ号にのせ、出帆した。

露領アイヌの対日交易の実態

ゴロヴニンはアレクセイがこちらから尋ねると口をつぐむが、自分のほうからひょいと打ち明ける癖があり、自分が秘密情報を漏らしたという意識がないのを見抜き、お茶を飲みながらの談笑の際に必要情報を聞きだした。

すなわち、アレクセイによると露領アイヌと日本人の交易は次のようなものであった。日露関係が断絶する以前には、アイヌ人は日本人との間で「絶えず、公正な交易」が「秩序正しく、誠実に」行われていたという。値段は変動せずにきまっていて、ラッコの皮一枚に米大俵一〇、アザラシの毛皮一枚で米小俵七、鷲の尾一〇枚で米小俵二〇あるいは絹の長衣一着、鷲の尾三枚で綿入の綿長衣一着、鷲の羽根一〇枚で葉煙草一束だったという。

日本側では、アイヌの持たない、各種のヨーロッパの品を珍重し、値段も非常に高い。そのうちの主なものは、緋色や赤色、その他の色の羅紗、ガラス食器、琥珀やガラスの首飾、鉄製品などである。緋色の羅紗は日本では賓客を迎える時に、一アルシン（七一センチメートル）四方か、もう少し大き目に切ったのを、客の座るべき場所に敷くのである。その他の羅紗では服を縫うのである（Головнин. 1816）。

露領アイヌたちが扱うヨーロッパの製品とはロシアからのものであろう。緋羅紗、ガラス食器、琥珀やガラスの首飾りなど、いずれもロシアを連想させる品である。アレクセイの話は露領アイヌと日本の間にバーター交易があったことを示唆していた。交換比率も固定され、安定的に運営されていたことをゴロヴニンは聞き出している。

石坂が解放したアイヌをゴロヴニンが連れ去っても、日本側が黙認しているのは、ロシアに属するアイヌという認識があったからであろうか。

エトロフ島からクナシリ島へ進路変更

ゴロヴニンは石坂に指定されたエトロフ島のフウレベツではなく、クナシリ島に進路をとった。アレクセイから、クナシリ島南岸には安全な入江があり、そこの部落で薪水、米穀、野菜などを入手できるとの情報を聞き出したからである。彼がフウレベツではなくクナシリに変更した主な理由は、クナシリ島と松前島の間の水道を詳細に測量するためであった。この水道は、ヨーロッパ人には知られておらず、多くの地図では地続きとなっており、ブロートンの地図では疑問のままになっていたのだ。今一つの理由は、艦内で鼠が四プード（一プードは一六・三八キログラム）以上の乾パンと六チェトヴェルチ（一チェトヴェルチは約二一〇リットル）の麦芽を食べ尽してしまい、緊急に食糧を購入する必要があったからである。

ゴロヴニンの行動は一見軽率に思われる。しかし、海軍省からゴロヴニンに与えられた訓令には二つの課題があった。すなわち、クナシリ島とシャンタル諸島に関する記述をすることである。とくに、存在が明らかでなかったクナシリ島を測量することの重要性が以下のように指令書のなかで書かれていた。

クルウゼンシュテルンの著作からこの島を地理的に記述することがいかに重要かわかるだろう。ここにはクナシリ島があるはずである。日本の情報や、ロシア航海者が伝える報告からその存在は確信しているが、実地の測量により位置が確定されない限りそれを地図に載せることはできない。もしこの島が確かに存在しているのであれば、いかなる議論の余地も残さないよう、あらゆる角度から観察されたい。(中略)貴下に委ねられているのは、盲目的にブロートン船長の記述を信じている英国の地理学者の迷いをさまさせることである。エトロフ島の真の大きさを確定し、シコタン島とクナシリ島の存在を確かめることが、貴下の航海で重要とみなされている二つの課題の本質である(Российско-американская компания и изучение тихоокеанского севера 1799-1815)。

ゴロヴニンには、彼に与えられた最重要課題遂行のチャンスが到来したと思われた。ヨーロッパの航海家に知られていないクナシリ島と松前島の間の海峡を早く測量しようと勇み足になったことが、日露関係を揺るがす大事件に発展することになる。

ゴロヴニンは風や濃霧のためクナシリ島と松前島の間の海峡に入ることができず、クナシリ島の泊湾《とまりわん》に入ってしまった。

難しい意思疎通

一八一一年（文化八年）、ディアナ号はクナシリ島ケラムイ岬の沖合に姿をみせた。ボートで接岸しようとしたが、いきなり二発の砲撃をうけている。ゴロヴニンは、薪水と食料の供給を欲しているだけなのに発砲するとは何事かと憤慨した。彼は「野蛮人でなければ、こんな卑怯なことは出来るものではない」（Головнин. 1816）と書いている。日本側はロシア船が近づけば、打ち払えという「魯西亜船打払令」の指示に従って行動したにすぎなかった。

ゴロヴニンは、桶を二つに割り、一方に飲料水を入れたコップと薪と米（所望するもの）、もう一方にお金、緋羅紗の切れはし、ガラスの玉など（代金）を入れ、その上に絵をのせて、日本側に送ってコミュニケーションを試みたが、無駄であった。

和暦五月二九日、ゴロヴニンはボートで接岸し、薪と少量の米と干魚を取り立て、代わりに各種のヨーロッパ製品を置いた。この物々交換に関しては、日露の言い分は異なっている。日本側の記録によると、番屋にあった「玄米一六俵、麴二叺、造酒三斗余、薪凡十鋪程、鋸一枚、鉞一枚、図合船一艘、綱一房、碇一挺」が紛失し、かわりに「桃色唐木綿二端、革手袋二つ、横竪縞破れ有之候服紗一つ」が銅板へ魯西亜文字を彫付けたものと棟に結び付けてあったという（『通航一覧』巻二九七）。

かりに日本側が言うようにロシア人が船や碇までもっていったのであれば、フヴォストフ事件のト

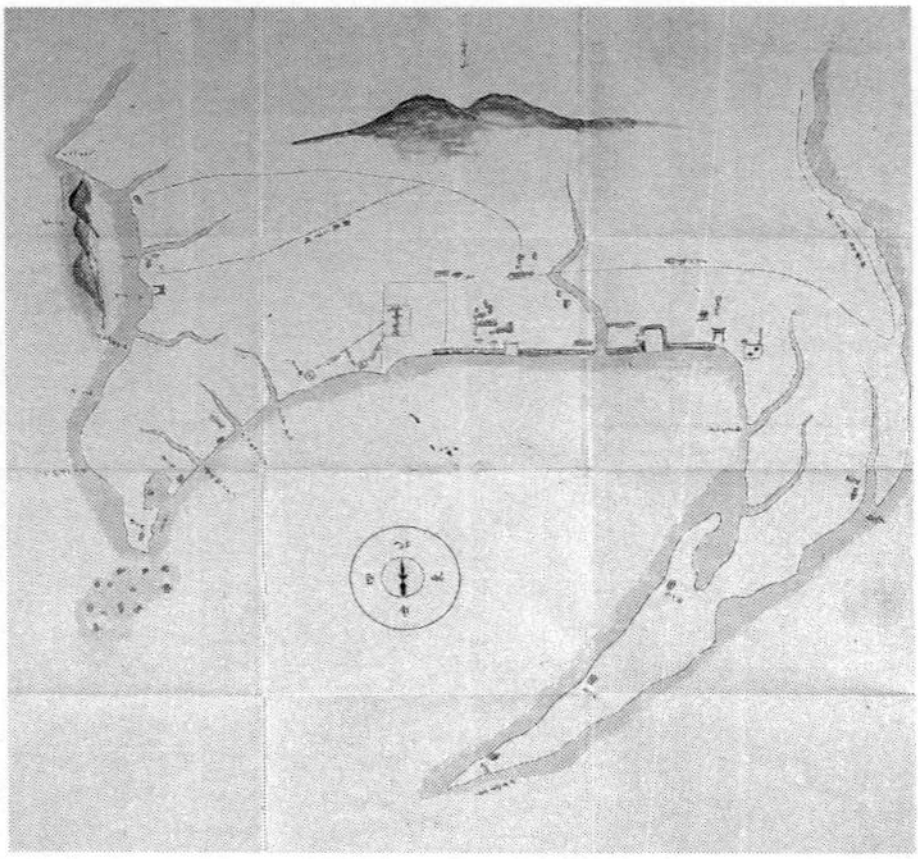

クナシリ島泊湾の図
（ゴロヴニン捕縛事件が起こった泊湾のことをロシア人は背信湾と名づけた）

ラウマがよみがえってくるのは当然であろう。米や酒を略奪され、飢餓状況に陥った時の記憶がまだ生々しかった。

クナシリ島陣屋のハプニング

露暦七月九日、ゴロヴニンは給水のため上陸した。十字架を手にしたアイヌが近づいてきた。どうやらクナシリ島の責任者が会見を望んでおり、四、五人連れて上陸せよといっているようであった。日本人は発砲したことを謝罪したので、ゴロヴニンは「以前に来た船は商船であって、政府の意向を無視して襲撃をやったので、指揮者たちはそのために処罰を受けました」と通訳に言わせた。日本側はゴロヴニンに長官と交渉するために陸岸に来るように言ったが、ゴロヴニンは明日来ると約束して帰艦した。

露暦七月一〇日、ゴロヴニンたちは上陸し、日本側の饗応を受けた。ゴロヴニンは約束の食糧品はどこでもらえるか、もらったものに対する代価はいくらになるか尋ねた。「隊長」は、自分は陣屋の総大将でないので、それについては交渉できない。陣屋に来て直接願い出ることが必要だといった。

ゴロヴニンはこの時は断り、明日来ると約束した。

露暦七月一一日、ゴロヴニンたちは八人で上陸した。水兵に自分たちが座るための椅子と日本への贈物をもって従うように命じた。立派な絹服を着て帯刀した総大将が床几に座っていた。背後には小姓たちが控え、それぞれ槍、マスケット銃、兜をもっていた。副長も小姓をつれて、総大将の左手の床几に腰をおろしていた。ゴロヴニンたちがテントに入ると、二人の長官は立ちあがり、日露はそれぞれの流儀で敬礼をした。彼等は長椅子に座るように勧めたが、ゴロヴニンたちはディアナ号から持参した椅子に座り、水兵たちは後にある日本側が用意した長椅子に座った。さまざまな質問があり、その後昼食の饗応があった。酒も出された。ゴロヴニンは食糧品の供給を所望したが、現場責任者は、松前奉行の配下にあるので、その命令なしには何も与えられないとして、松前奉行の指示が到着するまで、ロシア人のうち誰か一人が残るよう要求した。ゴロヴニンが待機期間をたずねると一五日だと答えた。ゴロヴニンは一存では決められないと答えて、逃亡しようとしたので、驚いた日本側は全員を捕縛してしまった。

日本側の記録によれば、この時の責任者は松前奉行所調役奈佐頼左衛門《なさせざえもん》であった。彼にすれば、松前奉行の指示が到着するまで相手の身柄を拘束しようとしたまでで、ゴロヴニンを逃がしたのでは切腹を免れないと思ったのであろう。日本側はこれまでできるだけ穏便に蝦夷地来寇事件を収束しようと努力してきた。日本の国威がたちさえすれば交易を許すのもやむをえまいという「消極的交易論」にまで傾きかけていた。ロシアもできるだけトラブルをさけようと努力してきた。日本側はゴロヴニンを欺くつもりはなく、松前よりの指令を待つ必要があったにすぎない。しかし、人質にされると思い込んだゴロヴニンたちは逃亡しようとした。動転した日本の役人がゴロヴニンたちを捕縛してしまったことで、事は穏便に収めることができなくなってしまったのである。すべては双方の疑心暗鬼からはじまったことだが、日露関係は負の紛争スパイラルを転げていくことになる。

2 リコルドによる救出作戦

親友たちによる連携プレー

ディアナ号から望遠鏡で一部始終を見ていたP・I・リコルドは、ゴロヴニンたちが捕縛されるのを見て驚いた。「侮辱をうけた軍艦旗を守るため」、すぐさま一七〇発の実弾を日本に発射したが、武力でゴロヴニンを奪い返すのは無理と判断し、今後の対策を検討するために、いったんオホーツクへ引き返した。

日本側が、国際法を蹂躙し、薪水の補給を餌にロシア海軍軍人をおびき出し身柄を拘束したと考えたロシア側は、事件現場のクナシリ島泊湾のことを「背信湾」（ザリフ・イズメナ、『通航一覧』では詐欺湾）と名付けた。この地名は現在も地図に載っている。上陸したロシア人を捕縛したことは、ロシア側からすれば国際法に反する不法行為であったが、日本側からすれば、フヴォストフ事件への対応策である「魯西亜船打払令」に従った行為であった。すなわち、両者の認識の相違は日本型対外関係システム（日本型華夷秩序）と西洋型国際秩序に起因するものであった。北太平洋時代の幕開けを迎え、日本近海が騒然とするなかで、それぞれの国際秩序が無関係に存在していることができなくなってきたのである。

ゴロヴニンに代わってディアナ号の指揮をとることになった副艦長のリコルド大尉は、ロシアに帰化したイタリア人の子として、一七七六年（安永五）プスコフ県（現在のプスコフ州）のトロペツに生まれた。一七八七年（天明七）に海軍幼年学校に入学した。同い年のゴロヴニンとは海軍兵学校の同窓生で、イギリス留学の時も一緒だった。一八〇七年（文化四）、ゴロヴニンの世界一周にも同伴し、イギリス軍の捕虜になり脱出した時も、ゴロヴニンと行動をともにした無二の親友である。リコルドはオホーツクに到着すると、オホーツク港長官M・I・ミニツキーにゴロヴニン捕縛事件のことを報告した。

ミニツキーにとっても、ゴロヴニンは英国艦で一緒に訓練を受けた親友であった。ゴロヴニン、リコルド、ミニツキーは一八〇一年（享和元）、イギリス海軍に勤務させるために選抜された優秀なロシア海軍士官として、三年間イギリスに派遣された。ミニツキーは積極的に親友ゴロヴニンの救出に動き、輸送船ゾチク号をリコルドのために準備した。ゴロヴニン救出に親友たちが携わったことは、救出作戦を真剣味のあるものにし、その遂行速度を加速することになった。

救出嘆願行脚

リコルドは、ゴロヴニンたち捕虜を解放し、ロシア軍艦の名誉を回復するには、特別遠征隊を日本に派遣する必要があると考えた。オホーツクに帰還したリコルドは休む暇もなく捕虜救出作戦を展開した。ミニツキーに事件の報告を行い、彼の同意を得て、陸路イルクーックへ出発することになった。目的は、海軍省に同胞救出遠征隊の日本派遣を申請するためペテルブルグ上京の許可を得るためだった。雪の橇路《そりみち》ができるのを待たず、馬に乗り五六日でイルクーツクまで踏破した。海の男リコルドにとり、陸上の移動は航海よりはるかに難しく、落馬して足を怪我しながら、やっとの思いでイルクーツクにたどりついた。

しかし、リコルドはイルクーツク民政長官N・I・トレスキンからペテルブルグ行きの許可を得ることができなかった。当時のシベリア総督は枢密顧問官I・B・ペステリであった。彼は一四年間総督の地位にあったが、ほとんどペテルブルグに滞在し、イルクーツクで絶対的な権力を行使していたのは部下のトレスキンであった。ミニツキーからの連絡を受けたトレスキンは、捕虜救出のための日本航海に対する許可申請を、すでに上司を通じて、ペテルブルグに要請していた。トレスキンはリコルドにペテルブルグからの回答をイルクーツクで待つように言った。

今回の事件に関し、シベリア総督ペステリが海軍大臣デ・トラヴェルセ侯爵にあてた書簡（一八一二年四月一八日付）には以下のようなことが書かれてあった。

日本人はサハリンやエトロフにおける島を荒廃させ、人命をも奪ったフヴォストフの遠征に対し正しい認識を持たず、ロシア政府の意思によるものと思っているでありましょう。ラクスマンに言いわたされた日本の法によれば外国の船が寄港できるのは長崎だけであります。フヴォストフの行動は独断専行で、彼と同僚のダヴィドフ海軍少尉は裁判にかけられ、有罪となり、現在は死んでいるということを日本人に明らかにして誤解を解く必要があります（РГАВМФ. Ф. 166. Оп. 1. Д. 3989）。

そのためにペステリは以下のことを提案した。「シベリア総督名代としてオホーツク港長官の海軍大佐ミニツキーを日本に派遣することです。ミニツキーは総督から日本の長崎知事（長崎奉行）あるいは他の官吏宛て書簡を持参し、交渉に入るべきです」（РГАВМФ. Ф. 166. Оп. 1. Д. 3989）。その際の交渉事項としては、捕虜の解放、境界画定、対日交易開始があがっていた。

さらにペステリはディアナ号乗組員の解放のため、ミニツキーを艦長とする日本遠征隊を長崎に派遣する許可を皇帝に申請した。遠征隊の目的地は長崎で、交渉事項にはゴロヴニンら捕虜の解放と対日通商関係樹立があげられていた。それだけではなく、日本側が捕虜釈放に応じない場合には、見せしめに復讐しなければならないと書かれてあった。遠征には露米会社のネヴァ号が随伴するべきことも書かれていた。ペステリは給水目的で「日本のクナシリ島」に着岸したにすぎないロシア海軍軍人が身柄を拘束されたことは、同胞の不幸であるだけでなく、ロシア帝国の名誉が傷つけられたことでもあるので、何らかの奪還措置をとるべきであると書いていた。一八一二年四月の内務大臣宛のシベリア総督の手紙によれば、ディアナ号乗組員の解放のためミニツキーを艦長とする日本遠征隊を長崎に派遣する許可を皇帝に申請したことが分かる（РГИА. Ф. 18. Оп. 5. Д. 1202）。

しかし、ロシア皇帝は日本遠征隊の許可を与えなかった。ナポレオン軍のロシア遠征が予想されており、日本との紛争は避けなければならなかったのだ。とはいえ、政府が無策だったわけではなく、平川新氏が指摘したように、一八一二年（文化九）六月には外務大臣サルティコフを通じて在露アメリカ大使にゴロヴニン救出への援助を要請していた（Россия и США: становление отношений 1765–1815）。

そこでトレスキンは、ディアナ号による測量を再開するという理由で、ロシア軍艦をクナシリ島へ派遣し、捕虜の安否を探ることを決断した。中断された測量は一八一三年（文化一〇）の夏には完成しなければならなかったのだ。トレスキンは、ディアナ号に輸送船ゾチク号を随伴させる許可を出し、艦隊の艦長にはリコルドを任命した。これにより当初計画されていたミニツキーによる捕虜救出日本遠征はリコルドによる日本遠征に変更され、目的は捕虜奪還交渉から海図作成へ、目的地も長崎からクナシリ沖へと変わった。こうして、第一回目の捕虜救出航海は、中断された探検隊の再開という形で、副艦長であったリコルドにより実現されることとなった。

在露日本人の動員

ロシア側は、ゴロヴニン救出の際の捕虜交換用のカードとして、たまたまニジネカムチャツクにいた摂津歓喜丸の漂流民を送還することにした。かれらは一八一〇年（文化七）一一月に江戸に向かって大坂を出帆したが、紀州沖で嵐にあい、七〇日間漂流し、一八一一年（文化八）二月にカムチャツカ東海岸のカメントロスケ島付近に漂着したのだった。三月にロシア人に救出され、ニジネカムチャツクに連れて来られた。漂流民はペトロパヴロフスク経由で五月にオホーツクに到着した。乗組員は一六名であったが、ロシア人に発見された時には九名が死んでいた。このうち、安芸（広島県）出身の久蔵は凍傷した足の手術をうけ、イルクーツクに送られた。久蔵だけはこの時、帰国できず、一八一三年（文化一〇）、リコルドにより箱館に送還されることになる。

通訳としては五郎次が起用されることになった。彼は一八〇七年（文化三）のフヴォストフによるエトロフ島襲撃の際にフヴォストフにより捕虜となったエトロフ島番人で、中川良左衛門《なかがわりょうざえもん》と偽名を使い、親方であると身分も詐称していた。前述したように、フヴォストフたちに捕虜にされた一〇人のうち八人は解放されたが、五郎次と左兵衛の二人は一八〇七（文化四）に六月にオホーツクに拉致されたのであった。彼らは、一八〇九年（文化六）、および一八一〇年（文化七）の二回にわたり逃亡を企てたが、そのたびに連れ戻されていた。二度目の逃亡の際に左兵衛は食中毒で死亡し、五郎次はこの当時、ロシア正教に入信し帰化した仙台漂流民のキセリョフ善六《ぜんろく》方に身をよせていた。

クナシリ島への二度目の渡航

一八一二年（文化九）七月二二日、リコルドはゾチク号を従えてディアナ号でクナシリ島のケラムイ岬に再来日した。五郎次と六人の漂流民を伴っていた。漂流民たちを送還することにより、日本側の好意を引き出そうという作戦であった。クナシリでは前年の奈佐瀬左衛門の後任として松前奉行支配役並の太田彦助《おおたひこすけ》が詰めていた。リコルドは来航趣旨を書いた手紙を持たせて漂流民の与吉を上陸させたが、太田は返答せず与吉の身柄を保護した。手紙の趣旨は、ロシアは現に漂流民を送還しに来ていることからも明らかなように、日本の敵国ではないのに、なぜゴロヴニンを欺いて逮捕したのかというものであった。リコルドは、五日間与吉の帰還を待ったが帰還しないので、今度は漂流民の忠五郎を上陸させ、日本側に回答をうながしたが、なしのつぶてだった。遂に、五郎次を上陸させることにした。五郎次は通訳なので上陸させたくなかったが、背に腹は代えられなかった。リコルドは、五郎次に三枚のカードを渡した。一枚目にはゴロヴニンたちはクナシリにいる、二枚目にはゴロヴニンたちは松前あるいは長崎か江戸にいる、三枚目にはゴロヴニンたちはすでに殺されたと書いてあった。帰艦できない場合は、何らかの方法でカードを送り返してほしいと依頼したのだ。五郎次は帰艦したが、ゴロヴニンは殺されたという報をもたらした。五郎次の虚言ではなく、太田の命によるものだった。リコルドはゴロヴニンの死をにわかには信じがたかったので、文書による回答をもらってくるよう五郎次に言い聞かせ、再上陸させたが、五郎次は帰艦しなかった。日本との連絡手段を失ったリコルドは、通りかかった漁船を捕まえた。しかしおびえた漁師たちは何を尋ねても「へぇ、へぇ」と答えるだけであった。

3　嘉兵衛拿捕・拉致事件

腹が減っては戦はできぬ

一八一二年（文化九）九月八日、高田屋嘉兵衛は、手船観世丸でエトロフ島を出帆し、箱館を目指し急いでいた。役人から箱館の役所への「御用状」を至急届けるよう、依頼を受けていたのだ。いつ順風が得られるか分からなかったので、彼はクナシリ島へ立ち寄り、会所の飛脚に渡そうと考えた。

島の八キロほど手前に近づくと、大砲の音が聞こえた。そうしているうちに嘉兵衛は図合船《ずあい》（四、五トンほどの小さな日本の運搬船）がこちらに接近して来るのに気づいた。その時の嘉兵衛の大物ぶりについて、オランダ宿（オランダ商館長一行が江戸参府の道中、宿泊する宿）の主人が伝える『高田屋嘉兵衛話』は興味ぶかいディテールを伝えている。

遙に異船の来るを見て、すハ事こそ起りたれとて、舟中の人立さわきけり、嘉兵衛ハ、かゝる時、腹さひしくてハ叶ふましとて、舟中に令して、急に食セしむるに、皆胸ふたれて、食するものなし、たゝ嘉兵衛ひとり数椀を食しぬ

腹が減っては戦ができぬと嘉兵衛はまず食事をさせたのだが、誰ものどを通らなかった。嘉兵衛だけがご飯のお代わりをしたという。まずは腹ごしらえをしてエネルギーを蓄え、頭のクールダウンも図る。この肝の大きさはやはり並の人間ではない。

見る間に図合船が近づき、銃剣をもったロシア人二五人ほどが鉄砲を雨あられのように撃ちかけ、観世丸に乱入して来た。大混乱に陥った観世丸では一〇人が海に飛びこんで逃げようとしたが、ケラムイ崎に泳ぎ着いたのは与右衛門ただひとりで、残りは溺死してしまった。嘉兵衛は各自持ち場を守れと怒鳴り続けたが、大柄なロシア人に取り囲まれ、ついに縛についた。

礼服・帯刀の威力

ロシア兵は観世丸を動かし、ディアナ号とゾチク号の間に繋いだ。彼らは嘉兵衛の縛をとき、ディアナ号に乗り移るよう合図した。嘉兵衛はロシア兵を待たせ、衣服を着替えた。絹の羽織を着て、脇差をさし、単身艀《はしけ》（連絡用小船）に乗り移った。大物ぶりを演出したのだ。効果はてきめんで、兵たちは銃剣アーチで表敬の意を示し、船に乗り移る際には緋

羅紗の縄梯子を降ろした。上官には緋羅紗の縄梯子、中官にはもえぎ羅紗の縄梯子、一般は普通の縄梯子を吊り下げることが決まりだった（『高田屋嘉兵衛遭厄自記』）。嘉兵衛は高官の待遇を受けている。

艦長室に案内されるとリコルドがいた。彼は嘉兵衛の「立派な絹服と太刀その他から見て、これは相当な人物であることが判った」と書いている。リコルドは五郎次が書いたクナシリ長官宛の日本文の手紙を嘉兵衛に見せた。これにより、嘉兵衛はロシア人の目的が仲間の消息をつかむためであることを察した。嘉兵衛は、ロシア人たちが無事でいること、各々のロシア人捕虜の身長や特徴を言い当てた。ただ、ゴロヴニンについて一言も触れないので、腑に落ちない所があった。

連行承諾の条件

リコルドは嘉兵衛が事情通であるのを見て対日敵対行動を中断し、彼をカムチャツカに連行して、じっくり情報を聞き出すことにした。彼は嘉兵衛にカムチャツカへの同行を求めた。嘉兵衛は「わかりました。覚悟はできています」と、毅然とした態度で未知の国へ行く覚悟を示した。嘉兵衛は後日リコルドにこの時の気持ちを「カムチャツカへは自分の意思で行ったのだ」（Рикорд. 1816）と説明している。

嘉兵衛は連行を受け入れるに際し、ただ一つだけ条件を出した。それはリコルドといつも一緒にいるということだった。リコルドはその条件をのんだだけでなく、来年の春には帰国させると約束した。嘉兵衛は自分一人がカムチャツカへ行くと言い張った。しかし、リコルドは嘉兵衛の願いを聞き入れる訳にいかなかった。リコルドはロシアから送還してきた四人の漂流民をここで放還することにしたのだ。「ロシア語を一言も知らず、こちらの役に立ちそうにないうえに、壊血病に冒されていたので、カムチャツカで二度目の冬を越すことは命とりになるかもしれなかったからである」(Рикорд. 1816)。捕虜交換を想定していたリコルドは彼らの代わりに同数の日本人を手元に置く必要があった。さらに、後で一人一人の日本人を別々に訊問し同胞の安否に関する裏づけをとる必要があったし、「アジア的ぜいたく」に慣れた嘉兵衛には身の回りの世話をする人間が必要だった。

同行志願者

リコルドは同行させる水主の人選を嘉兵衛に依頼した。「鎖国」時代、国外に出ることは理由の如何によらず国禁だった。連れて行くことは、即犯罪者に転落させることだった。嘉兵衛はリコルドに観世丸へ同行するよう依頼した。嘉兵衛は全員を呼び集め、自分がロシアに拉致されること、何人かが同行しなければならないことを話した。同行志願者は一三人に達した。文治、金蔵、吉蔵、平蔵の四人がロシアへ行くことになった。そのなかには病気の吉蔵もいた。嘉兵衛は思いとどまらせようとしたが、吉蔵は、「奴独り帰るとも何の面下げて姉御（嘉兵衛の妻〔ふさ〕）始め家族の人々に見うべき」と言って一行に加わったという（高田敬一、一九三三）。さらに図合船に乗っていて捕らえられたアイヌのシトカも同行を志願したので加えることになった。通訳を務めさせるためである。

嘉兵衛の手紙

この頃のエトロフ島には、「会所一ヶ所、通詞二人、番小屋九ヶ所、番人二〇人、板蔵七ヶ所、稼方三〇人、萱蔵《かやぐら》二一ヶ所、船頭一人、油絞竃《あぶらしめかま》五三口、水主九人、鯨船一艘、大図合船二艘、図合船一三艘、夷村二五ヶ村、夷船六三艘、夷家一九〇軒、夷人別一一一八人内男五三六人女五八二人、総乙名一人、脇乙名一人、総小使一人、乙名一五人、土産取一八人」

が備わっていた（村尾元長、一八九三）。アイヌの人口は開島時の七〇〇人から一一一八人に達していた。これだけの所帯を預かる責任者として、嘉兵衛は一介の民間人でありながら、日露の緊張関係を自分の力で何とか解決しようと覚悟を決めた。

リコルドは嘉兵衛に日本人を拉致する理由を説明した手紙を書くことを頼んだ。嘉兵衛はクナシリの役人に宛てた手紙を書いた。

乍恐申上候、私儀ゑとろふヨリ、当月七日出帆仕、風筋悪敷水晶沖ニ風待仕候処、ゑとろふヨリ急御用状有之候に付、御地へ差上可申ト相心得、昨日御地へ乗掛候処、異国船見請沖へ廻リ候処、風筋ナク図合船ニ異国人乗組、船へ鉄砲打掛ケ水主場所稼キ方、都合四十六人乗組居候処、私儀モ大勢ノ人ヲ乗居候故、色々工面仕候へ共、キレ物飛道具モ無之、水主稼方ノモノ共大キニウロタへ海へ飛込ミ、（中略）此上ハ御国恩存候アマリ騒キノナキ様仕度候、委細之儀ハ水主ノ者へ申聞置候（中略）外ニ申上度事モ御座候へ共、儘ノナキ事故不申上候、残念ナル事ニ奉存候、先ハ乍恐奉申上候以上、

八月十五日　　　観世丸ニテ　高田屋嘉兵衛（岡本柳之助、一八九八）

嘉兵衛は事件の顚末をのべ、法を犯して異国に赴く自らの立場を明らかにしたうえで、御国のご恩を忘れず、「あまり騒ぎのないよう」に微力を尽すと、決意のほどを披瀝している。さらに嘉兵衛は

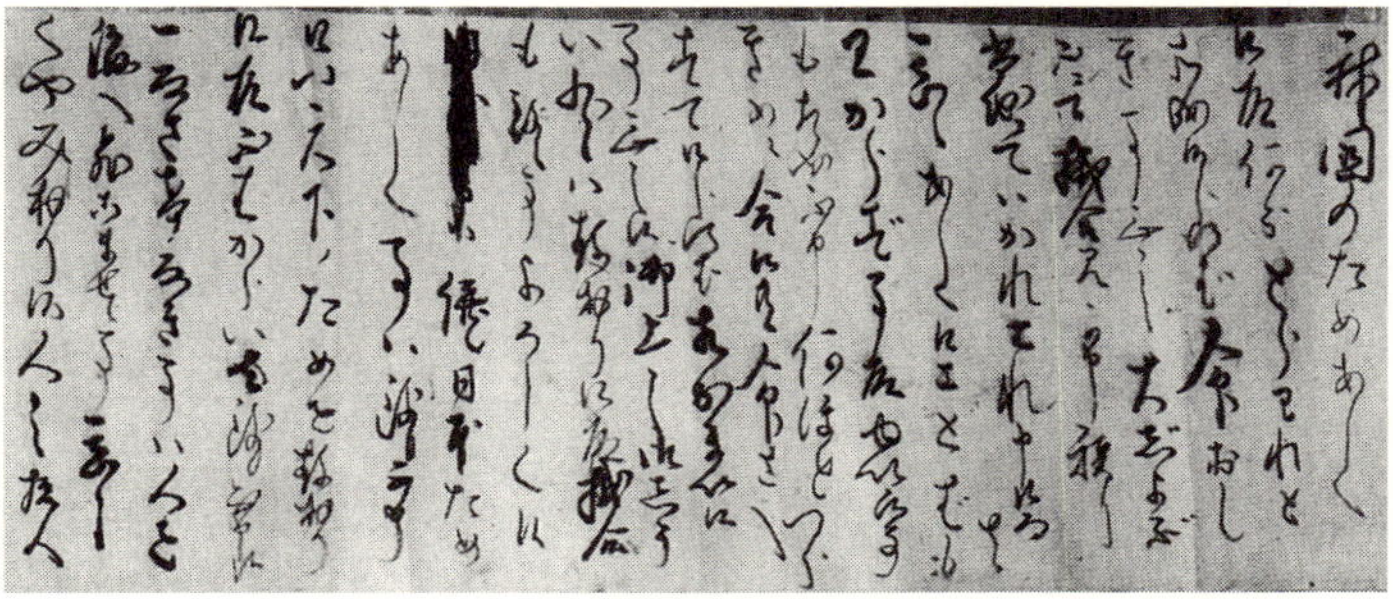

嘉蔵・金兵衛宛高田屋嘉兵衛書状

（カムチャツカに連行される直前の船中で弟たちに書いた嘉兵衛の手紙。「只天下ノためを存おり候」と書いてある）

弟の嘉蔵と金兵衛にも手紙をしたためた。その一部を引用しよう。

> 拙者儀此度天運盡き候哉異国へ参り候。其方両人尚又弥吉其外のものへもあんじ候事無用。（中略）なにとぞ異国へ参りよきつうじに出合、掛合致候はゞ、夷地もおだやかに相成り可申事も有之、いつ迄所々おさわがし候ても我国のためあしく候故、何分とらわれと相成候へば命おしき事無く、大じよぶにて掛合見可申積り（中略）御上の御しうい少々は存おり候故、掛合も致候事よろしく候。併し日本ためあしく事は致し不申、只天下のためを存おり候故、ふはからいは致不申、（中略）拙者事かまいなく商売向出精、弥吉が事頼入候。（中略）おふさ事は病人に候間是もあんじぬ様頼入候。金兵衛は病人大切に可致候事。（中略）是よりかさむつかへ出帆。ヱトロフも安心可致候。（中略）五人外に夷人、六人むつまじく致、目出度明年罷かへり可申候、とかく取りみださぬ

様、専一の事に存候（高田敬一、一九三三）。

両人（次弟の嘉蔵と三弟の金兵衛）と弥吉その他も心配は無用、異国で通詞を見つけてロシアに掛け合い、蝦夷地を穏やかにするためには、命をおしまないと覚悟の程を披瀝している。さらに、自分は公儀の趣意をわきまえているつもりであると自負を示し、「只天下のため」を考えて行動するので、自分のことは構わず商売に精進せよと言い聞かせた。その一方で、息子の弥吉と病妻のふさのことをよしなに頼んでいる。「五人と夷人（アイヌ）の六人」仲良くして、明年には帰ってくると述べている。

家財道具一式の積み入れ

嘉兵衛は船中の書類を一紙も残さず海中投棄した。さらに、観世丸に積載していた、白米四斗（六〇キログラム）入り四二俵、酒四斗入り三樽、醤油三樽、味噌三樽、油一樽、その他野菜類を積み込んだ。衣類三九枚、襦袢一〇枚をロシア人に盗みとられたという。残った衣類一四枚、そのほか、船中で着るもの四、五枚、夜具薄敷一〇通り、うち二通りは絹夜具、鍋釜など世帯道具一式、さらに三味線、浄瑠璃本も入れた。具足があるのをロシア人が見つけて、ディアナ号に積み込むように頼んだが、これは御役人のお召替えの品であると、嘉兵衛は偽って拒否した。甲冑などの武具を戦利品のように扱われては困るからであった。それでも、ロシアとの戦いになる場合に備え、手槍大小二本、弓三丁、矢五〇本、陣羽織、下着、小袴、桶類、輪替の竹九本をディアナ号に積みこんだ。

まさに家財道具一式を積み込んだわけであるが、これが嘉兵衛たち日本人の八ヶ月におよぶ自立生活を支えることになる。

4　ディアナ号にて

同伴の愛妾つねをディアナ号へ招待

リコルドは観世丸の乗組員四六名のうち一〇人を先に釈放することにした。その趣旨は、嘉兵衛が書いた手紙をクナシリ島の陣屋に届けさせ、その反応を見るためであった。嘉兵衛は、釈放する人数をもっと増やすよう懇願したが、リコルドは首を縦にふらなかった。しかし、リコルドは観世丸にいた日本女性をディアナ号へ招待したいと申し出た。嘉兵衛は断ったが、是非にと言うので、番人の長松が付き添い、嘉兵衛がディアナ号に案内した。

リコルドは、ロシアは日本を敵国ではなく友好国と考えているが、今は二三の不都合な事情により協調が断絶しているにすぎないというメッセージを伝えたかった。拉致事件の印象を和らげるため、リコルドは日本女性をディアナ号に招待することにしたのだ。女性がとてもおびえているのを見てリコルドは嘉兵衛にエスコートを頼み、自らも立ち上がり、彼女の手をとり艦長室まで案内した。リコルドから見た日本女性の容貌は以下のようであった。

彼女は、かなり魅力的な女性であった。浅黒く、少し面長で、端正な顔立ちをしていた。口は小さく、黒いうるしが光る綺麗な歯並びで、眉は細く、黒く、筆で描いたようになだらかだった。その下の黒い瞳はくぼんでおらず、きらきら輝いていた。髪は漆黒で、ターバンのように結い、べっ甲の櫛以外は髪飾りをつけていなかった。中背でほっそりとして、かなりスタイルがよかった。（中略）彼女の話しかたは間延びし、声が悩ましげだった。それがすべて、豊かな表情とともに、好ましい印象を与えた。一八歳を越えているようには見えなかった（Рикорд. 1816）。

リコルドは手記の二頁を彼女の容貌や外見の描写に費やしている。この分量から判断して、彼女はロシア人男性にとりかなり魅力的な女性であったようである。「かなり魅力的」「かなりスタイルがいい」「声が悩ましげ」「豊かな表情」「好ましい印象」と形容している。彼女は物怖じすることなく、饗応されるままにロシアのローズティーを飲み、糖蜜菓子を食べている。ディアナ号には四人の女性が乗り込んでいたが、そのうちの一人が見せてくれた衣装に「非常な好奇心」を示し、ロシア衣装を自分の肩にかけてみたりした。ロシア女性の肌の白さに驚いたらしく手で顔に触り、笑って何度も「ヨーイ！　ヨーイ！」と繰り返した。彼女には快活さ、奔放な振る舞いと度胸があった。リコルドは、真珠の首飾りなどを彼女に贈った。別れ際にロシア女性から接吻されると、彼女は満面に笑みを浮かべて臆することなく受けた。

リコルドは彼女の歯は「黒いうるしが光る」と書いている。つまり、お歯黒をしているので、既婚女性であることは間違いない。嘉兵衛の手記にはこの女性のことは一切書かれていないが、奉行所が取った「口書」でも、乗船名簿の中に女性がいる。その女性の名前はつねで角右衛門《かくえもん》妻二二歳となっている（『通航一覧』巻三〇九）。夫である角右衛門の名前は乗船名簿には見当たらない。

当時、船に女性を乗せると「海が荒れる」という言い伝えがあったはずであるが（金指正三、一九六七）、蝦夷地なのでそういう慣習もおおらかだったのであろう。言い伝えから想像されるように、労働力としての女性乗組員は想定外なので、例外的に乗船させたのであろう。そのような超法規的処理ができるのは、最高責任者である嘉兵衛以外に考えられない。寝具の中に絹の夜具が二通りあったこと、つねがべっ甲の髪飾りをつけていたこと、彼女の立ち居振る舞い、奔放な行動から判断して、彼女を嘉兵衛の妾とみなしていいだろう。リコルドはつねのことを、箱館・エトロフ島間の航海をするときの高田屋嘉兵衛と「いつも一緒の道連れ」と形容している。

つねと嘉兵衛の関係は、ある意味で、蝦夷地における男女関係のあり方を象徴している。当時、船乗りは男性だけが従事できる職業で、彼等は旅先での性的欲求を買春という形で充足させていた。蝦夷地では長期単身赴任者が多いので、アイヌ女性の「番人による性の強奪」（菊池勇夫、一九九一）など、女性の妻妾化が行われた。ちなみに、アイヌ世界では酋長が多数の妻妾を抱えていたという事実があるが、渡辺京二氏は寡婦の面倒を見るという原理によるものであったと説明している（渡辺京二、二〇一〇）。嘉兵衛がどういう経緯で角右衛門の妻を妾にしたのか、新資料の出現を待ちたい。

つねは長松などの一〇人と共に、他の乗組員より一足先に釈放され、嘉兵衛の手紙を届けた。リコルドは日本からの返書を期待したのだが、何の返信もないので、出帆を決意した。

観世丸水主たちのディアナ号見学

嘉兵衛は出帆前にリコルドにある提案をした。残った部下に、ロシアについて恐ろしい印象だけを植え付けないよう、船内を見学させてくれるよう頼んだのだ。造船業主でもあった嘉兵衛は、このチャンスを利用して、西洋帆船技術を部下の目に焼きつけておけば、技術を日本に導入することができると考えたに違いない。水主たち全員が観世丸から順番にディアナ号に来艦した。帆柱一本に一枚帆の和船しか見たことのない水主たちは、三本マストと帆の数の多さに驚いたことだろう。索具に驚き、元気な水主は檣頭《しょうとう》や檣頭横桁《よこげた》に登った。帆船では謝意などを表現する時に乗組員が檣頭横桁に登る登檣礼《とうしょうれい》を行うので、それを真似したのであろう。

嘉兵衛は、拉致現場を西洋帆船見学ツアーの現場に変えてしまったのである。並の人間なら自分が拉致されることで頭が真っ白になり、途方に暮れていただろう。リコルドは彼等を自室に招き、ウオッカを飲ませた。彼等はすっかり打ち解け、歌を歌いながら観世丸に帰っていった。国は「鎖国」体制をとっていようと、人間同士の交流はあったのである。

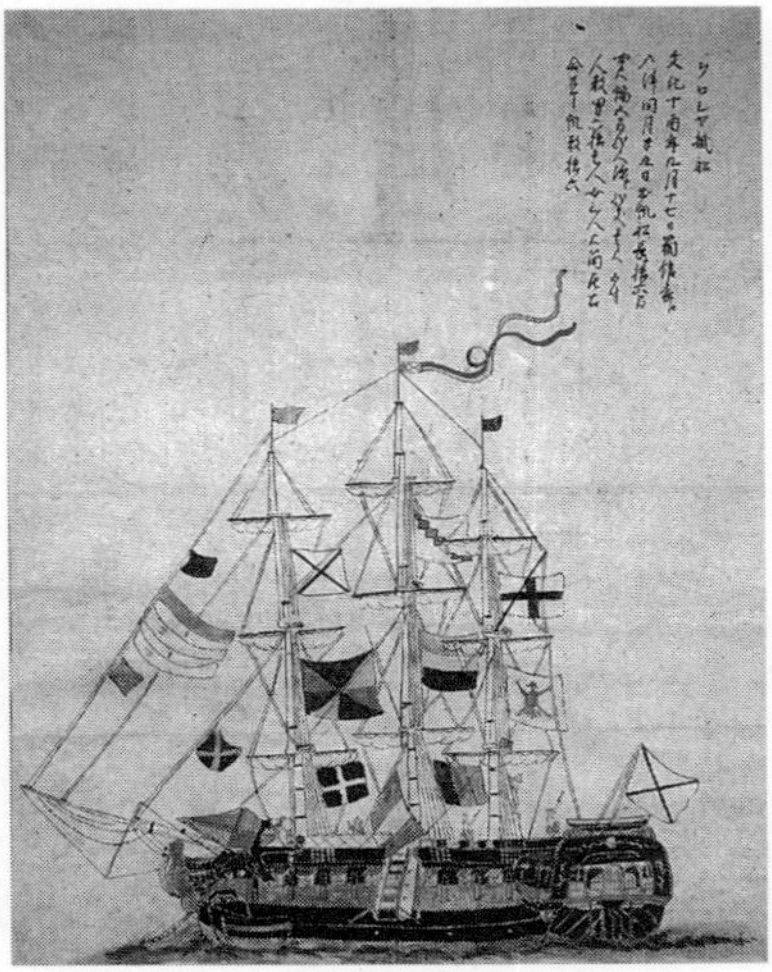

ヲロシア掛船図（ディアナ号）
（文化10年９月17日，箱館に入津し，同月29日に出帆したディアナ号）

海上へ

一八一二年（文化九）九月一一日、ディアナ号とゾチク号が抜錨し海上に乗り出すと、日本側は実弾で砲撃を始めた。攻めてくると勘違いしたのであった。両艦はカムチャツカへ舵をとった。

シコタン島を通った時、嵐が激しくなった。嘉兵衛は周辺が浅瀬の連続であることを知っていた。一瞬嘉兵衛は船が遭難するといいと願った。しかし、ディアナ号を救うことで日本人の正直者ぶりをアピールし、後日彼等をあざむく手段にしようと思い直し、下に浅瀬があることを教えた。リコルドに嘉兵衛に対する信頼が芽生えたのは言うまでもない。

ロシアの支配下にあるラショワ島がみえた。三年前にラショワ島アイヌがエトロフ島に来たのを嘉兵衛がとらえたことがあるので、ラショワ島に立ち寄らないよう神仏に祈っていたが、幸い通りすぎた。

リコルドが所持する日本地図

リコルドは嘉兵衛の出身地をたずねるのに、日本地図をとりだした。嘉兵衛は一目みて、林子平のものであることを看破している（『高田屋嘉兵衛遭厄自記』）。林子平の『三国通覧図説』とその附図はロシアにもたらされ、一八〇五年（文化二）にロシア科学アカデミーからイルクーツクに派遣されたドイツの東洋学者クラプロートが、伊勢神昌丸《しんしょうまる》の漂流民新蔵の協力を得て、この本を仏訳し、一八三二年（天保三）に五枚の地図（日本全図、朝鮮之図、琉球之図、無人島之図、蝦夷之図）と共にパリで刊行された。『三国通覧図説』はシーボルトが持ち出したといわれていたが、シーボルトが長崎出島のオランダ商館医として来日したのは一八二三年（文政六）である。一八一二年（文化九）に嘉兵衛が見たのは、日本語版でロシア語の書き込みがしてあったという。おそらくラクスマン使節団、あるいはレザノフ使節団が蝦夷地に来航した時に入手したものであろう。

ロシア人捕虜の安否を確認

リコルドは、嘉兵衛から日本の捕虜となったロシア人の安否を聞きだそうと必死だった。その結果六人は無事であることがすぐに確認できたが、ゴロヴニンだけはその名を口にしても嘉兵衛は無反応だった。ア弁（アクセントのないオをアと発音する）地域出身のリコルドの発音ではゴロヴニンの名前は近似的には「ガラヴニーン」と発音される。しかし、日本では彼はゴローニン、ゴロウィン、カワビン、カバリン、ガラヒンなどと呼ばれており、誰のことを指しているのか、嘉兵衛が理解するまで六日を要した。

リコルドは、日本人の耳にはロシア語が聞き取りにくいことに気づき、ゴロヴニンの名前をわざとさまざまに歪めて発音してみせた。「ホヴォリン」と言った時に嘉兵衛は反応し、ゴロヴニンが松前にいるという情報を引き出すことができた。また、エトロフ番人の五郎次が親方の中川良左衛門であると、身分と名前をロシア人に詐称していたことも分かった。

リコルドはクナシリ島に詰めている人数を嘉兵衛にたずねた。実際には一三〇人であったが、嘉兵衛は五〇〇人であると答えた。それに対し、リコルドは二〇〇〇人はいるだろうというので、二〇〇〇人と見る眼力はすごいとおだてて、わざと日本の武力を大きくみせている。

第八章　カムチャツカの抑留生活

1　カムチャツカのなかの日本

カムチャツカに渡った日本人たち

嘉兵衛が連行されたカムチャツカは、ユーラシア大陸の北東にある半島で、関西空港からだと、飛行時間にして四時間ほどの所にある。隣国にある半島なので、漂流が頻発した江戸時代、多くの日本人が漂着した。どれほどの日本人が流れついていたのであろうか。記録に残っているもののみ列挙してみよう。

一六九七年（元禄一〇）には伝兵衛（大坂漂流民）がコサック隊長アトラソフにカムチャツカ西海岸イチャ川のほとりでカムチャダール人の捕虜になっていたところを発見された。カムチャダールはロシア人による名称で、彼らはみずからのことをイテリメン人という。伝兵衛は大坂から江戸へ向かう途中遭難したのだった。彼から事情聴取したアトラソフは報告書に伝兵衛のことをインド帝国のウザカ国の人間と記している。アトラソフの耳には江戸がインドに、大坂がウザカに聞こえたのだ。伝兵衛はシベリア庁の命令でモスクワに連れて来られ、日本人であることが判明した。一七〇二年（元禄一五）にピョートル大帝はモスクワ郊外のプレオブラジェンスコエ村で彼を引見した。伝兵衛は日本人自身による日本情報をはじめてロシアに伝えた。ピョートル大帝は金銀を多く産出し、武力も備えた日本に関心を示し、伝兵衛に日本語を貴族の子弟に教えるよう命じた。彼はロシアで最初の日本語教師となりロシア正教徒に改宗した。

一七一〇年（宝永七）にはサニマ（宝永南部漂流民）がカムチャツカ南部のアワチャ湾北方に漂着した。サニマは一七一三年（正徳三）のコズィレフスキーの千島探検に水先案内・通訳として同行し、後にペテルブルグに送られ、伝兵衛の助手になり、日本語を教えたといわれている。

一七二七年（享保一二）、カムチャツカ最南端のロパトカ岬とアワチャ湾の間に日本船が漂着し、一七人の乗組員の内、ソウザとゴンザ（薩摩若潮丸漂流民）の二人を除いた全員が、コサックの五十人隊長シュティンニコフに殺害された。一七三三年（享和一八）、ソウザとゴンザはペテルブルグに連れてこられ、アンナ女帝に拝謁し、洗礼を受けて、ゴンザはコジマ・シュリツ、ソウザはダミアン・ポモルツェフとなった。一七三六年（元文元）、ロシア科学アカデミー付属日本語学校が創設され、二人は日本語教師になり、三年間で六冊の日本語教材を作成した。すなわち、『露日語彙集』『日本語会話入門』『簡略日本文法』『露日新辞典』『友好会話手本集』『絵で見る世界』である。

一七八七年（天明七）八月には伊勢神昌丸漂流民の大黒屋光太夫たちが自前の船でカムチャツカへ

辿り着いた。彼らは四年前の一七八三年（天明三）一月にアリューシャン列島アムチトカ島に漂着し、四年におよぶ在島生活のあと、座礁したロシア船の流木を利用して自分たちで船を建造し、カムチャツカに渡ったのであった。彼らはカムチャツカで三人の仲間を亡くしている。飢饉による食糧不足が原因であった。食糧補給はロシアの東方経営の最大の問題であった。一七八八年（天明八）、彼らは帰国を嘆願するために、カムチャツカを出て、シベリア総督府のあるイルクーツクへ行った。さらに一七九一年（寛政三）、大黒屋光太夫は、キリル・ラクスマンの援助をえてペテルブルグへ上京し、女帝エカテリーナ二世に帰国を談判した。一九九二年（寛政四）、第一回遣日使節アダム・ラクスマンに護送されて帰国を果たした。

一八〇四年（文化元）七月三日、第二回遣日使節レザノフが通商関係樹立要求を掲げ日本に行く途中、ナジェジダ号をペテロパヴロフスク港に入港させた。船には日本に送還される仙台漂流民のほかに、ロシアに帰化しロシア正教徒になっていたキセリョフ善六も乗船しており、帰国組と残留者との不和が頂点に達していた。対日通商交渉に支障をきたすことを恐れたレザノフが善六にカムチャツカで下船を命じたのであった。

一八〇六年（文化三）五月二五日、対日交渉に失敗したレザノフがカムチャツカに戻ってきた。当時、滞留中の南部慶祥丸の漂流民は、日露通商樹立のあかつきには帰国させると約束されていた。しかし、通商関係樹立が日本側の拒否にあって、状況は一変し、「子供に至までヤッポンホウダ又はヤッポンソバカ抔と申候、是は彼国之詞にて、日本は悪し、日本之犬と悪口いたし候」（『通航一覧』巻

四爪錨と寛永通宝
(ペトロパヴロフスクにあるカムチャツカ州郷土博物館に展示されている)

三一九)という事態に至った。いたたまれなくなった彼らは、ペトロパヴロフスクを脱出して千島列島沿いに、アイヌの協力を得て自力で日本帰国を果たした。千島列島縦断自力帰還という快挙は日露関係悪化の産物であった。

一八〇六年(文化三)一一月一〇日にはカラフトを襲撃したフヴォストフが四人の日本人カラフト番人をペテロパヴロフスクに連行してきた。酉蔵、富五郎、福松、源七は、飛脚屋のガヴリル・メテェレフ・キリコフのところで越冬し、翌年、フヴォストフのユノナ号で日本に放還された。

一八一一年(文化八)、紀州半島沖で嵐に遭遇した摂津歓喜丸がカムチャツカ半島に漂着したが、一六名のうち、九名が死亡した。前述したように、一八一二年(文化九)、ゴロヴニン釈放のための交換要員として、彼らはクナシリ島に護送されたが、久蔵は凍傷にかかり足を切断したため、残留することになった。久蔵は一八一三年(文化一〇)、リコルドの船で(三回目の日本遠征)箱館へ送り返され、ガラスのなかに入れた種痘苗と種痘術を持ちかえるが、治療法が受け入れられず、宝の持ち腐れになった。

展示される四爪錨と寛永通宝

カムチャツカに残る日本はヒトだけではない。ペテロパヴロフスクのカムチャツカ州郷土博物館には図のようなモノとカネが展示されている。たとえば、モノには四爪錨《いかり》がある。日本の錨は先が四つに分かれているが、ロシアの錨は静岡県の戸田村にある造船資料館に展示されているディアナ号の錨を見れば分かるように、先が二つに分かれている。

カネにはたとえば「寛永通宝」がある。これもペテロパヴロフスクの郷土博物館に展示されている。穴があいているのでアクセサリーとされていたらしいが、紛うかたなき日本文字で「寛永通宝」と刻んである。菊池俊彦氏によれば一九八五年(昭和六〇)までに一九枚の寛永通宝の発見が報告されているという。考古学の観点から菊池氏はカムチャツカ半島出土の寛永通宝はアイヌ民族とカムチャダールとの交易・通婚・移住の過程でもたらされたものであるとみている(菊池俊彦、一九九〇)。

以上のように、カムチャツカに残るヒト、モノ、カネは、カムチャツカが長年にわたり日露交流の重要なインターフェイスであったことを物語っている。日本が北から、ロシアが南から千島列島に植民していくにつれ、日露交流の様相は漂流から、拉致や抑留に変わってきたことが読みとれる。

2 ペトロパヴロフスク港

一八世紀初頭の開基

嘉兵衛が抑留生活を送ったペトロパヴロフスク港とは、どのような町であったのであろう。一七世紀末、アトラソフがカムチャツカを制圧してから約四〇年後の一八世紀前半、ロシアを強大な海洋国家に改造しようというピョートル大帝の大改革の波は、遠いカムチャツカの地にまで及んだ。ベーリング率いる第一回カムチャツカ探検隊（一七二五〔享保一〇〕～三〇年〔享保一五〕）と第二回カムチャツカ探検隊（一七三三〔享保一八〕～四三年〔寛保三〕）が派遣され、ベーリング海峡やアリューシャン列島などが発見された。探検隊の隊員エラギンは、荒波を避けることができ、周囲の多くの山から淡水の補給できる入江を選び、アワチャ湾で港の建設を開始した。

一七四〇年（元文五）一〇月にベーリング率いる聖ピョートル（ペテロ）号とA・I・チリコフ率いるパヴェル（パウロ）号の二船がアワチャ湾に到着した。港は船名になっている二人の聖者の名前をちなんで、ペトロパヴロフスク港（ペテロとパウロの港）と名づけられ、この日が港湾開基の日とされた。太平洋に面し、水深の深い良港であるペトロパヴロフスクは、ロシア帝国のユーラシア大陸における版図拡張の最後を飾ると同時に、アメリカ大陸と日本へ進出する基地となった。ここを拠点にして、ロシアは、ロシア領アメリカ、すなわちアラスカ、アリューシャン列島、北アメリカ北西海岸の植民地経営を行った。

ペトロパヴロフスク港
（湾につき出ているのはコーシカ〔おさげ〕といわれる砂州で魚の倉庫が建っている）

北太平洋時代のペトロパヴロフスク港

一七七九年（安永八）、英国艦隊がペトロパヴロフスクに寄港した、外国の軍艦がカムチャツカを訪れた最初の出来事であった。さらに、一七八七年（天明七）、ラペルーズ率いるフランス艦隊がカムチャツカを訪れ、ロシアは北太平洋でむさぼっていた太平の夢が破れ去ったことを自覚した。それまでは同方面で艦隊と名の付くものをもっていたのは、ロシアだけであったのである（オークニ、一九四三）。一七八〇年代以降、ロシアの遠征隊が、日本に対する商業的進出とアメリカ大陸の植民地経営を目的とする、一連の活動を開始した。一八一二年（文化九）に発令された「カムチャツカに軍民政府を樹立する件」（オークニ、一九四三）に関する法令に基づき、同地方の支配は特別に任命された長官に委ねられることになった。カムチャツカの中心地として、半島で一番便利な港であるペトロパヴロフスクが選ばれた。カムチャツカの意義を増大させた一八一二年（文化九）の法令は、露米会社の北太平洋における大膨張計画と時を同じくして発布された。この計画は、カリフォルニア、ハワイ諸島、カラフトおよびアムール河口、カムチャツカ、チュコトカ、千島列島、アリューシャン列島におけるロシアの海洋帝国としての足場を強化することを目的にしていた。

嘉兵衛が滞在した一八一二年（文化九）は、ペトロパヴロフスク港がカムチャツカ州の行政の中心になり、極東の主要港になった時期にあたっている。その頃のペトロパヴロフスク港の地図が『一八一九～二〇年のイルクーツク県地図』に収録されている（三二九頁参照）。地図には、町の病院、郵便局、長官の事務所、将校用の建物、警察、市場、行進練習用の広場、練兵場などが描かれており、ペトロパヴロフスクが軍港として発展してきたことを物語っている。建設予定の船舶整備工場や造船所、砲台は軍港としての位置付けの強化を示唆している。嘉兵衛も、「此村カンバンヤと申ハ町人頭にて村内の支配致居候」（『高田屋嘉兵衛遭厄自記』）という証言を残している。嘉兵衛がカンバンヤと言っているのは кампания（カンパニヤ、会社）、すなわち露米会社で、村内を支配しているというのである。

嘉兵衛とリコルドが寝泊まりすることになる長官の家は、地図の東北部に位置している。地図では二つの小川に挟まれた所に建っている。二〇〇九年の筆者の調査では、そのうちのひとつの川は現在もグム（百貨店）と裁判所の間を流れていた。カムチャツカの地方郷土図書館の上級研究員であるイリーナ・ヴィテル氏の助言をあち[illegible]長官の家跡を探したが、それは現在のロシア連邦保安局カムチャツカ州委員会の建物と裁判所の間のソヴェツカヤ通りに近い所にあったと思われる。この長官の家を拠点に、嘉兵衛は日露関係改善のための知略と知謀を繰り広げることになる。

3　逆境を千載一遇のチャンスへ

抑留者から駐在員へ

嘉兵衛は九月一一日、ペトロパヴロフスク港に到着したが、八日間はディアナ号で宿泊した。その間、リコルドは日本人の宿舎を準備していたのだ。一九日に上陸すると、役所を改造して宿舎にしてあった。部屋数は八室で、そのうち二四畳敷き分の部屋にリコルドと嘉兵衛が同居した。四人の水主も同じ館で起居した。日本では高級品であるギヤマン（ガラス）でできた窓が四つもあり、家の中は暖炉で寒暖は火気の強弱により調整可能で、室内では襦袢一枚で過ごせた。

リコルドは嘉兵衛との約束を守り、常に嘉兵衛と一緒だった。リコルドはそのことの意味を、「日本の船長は私の艦室に同居していたので、話し合うのに適した機会をたびたび提供してくれた」と言っている。リコルドにとり同居は二人の意思疎通をはかる機会を提供するものであった。しかし、リコルドは嘉兵衛のことを捕虜とみなしていた。彼は『対日折衝記』のなかで「ナーシ・プレンニク（われらが捕虜）」（Рикорд. 1816）という言葉を何度も使っている。

しかし、嘉兵衛の境遇は普通の捕虜とは異なるものであった。そのことを同じ頃ペトロパヴロフスクに滞在していたアメリカ商人ドベリは次のように言っている。

嘉兵衛は捕虜であるが、武器やその他の物を身につけ、自由に使用してよかったからである。それに対し彼はとても感謝していた。彼はロシア人から受けたホスピタリティと厚遇を決して忘れないであろう（生田美智子、二〇〇八）。

嘉兵衛自身は自分を捕虜とは認めなかった。嘉兵衛が連行条件としてリコルドに出した「ロシアへ行っても私と離れないようにしてくれ」（Рикорд, 1816）という条件は、捕虜とは違う生活環境を保証しただけでなく、同一条件の居住空間における生存、すなわち、一定の対等性を保障することになった。

抑留地跡
（カムチャツカで嘉兵衛が抑留されていた宿舎跡）

リコルドとの共振

リコルドといつも一緒にいる、すなわち、同室にいるということは「共振」を可能にした。筆者がこのことを思い至ったのは、ある研究会でホイヘンスの原理に触れた安富歩氏の報告を拝聴したのがきっかけだった。ホイヘンスという振子時計を発明したオランダの学者は、振幅の異なる二つの柱時計を同じ壁にかけておくと同一の振幅でゆれ出すことを発見した。異なった振動数をもつ時計が同じ壁にかけられたことで、微妙な相互作用が生じて振動数を共有するようになるのである。しかも、興味ぶかいことに、その振動数がいずれの柱時計の本来の振動数と異なっている。

すなわち、いずれか一方に強制されるのではなく、どちらとも異なる新たな振動数が両者の接続により生まれるという。しかもこの共感の状態は安定しており、この状態をくずしてもやがて同じ振幅に戻るのである。しかし両者を別の壁にかけると、おのおの元来の振幅でそれぞれに係わるようになるという。二つの柱時計のみならず、それを接続している板や椅子も重要な要素となってシステムを構成している（安富歩、二〇一〇）。

嘉兵衛がこのようなホイヘンスの同期現象のことを知っているわけはない。しかし、彼は長年のアイヌなどとの異文化交渉の経験により、一方が他方に自分の秩序をおしつけるのではなく、新たな秩序形成を保証するものが何であるかに、鋭い感性で直感的に気づいていた。

食客に甘んぜず自炊生活

嘉兵衛は拉致される時に、観世丸から家財道具一式と食糧をディアナ号に積み入れ、ペトロパヴロフスクでは日本からの食糧で自炊できるようにした。滞在期間がどの位になるか分からないので、嘉兵衛は食事に関し厳しい制限を課した。朝食には粥《かゆ》を嘉兵衛は二杯、水主は三杯、昼食にはご飯を嘉兵衛は二杯、水主は三杯、夕食には茶漬けを嘉兵衛は二杯、水主は三杯であった。三度の食事以外に間食はなく、魚類は三日に一度食べるだけだった。

食い扶持を自分でまかない、衣服も自分のものを着用し、ロシアからの施しを一切受けつけなかったのである。抑留生活の中でも矜持をもち、対等にものが言えたのは、自給自足したからである。しかし、この自炊により文治、シトカ、吉蔵が病没することになる。原因は壊血病であると思われる。嘉兵衛一行がカムチャツカに到着したのは九月半ばであった。現地では野菜を発酵させたり、酢や塩につけたり、果物を砂糖づけにして冬に備える。抑留後すぐに冬季に入ったカムチャツカ生活で、嘉兵衛たちに欠乏していたのは野菜や果物であった。さらに、豪商である嘉兵衛が食べていたのは精米した白米だった。当時の価値基準では、あらゆる点で、粗末な玄米より白米のほうが上だった。玄米のほうが白米より栄養価が優れているなどということが分かるのは、二〇世紀になってからのことである。一八〇六年（文化三）一一月にフヴォストフが拉致してきたエトロフ番人の酉蔵、富五郎、福松、源七の四人はペトロパヴロフスク港で越冬し、フヴォストフに連れられ、翌年、日本で放還された。彼らは現地の食べ物や日本からの玄米を食べ、約半年の滞在を乗り切っている。他国で生き抜くにはその土地の食べ物が一番であることは、嘉兵衛にも分かっていたであろう。しかし、日本の代理人としての自負をもつ身では、食客に甘んじていては、交渉の際の対等性が維持できなかった。

結局、嘉兵衛も抑留中に健康を害し、以前のような頑健な身体に戻ることはなかった。まさに嘉兵衛たちの健康と引き換えに、日露の紛争連鎖は断ち切られることになる。

観察と情報収集

嘉兵衛はこの地がどんな地なのか、観察し、情報を聞き出していった。カムチャツカはロシアの辺境に位置し、エトロフ島との距離は海路二五〇里（約一〇〇〇キロメートル）であるという。オホーツクには、船が八艘あり、国全体では一六〇艘ほど所有し、これらはすべて八〇〇石より大きいものであるという。一万石の船には一二〇〇人が乗る。一万石の軍艦では、一キログラムから一五キログラムの砲弾を撃てる大砲を一二〇門備えているという。

嘉兵衛の観察では、ペトロパヴロフスク港の大きさは入り口がおよそ半里（約一・九六キロメートル）、奥行きが三里（一一・七八キロメートル）であった。北アメリカやオホーツクからも船が往来する港で、嘉兵衛が着岸したときも、異国船が見える国際的な港であった。「人家三十六軒」で「棟数百六棟」であった。「一軒に二組三組も」の世帯が同居していた。寒い国で、雪がふかく、「夏は川場に小家を」たてて、魚を獲って蓄えていた。「犬は家一軒に二三十足も飼置」、この犬が曳く橇《そり》が交通手段であった。

嘉兵衛によれば、彼は、広東、天竺（インド）、アメリカのボストン、イギリスやスペインの人ともたびたびあい、情報を収集したという（『高田屋嘉兵衛遭厄自記』）。

日本の立場を説明

ペトロパヴロフスク港には大砲が二四門あり、台車に乗せ、普段は倉庫におさめてあったが、毎日引き出して訓練をしていた。銃剣の訓練も怠りなかった。

日本が仮想敵国のようで、フヴォストフによる蝦夷地来寇事件への報復があると思っているらしい。嘉兵衛は、食べ物もなく、金目の物もないロシアを日本が攻めるわけがないと、説明したうえで、日本の軍備に対するスタンスを以下のように説明した。

当国の軍製とは大に違ひ如何程の怨み有之とも自国を固め候事はいたし候へとも不法に外国を攻め候様の事は無之他を識らす自を誉す世界同様に治り候国は上国と心得候好て軍を催し人を害する国は国政悪敷故と心得候併我等義は国許にては軍事に関係するものには無之唯商売用而已の者にて少々金銀を持扱ひ候ものに候へは軍戦の義は唯書物にて見及候迄にて委敷は存し不申又武士なとも

今我国は国政よろしくして能治り有之候故軍戦の愁苦も無之我々迄も心易く相暮候承及候へは欧羅巴諸国は今戦争最中の様五郎次か書にも相見え候扨々恐しき事に候（『高田屋嘉兵衛遭厄自記』）。

天下泰平が常態の日本と、戦争が常態のヨーロッパを比較し、日本を「上国」といい、戦争を好み、人に危害を加える国は国政が悪いからだとコメントした。当時ヨーロッパはナポレオン戦争のさなかであり、ロシアにも六月二四日、五〇～六〇万のナポレオン軍が侵攻し、九月一四日にはモスクワに入城していただけに、ロシア人は嘉兵衛に返す言葉もなく、うつむいていたという（『高田屋嘉兵衛遭厄自記』）。

上陸から三〇日ほどの間は、日本から「役人」を拉致してきたという噂が広まり、五〇キロから七〇キロはなれた遠方からも、日本人を一目見ようと見物人が押しかけた。日本人五人は色が黒く、美男子ではないので、日本男子はこの程度かと思われては「国の恥なり」と、毎日「湯水ニて垢など拭」き続けたが、生まれつきなので効果はなかった。

4　人的ネットワーク構築

オリカを助手に

嘉兵衛が効果的な情報収集をできたのは、オリカに出会ってからであった。『高田屋嘉兵衛遭厄自記』をはじめ、嘉兵衛の話を記録した書物では、オリカとは、宿舎にいたオホーツク出身の一二歳の利発な少年である。嘉兵衛は彼と仲良くなり、日本語とロシア語の交換教授を行い、二〇日の間に相当の話ができるようになった。嘉兵衛は宿舎に配達される書状を、人のいない時をみはからって、オリカにひそかに持ち出させ読ませた。この土地の役所は一ヶ月に六回の休日があり、その日は全員が外出するので、書類も自由に探し出すことができ、ロシアの国の考えは一一月下旬頃には合点ができた。この間、いつも気分が悪いと行って外出せず情報収集につとめ、どうすれば帰国できるか策をめぐらした。

嘉兵衛は後述するように、金蔵に狂人のふりをさせて帰国時期を早めようと画策したことがあった。この策略を平蔵には内緒にしておいた。根が正直な平蔵には嘘をつくことができないのを見越した戦術であった。それほど慎重な嘉兵衛がロシアの役所にいた少年に書簡を持ち出させて解読させるだろうか。少年のことなので、無邪気に嘉兵衛おじさんと役所に来た手紙を読んでいるとしゃべらないとは限らない。オリカは本当に少年なのだろうか。一考する余地がありそうである。

リコルドと深夜に話し合う

拉致されて四ヶ月後の一二月八日の深夜、嘉兵衛は寝ているリコルドを起こして、じっくり話がしたいと言い出した。嘉兵衛はロシアは信義を重んじる国であると思っていたが、このたびの不法行為は、ロシア国王の命令によるものではないのかと批判したうえで、リコルドはこの問題をどう考えるか、問いただした。

リコルドは日本の国法のことは分からない、以前日本関係の本がオランダで出版されたが、そこに書いてあることと嘉兵衛の話とは大きな違いがある、いずれを信用すればいいか分からない、ロシア人捕虜を救出する方法を教えていただきたいと、椅子から立ち上がって嘉兵衛に頭を下げた。リコルドはおそらく、ケンペルやツンベルグなどによるオランダの書物にある鎖国の記述と、嘉兵衛が語る北方の実情との懸隔に驚いたのであろう。また、イエズス会の報告にある切支丹迫害の記述がもたらした「日本人残忍イメージ」と実際の日本人との違いにも気づいたことだろう。

嘉兵衛は、日本が戦闘行為ではなく海洋測量を行っていたにすぎない八人の者を生け捕りにした理由を、リコルドに次のように説明した。すなわち、日本では、双方から使者をたて、「何月何日にどこで一戦したい」と申し合わせてから戦いを始める作法があるのに、フヴォストフはいきなり番人たちを縛りあげ倉庫を焼き払い、悪逆非道を尽くしたので、「魯西亜船打払令」が幕府から出された。この令により、クナシリに来航したロシア船が生け捕りにされたので、ロシア政府が幕府に政府の関与を否定する正式の釈明書を提出したら「勘弁の方途」も開けるであろうと提言した。

リコルドはロシア側の行動を以下のように説明した。すなわち、レザノフが病気で上陸を願い出たところ倉庫へ押しこまれ、信牌も武器もとりあげられ犬猫同様の取り扱いをされたことに立腹し、オホーツクへ帰り、フヴォストフに蝦夷地を焼き討ちにするよう命令した。その後レザノフはフヴォストフに中止の手紙を送ったが、とめることはできなかったと釈明した。さらに、この件は、皇帝はじめロシア政府は知らないこと、すでにレザノフは病死したこと、フヴォストフは不埒な行為を恥じ、王城の橋の上から投身自殺をしたと述べた。しかし、実際はロシアでは日本の切腹のような責任の取り方はしないので、リコルドは単に溺死したと事実経過を述べたにすぎないだろう。パーセプション・ギャップにより、フヴォストフが責任をとって投身自殺したと変容認識されたのだ。幕府関係の文書でも、二人は「入水」して相果てた（『通航一覧』巻三〇一）となっている。

リコルドと離れても情報収集

リコルドは嘉兵衛との話し合いをうけて、約六〇〇キロ離れたヴェルフネカムチャツクに住むカムチャツカ長官のペトロフスキーをたずねた。嘉兵衛の提案について話し合うためであった。嘉兵衛は讃岐の金比羅さんを拝み、リコルドの気持ちをつかむべく、別れを演出した。嘉兵衛は早く帰ってきてもらいたいと頼み、「カムシヤツカ鎮台の」ペトロフスキーに自分のことを良く言わせようと、出発間際に、タバコのヤニを目に塗り、涙を流してみせた。効果は絶大で、リコルドはおおいに感激し、出発していった。

この間、四〇日ほどリコルドはペトロパヴロフスクを留守にし、嘉兵衛と離れて暮らした。一二月二八日、ペテルブルグから書状が届いたが、それを読んだ役人たちの様子がおかしいのに嘉兵衛は気づいた。オリカに尋ねたところ、「フランス国王ハルビハルビ」というだけで何のことか分からない。役所の人間が全員外出したのを見計らって、書状を盗み出してオリカに読ませたところ、ロシアが対ナポレオン戦争で大敗したとのことであったが、詳しいことは分かりかねた。宿舎の前に商船の通訳をしている広東人が四人いるので、嘉兵衛はそこへ行って尋ねると、ロシアが負けたという。ロシアが大敗し、オーストリアもフランスに加勢したという。嘉兵衛は戦争が拡大すれば、日本への帰国がおぼつかなくなるのではとの危惧をいだきはじめた。

嘉兵衛と同時期にペトロパヴロフスクに滞在した有名人にピョートル・ヴァシリエヴィチ・ドベリがいた。ドベリはアイルランド生まれのアメリカ人で、商人であったが、一八一七年（文化一四）にフィリピンのロシア領事に任命された。中国南部、インドネシア諸国、東南アジア、特にフィリピンに滞在し、『カムチャツカとシベリアの旅』（一八三〇年〔天保元〕）、『中国、マニラ、インドネシア諸島旅行と最新の観察』（一八三三年〔天保四〕、二〇〇二年再版）、『表象でないロシアの実像』（一八三三年〔天保四〕）などを出版した。

ドベリとも意気投合

ドベリと嘉兵衛は親しい間柄で、通商、国の仕組みのことなど、さまざまなことを話し合った。嘉兵衛は、千島列島のことを「日露の交流のために自然が造った橋に似ている」といい、両国の莫大な利益をもたらす自由な交流を鎖国制度が妨げているのを残念がった。ドベリは嘉兵衛の学識と見識に舌をまき、「日本人は中国人より賢くて学識があると私は結論するにいたった」と書いた。さらにドベリはヨーロッパと日本との比較にも嘉兵衛の資質を援用し、「高田屋嘉兵衛に見られるように、日本人は、率直さと洞察力の点で優れているので、科学や芸術の分野でいつまでもヨーロッパの後塵を拝することはないであろう」とまで書いた（Добель, 1816）。

嘉兵衛はドベリがペテルブルグに上京するのを聞きつけて、彼に愛刀を渡し、アレクサンドル一世に献上してくれるように頼んだ。

アレクサンドル一世に愛刀献上

嘉兵衛がドベリを介してロシア皇帝に愛刀を献上したときの状況は以下のようなものであった。

早朝に、嘉兵衛は日本人全員を引き連れて私の所にやってきた。手下に赤い絹布でおおった大きなクッションを持たせ、その上には日本刀があった。彼は両手で刀を頭上に持ち上げると、下におろし、頭を床にすりつけんばかりにした。九回叩頭すると、クッションの上にある刀を机の上におき、尊敬する皇帝陛下に献上してほしいと、拝謁しに都に赴く私に依頼した（Добелъ, 1816）。

ロシア皇帝に愛刀を献上するにふさわしく、威儀を正した嘉兵衛は、儀礼と象徴でドベリに働きかけ、彼を介して、皇帝アレクサンドル一世にまで働きかけようとしたのである。『蝦夷物語』には嘉兵衛が皇帝に直訴しようと考えたという一文がある。嘉兵衛は、大黒屋光太夫のように、皇帝に直接談判することも視野にいれていたようである。だが、若くもなく、健康上の不安もあったことからシベリア大陸横断を断念し、ドベリを通じて働きかけることにしたのである。嘉兵衛はドベリに嘉兵衛からの献上品だと申し添えるのを忘れないよう念を押している。ドベリは約束を守り、嘉兵衛の愛刀を皇帝に献上し、皇帝は三等侍従長官トルストイ伯に命じてその刀をエルミタージュに納めさせた（Добелъ, 1816）。

ドベリの中国人召使

ドベリの所には中国人の召使がいた。嘉兵衛と中国人の関係について、ドベリは以下のような興味ぶかいことを書き残している。「私の所にいた中国人の召使は、さほど苦労することもなく、高田屋嘉兵衛と日本の文字で互いに理解することができる。彼〔中国人召使〕は英語も話せた」。この証言は嘉兵衛が筆談コミュニケーションをしていた事実を伝えている。さらにドベリは次のような脚注をつけている。「日本語は文字の点で中国語と酷似している。それ故日本人と中国人は文字で相互に理解しあうことができる。しかし発音は全く異なっているので、口頭で会話することはできない」（Добелъ, 1816）。

日本と中国は漢文・漢字を共有する漢字文化圏に属している。とくに江戸時代には、漢文は知識人の間でほとんど国語同様に扱われ、公文書は漢文であった。清とロシアの間には一七二七年（享保一二）のキャフタ条約以来キャフタにおける内陸貿易が成立していたので、ロシア語ができる中国人は多かった。また、この頃はキャフタ交易がその意義を失いつつあり、ロシアは広東交易に手を出そうとしていたので、カムチャツカにきていた中国人は露米会社がロシア領アメリカから連れてきた可能性もある。アメリカ人であるドベリの召使の中国人は英語も話せた。中国人はドベリの召使以外にもカムチャツカにいたので、彼らとは筆談することができたであろう。漢文を用い、さらに英語の話せる中国人を介在することにより、嘉兵衛は広東人、天竺（インド）人、アメリカ人、イギリス人、スペイン人からも情報を収集した（『高田屋嘉兵衛遭厄自記』）。

ルダコフの身の上相談にのる

リコルドはペトロパヴロフスクを留守にするにあたり、I・ルダコフに嘉兵衛のことを頼んでいった。ルダコフ中尉は、ゴロヴニン、リコルドにつぐナンバースリーのディアナ号乗組員で、ゴロヴニンが捕縛されて以来日本人に不信感を抱いていた。嘉兵衛はリコルドの留守中、ルダコフにつらく当たられて困ったと書いている。ところが、一月二日、嘉兵衛がルダコフの身の上相談にのったことから、二人の関係は一変した。ルダコフが嘉兵衛の大ファンになったのである。ルダコフは二六歳で故郷を出てから九年になるが、軍功をあげることもできない軍人であることに悩み、昇進して司令官になるにはどうすればいいか嘉兵衛に相談したのだ。嘉兵衛は、ルダコフは諸事賢く、才知もあるが、下の者を帰服させることができていないことを指摘したうえで、まずはリコルドをこの土地の長官にするよう努力すれば、ルダコフはリコルドの後任として艦長になれるので、乗組員を大切にしていけば昇進するだろうと答えた。ルダコフは下の者に手荒なことはやめて、憐憫をもって接するようにすることを心がけるようになった。それ以来ルダコフは嘉兵衛をおおいに慕うようになった。

ルダコフが嘉兵衛に身の上相談をしたのは、相談内容を伝えることができる言語環境に二人があったからである。そうでなければ、ルダコフが嘉兵衛に相談をするわけがないであろう。

ルダコフはこれ以降、親嘉兵衛派になり、カムチャツカに漂着した日本人にロシアでも稀な「大器」と嘉兵衛を絶賛した。その評判は、帰国後の漂流譚、すなわち『永寿丸漂流記』や督乗丸の池田寛親の『船長日記』により日本にも伝播されることになる。

地元住民を新年会に招待　ルダコフと嘉兵衛がうち解けあった翌日、嘉兵衛は近所の人を集めて一八一三年（文化一〇）の新年会を催すことを考えついた。嘉兵衛は一月三日、ルダコフに新年会への招待状をロシア語で書いてもらい、地元の男女を招待し、日本酒三樽とその他の蓄えておいた日本の食事を振る舞った。ロシアの踊りも披露し、「大盛宴」を一日中行った。それまでは日本人は「小恵なる者」と思われていたが、この度の宴会には酒をたくさん用意したので、「小恵の国」とは思えないという評判がたった。その後は道で会っても、いたって丁寧に挨拶するなど、親しい者もでき、言葉もわかりやすくなり、退屈もせずに暮らすことができたという。

外交官が重要な政策を推進するには、駐在先で良好な人間関係を築き、受け入れられることが肝要である。こうした人的ネットワーク構築に際し、重要な意味をもつのが「もてなし」である。従来の漂流民や捕虜たちは、命からがらカムチャツカに来たので、食客の身に甘んじるほかなく、もてなそうにも物資の余裕がなかった。カムチャツカでは日本人は「けちな人間」という評判がたっていた。自炊と豪勢なパーティにより嘉兵衛はカムチャツカの人々の心をつかむことができた。

5 追い詰められる嘉兵衛

リコルド長官就任の動きをキャッチ

一月一〇日頃、手紙が届き、周囲がにぎわしくなった。オリカに密かに尋ねるとリコルドがカムチャツカの長官になったとのことであった。一七八〇年(安永九)代以降、日本に対する商業的進出を果たしアメリカにおける植民地を拡大するため、ロシア海軍の遠征隊が北太平洋で展開していた。カムチャツカの戦略的意義は高まっていき、一八一三年(文化一〇)、行政機構および防衛組織が再編成されることになった。カムチャツカを中国、日本、カリフォルニア、サンドウィッチ(ハワイ)諸島などとの交易の中心地とすると同時に、これらの諸国に遠征隊を派遣する海軍の基地にするという目的で、行政の集中化を図る必要があった。新生カムチヤツカの州都はペトロパヴロフスクに置かれ、カムチャツカ地方の行政は、特別に任命された長官に委ねられることとなった。その白羽の矢がリコルドに当たったのである（オークニ、一九四三）。ルダコフに開運の方途として、リコルドが昇任するよう努力せよと勧めたが、それが現実のものとなると、嘉兵衛は不安を覚えた。リコルドは日本に行けなくなるだろう。代わりにルダコフが訪日したのでは親密な相談もできない。それどころか、日本上陸も覚束なくなるので、これまでの苦労は水の泡になるかもしれない。嘉兵衛はリコルド自身が日本遠征に行くことを要請することにした。

帰還したリコルドに約束履行を迫る

一月二四日、約四〇日ぶりにリコルドが帰還し、大勢の人から出迎えを受けた。嘉兵衛たちも門まで出迎えたが、リコルドは寒いので屋内に入るよう挨拶した。部屋のなかで待っていると、リコルドは真っ先に嘉兵衛に近づき、接吻をして、帰宅の挨拶をすると少し落涙した。その夜は人が多いので、嘉兵衛は話を切り出さず、翌朝、長官就任の祝いを述べた。その後、明春日本に送り返すという約束はどうなるのか、問いただした。リコルドは、長官になってもそれは国内のことで、どのようにでもなるので、日本へは彼自身が送り返すことを確約した。また、近いうちにカムチャツカ長官であるペトロフスキーが、嘉兵衛に会いにペトロパヴロフスクに来るので、その時に詳しく説明してほしいと頼まれた。

文治と吉蔵の死

同行の水主のうち文治、吉蔵、金蔵、シトカが重病になった。リコルドが派遣した医者に診てもらったが快方に向かわなかった。嘉兵衛は四人の水主たちに病気を理由に帰国嘆願をするよう命じた。嘉兵衛は所持していた薬や灸などで治療を試みたところ、金蔵はほとんど回復したが、文治は二月二四日に死んでしまった。ロシア側はロシア正教で葬式を出すといってきたが、嘉兵衛は断った。嘉兵衛は天鵞絨緞（ビロード）で焙烙頭巾（僧侶の頭巾）を、唐更紗で僧衣をつくり、それを着た。文治の遺体には唐木綿の白衣を着せ、袈裟や頭陀袋もかけた。大工にたのんで五葉松で箱棺をつくり、遺体を入れ、覆いをかけ、茶碗で水を供え、箸をのせた。戒名は「春月浮命信士」とした。葬儀にはロシアの役人をはじめ八、九〇人が参列してくれた。嘉兵衛は南無阿弥陀仏の念仏を唱えた。

翌三月二八日、吉蔵も病没した。葬式は文治と同じように仏式で執り行い、戒名を「西行仏心信士」とした。

リコルドは自分が拉致してきた日本人が死んだことに心を痛めた。異国式の葬式はリコルドの心に罪の意識を呼び起こした。彼が拉致さえしなければ命を落とすことはなかったであろう。

シトカの死

三月二七日、アイヌのシトカも亡くなった。吉蔵が亡くなる前日であった。嘉兵衛は、見よう見まねであったが、アイヌ式の葬式を執り行った。キナ（むしろ）で遺体を包んで、埋葬した。キナはアイヌが普段、枕にして身から離さないものである。

彼は和人化していないアイヌであろう。和人化していれば日本名で書かれるはずである。たとえば、近藤重蔵が立てた「大日本恵登呂府」の標柱には、近藤重蔵、最上徳内、源助以下、善助など一二人の名前があるが、三人以外は帰化した日本名のアイヌである。和風化が進んでいたこの時期にアイヌの名前のままであるというのは、アイヌとしてのアイデンティティを保持した人間ではなかろうか。

アイヌの酋長イトコイが、かつてカムチャツカをテリトリーとしていたことから判断して、アイヌ民族である彼は寒冷地適応ができるはずであった。シトカが命を落としたのは、カムチャツカで日本人と同じ食事をしなければならなかったからであろう。彼はロシアと日本の二重の被害者であった。嘉兵衛はアイヌを対等に扱うことで有名だった。葬式を和式でなく、アイヌ式で執り行ったのは、日本の価値観を押し付けなかったことの現れであろう。

嘉兵衛を襲う病いと戦死のシナリオ

ビタミン不足から起こる壊血病で、三人の部下が命を落として以来、それまで元気だった嘉兵衛はふさぎこむようになった。次第に衰弱し、リコルドによれば、足には壊血病の症状が出ていた。嘉兵衛自身は脚気を患ったと言っている（『高田屋嘉兵衛遭厄自記』）。いずれにせよ、残りの日本人の命も風前の灯だった。

嘉兵衛は帰国できない場合は死ぬ覚悟だった。その場合にそなえ、二本のシナリオを用意した。第一は、日本に上陸できない場合で、ロシア人と一戦を交え、討ち死にするシナリオである。そのために槍や短刀の使い方や切腹の作法を手下二人に教え、さらに火薬を貯めさせた。第二は、日本に来航するが上陸できない場合のシナリオで、ロシア軍艦の弾薬庫や船底を火薬で焼き討ちにし、灰を投げかけてロシア人に目潰しをくわせ、槍と刀で一戦を交えたうえで、討ち死にするつもりだった。

金蔵の覚悟

嘉兵衛は、三人揃って討ち死にするシナリオを描いたものの、あきらめることなく、クナシリで金蔵と平蔵を助けるための算段をめぐらした。たとえ日本に送還されても三人が一度に上陸できないことはほぼ確実なので、金蔵を狂人にしたてあげ、平蔵が狂人をつれて上陸するというシナリオを描いた。平蔵は正直者なので、事実を知らせると漏れるとも限らないので、秘密にしておいた。金蔵には平蔵にはこの話をしてはいけないと釘を刺した上で、発狂の真似をさせた。

嘉兵衛が金蔵に再度狂人の真似をせよと命じたとき、彼は故郷恋しさに乱心し、心の小さな国と思われたくない、クナシリで上陸できなくとも構わないので、国の恥になることをしたくないときっぱりと断った。嘉兵衛はそれからは狂人の真似を強要することはしなかった。

6　嘉兵衛の作戦

日本直行を談判する

一方、リコルドは嘉兵衛の意見を取り入れて、イルクーツク県知事から松前奉行に宛てた公式の釈明書を日本に持参できるよう、オホーツク長官に手筈を整えてもらっていた。日本に出発する前に釈明書を受け取りにオホーツクに立ち寄ることにしていた。

しかし、嘉兵衛はリコルドにおおよそ次のように言った。このままでは生き残っている日本人三人の命ももたず、和平交渉ができなくなるので、オホーツクには立ち寄らず、日本に直行してほしい、そうすれば、命がけで話し合いの場を整えよう（『高田屋嘉兵衛遭厄自記』）。

嘉兵衛がこのように言ったのは健康上の理由からだけではなかった。嘉兵衛は、カムチャツカの二隻の軍艦に、オホーツクで三艘が合流し、合計五艘で日本に遠征するという情報を得ていた。五艘も来航されては、日本はロシアの五艘の軍艦の圧力に屈したという噂が立ち、「国恥」になると思ったのである。さらにオホーツクでは監禁されることも危惧された。

リコルドには、捕虜救出遠征隊の日本派遣をアレクサンドル一世に却下された記憶が、まだ生々しかった。これまでの経験から判断して、リコルドの願い通り、イルクーツクで公式文書を作成してもらえるか否かは、不透明であった。それに比べ、高田屋嘉兵衛が帰国できるか否かが、ロシア人捕虜の解放を左右することは確実だった。嘉兵衛の援助があれば、ロシア人捕虜の解放だけでなく、日本との通商関係を結べる可能性すらあった。彼は計画を変更し、オホーツクへは寄らずに、日本に直行することを嘉兵衛に約束した。

儀礼による約束確認

リコルドの約束の言葉を聞いた嘉兵衛は生き残った二人の水夫をよび、この知らせを伝え、リコルドにこの場を離れてくれと頼んだ。

リコルドはこの時の様子を次のように書いている。「嘉兵衛は帯剣し正装に身をただし、二人の水夫を従え自室を出て私に謝辞を述べだした。意外の感にうたれ、この善良な日本人の感情に感激した私は、自分の約束はかならず果たすと断言してやった」(Рикорд. 1816)、嘉兵衛は正装に身をただし、金蔵と平蔵を従え、改めて謝辞を述べたことで、リコルドと嘉兵衛の約束を正式なものに格上げしたのであろう。威儀を正した彼の正装姿の効果は抜群であった。彼の姿を見てリコルドも襟を正し、前言を翻さないことを再確約したのであった。

ペトロフスキーの依頼を断る

ペトロフスキーがペトロパヴロフスクに到着した。町では大砲を八発ならし、七二人が隊列をつくり、「ウラー（万歳）」を三唱した。翌日、ペトロフスキーは一六歳になる娘を連れて嘉兵衛の所に会談に来た。嘉兵衛は日本の上級役人（ナチャリニク）と思われていた。来訪目的は、日本人は当地で無事で暮らしているので、ロシアが日本沿岸に接近した時に、発砲しないでほしいという手紙を書くよう、嘉兵衛に依頼することだった。嘉兵衛は彼の依頼に対し、拉致してこられたうえに、三人が死んでいるので、そのような手紙は書けないと峻拒した。ペトロフスキーは嘉兵衛の言い分に納得している。その一方で嘉兵衛はペトロフスキーが帰宅する時に、ガラスの徳利に日本酒を入れ、飯びつに二升の米を入れ、贈呈している。嘉兵衛は、言うべきことをきちんと言い、相手の申し出を断ったことにより人間関係を悪化させてはいない。贈答品を渡すことで、ペトロフスキーも人的ネットワークに組み入れている。別れに際して、嘉兵衛はペトロフスキーとも娘とも三度口付けをするロシア式の別れの挨拶をすることでロシア人を喜ばせた。

リコルド、嘉兵衛との約束を守る

四月に入ってディアナ号では航海準備に着手しようとしていた矢先に、リコルドはイルクーツク県知事トレスキンから命令をうけとった。そこには、皇帝の裁可を得たカムチャツカ大改造の新方針を、長官の資格において実施せよと書かれてあった。この勅令は、一八一二年四月九日に発布されたもので、九〇条からなる国家プロジェクトであった。このプロジェクトを実行するために、カムチャツカの役人、すなわち、長官、事務官、巡視警視、書記二名、医者二名とその弟子三名の人員を配置することが認められた。また陸軍では、百人隊、コサック軍下士官五名、コサック五〇名が配置され、海軍では、ペトロパヴロフスク湾に、長官の補佐役をかねる中隊長一名、中尉一名、海軍少尉二名、実戦部隊隊員九七名、非実戦部隊隊員二一名が配備されることになった。さらに、ペトロパヴロフスク港の整備に、年間五〇〇〇ルーブルが割り当てられることになった（Сгибнев, 2008）。

まさに一大国家プロジェクトであったが、優秀なリコルドをロシア行政にとられたのでは、帰国がおぼつかなくなると嘉兵衛は恐れた。しかしリコルドは嘉兵衛との約束を忘れなかった。彼はカムチャツカ統治を一時ルダコフに委任し、日本に直行することにした。

大物を演出　五月、氷を割ってディアナ号を沖へだした。嘉兵衛は乗組員や艦長が乗り込んでいたので、いつ出帆するか尋ねた。イルクーツクからペテルブルグに出した出帆伺いに対する返事が届いたら、すぐにも出帆するとのことだった。

嘉兵衛たちはリコルドからの許可を待ちきれず五月四日になると乗船した。するとリコルドは激怒して、案内もなく勝手に乗船することはロシアの習慣にはないと、下船を命じた。下船して陸で待っていると、水兵一五人と船頭が艀《はしけ》で迎えに来て、鬨《とき》の声をあげながら、本船まで運んでくれた。リコルドは、嘉兵衛の頼みを聞き入れ、イルクーツク県知事トレスキンの命令を一時棚上げにして、彼を日本に送還する決意を固めていた。そうであるからには、嘉兵衛が日本の有力者であることをアピールする演出が必要であったのである。

首都からの許可はまだ届いていなかった。覚悟を決めたリコルドは、万一不許可の手紙が届くと厄介なことになるので、急遽出帆することにした。

7　嘉兵衛の秘密兵器

『蝦夷物語』から聞こえる肉声

前述したように、嘉兵衛は長官の家に住んでいたのを利用して機密文書を盗み見ることで重要情報を収集していた。ロシア人や中国人に頼めない機密文書解読もあったであろう。嘉兵衛の秘書的人物の存在が『蝦夷物語』には描かれている。この文書は渡辺月石《わたなべげっせき》が嘉兵衛の弟の話を聞き取りまとめたものであり、生々しい絵や話が書かれている。渡辺月石は、淡路島出身の文人で、俳句や絵画をたしなみ、淡路を代表する郷土誌のひとつである『淡路堅磐草《あわじかきわぐさ》』を著した人である。性を含む庶民の日常生活や文化に関心のある月石は『蝦夷物語』にも、嘉兵衛の男女関係を描いている。女性と嘉兵衛の親密ぶりを描いた絵師・泥亀舎とは、渡辺月石の別号である。

従来、『蝦夷物語』は、絵や内容が不謹慎であるとして、まともに取り上げられてこなかった。しかし、そのなかに合載されているラクスマンやレザノフ、フヴォストフ、その他の事件に関する記述はおおむね正確である。もとより、江戸時代特有のおおらかな間違いは散見される。現代の高みにたてば、幕府の嘉兵衛宛の通達や明治の高田屋名誉回復の文書にさえ間違いを発見することはたやすい。当時の文書記述は正確なのが当たり前という現在の感覚で、往時の文書を切り捨てることはできない。当時の肉声が聞ける文書として利用しようと思う。

領主への帰朝報告

『蝦夷物語』には、嘉兵衛が帰国後、高貴の御前（阿波の殿様）に召され語った以下のような話が載っている。

かの客舎に於て私に給仕令め候美婦人才器ありて文筆絃歌よろづの芸にたづさはり就中彼地迄も茶の道流行と見へかの女是をたしなみ常に楽しみ候ひき

カムチャツカの客舎で嘉兵衛の身の回りの世話をした女性は才能豊かで、楽器を弾き、歌もうたい、茶の湯もたしなみ、筆もたつという。嘉兵衛の時代の上下関係は絶対的なので、拝謁した領主の前で嘘の話はしないであろう。しかも、この時期、嘉兵衛は病気で死を覚悟するようになっていた。信心深い嘉兵衛が冥土の土産を嘘で固めることはするまい。月石も淡路の人間なので、彼にとっても阿波藩主は領主である。封建時代の人間のメンタリティとして絶対的権威に語った話を捏造したりはしないであろう。

カムチャツカ歌妓をもらいうける

女性は嘉兵衛のもとに常にいて身の回りの世話をしながら、男女の関係でもあった。海の男である嘉兵衛には、寄港する先々に現地妻がいたようである。たとえば、彼の次男の嘉吉が実は四男であるとか、龍という娘がいたという文献も伝わっている。当時の慣習からして、妾腹の子供がいたであろうことは想像にかたくない。彼女もそうしたカムチャツカ妻であったと考えられる。

何時どうして二人は知りあったのであろうか。『蝦夷物語』は二人のなれそめを次のように語っている。「其処の掌司《しょうし》と覚しき処に至り是に見るに、傍に侍る一人色白く有才の体に見へける故、仕方を以我客舎に接伴せしめん事を乞ふ」。すなわち、嘉兵衛は掌司の所で彼女をみそめ、もらい受けてきたのである。

嘉兵衛の帰国が近くなった夜、二人はグラスの酒を酌みかわし、彼女は蛇皮の琵琶（おそらくは魚皮を張ったバラライカ）を弾きながら歌をうたった。

其唱歌は分らねども大に興に乗じ候ひし偖此歌は妾《ミズカラ》が作りし文句也と紙上に認め見せけれ共是又縄をたぐりたる如き文字にて読事能はざれば逗留中久しく逢なれて自然に日本の詞に馴ければ和《わ》解《げ》して申しける

和解とは和訳のことで、女性は日本語ができる。女性が歌をうたった後で、歌詞が分からない嘉兵衛のために、それを紙に書いて見せたことに注目したい。このことは文字にすれば嘉兵衛が理解できる可能性が高くなること、すなわち、彼の日頃のコミュニケーション手段が文字言語であったことを示唆している。

カムチャツカ歌妓はインテリメン女性か

月石は、口絵三頁の下図のようにカムチャツカ歌妓を描いてみせた。ロシア美人とかけ離れた乙姫のような女性として一笑に付されてきた挿絵である。

この女性はどのような民族の人であろうか。歌詞と絵から考察してみよう。

第一に、歌詞であるが、「モウシラス。イレザヌサヒチビ。カヤカルウ。ヒケツ。ノコサ。チリワダツ」という音形で、嘉兵衛によれば大まかな意味は、辛いと思っていた昔がなつかしい、それほど愛おしいあなた様との別れが辛いということである。筆者はこの歌詞をさまざまな言語の専門家にお送りして何語か特定しようとしたが、難しかった。あきらめかけたとき、イテリメン語の専門家の小野智香子氏から、断定はできないが、「場所と時代からみてイテリメン語南部語ではないかと推測される」とのご返答をいただいた。さらに、二〇一一年（平成二三）にカムチャツカを再度調査に訪れたとき、何人かのイテリメン人にこの歌詞を聞いてもらったが、分からないといわれた。ただ一人、アンドレイ・ブクロフ氏から二つの単語が認識できるとの回答があった。彼はペテルブルグ大学でイテリメンとその文化を研究している大学院生である。

イテリメン人はカムチャツカ半島の先住民族で、一七世紀末に半島がロシア領に併合されて、ロシア化された民族である。前述したように、イテリメンが自称で、ロシア語ではカムチャダールとも言われる。かつては東部・西部・南部の三方言があったが、現在は西部方言しか残っていない。嘉兵衛が書き残した歌詞は音組織のまるで違う言語の言葉をカタカナ表記したものである。たとえば、カタカナは一文字に必ず母音を含むので常に開音節となり、子音連続を表記することができない。しかもイテリメン語には子音連続が多い。さらに、南部方言と西部方言とはだいぶ異なっているので、確かなことはいえないが、『蝦夷物語』は、二〇〇年前に消滅したイテリメン語南部語を記録している可能性がある。
第二に、服をみてみよう。彼女が足を立てているのが、気になる。女性がこのような座り方をするのは、下にズボンのようなものをはいているからではないだろうか。それを考えるヒントがほぼ同時代に書かれた『魯西亜異聞』の「西蔵物語」にある。西蔵とは、嘉兵衛が抑留される六年前にフヴォストフによりペトロパヴロフスクに拉致されたエトロフ番人である。そこには次のようなことが書かれてある。

西蔵彼地ニ逗留中処々へ饗応ニ招カレケルニ、何へ往テモ歌妓ト思シキ美婦人多来リ。笛、琵琶或ハ三味線ノ形ニ似タル楽器ヲシラベテ歌カナデ邦ノ上馬袴に似てスソ広袴ヲ着シテ舞、其ノサマ琵琶ニ似タル楽器名をスケッレバーツアといい、三味線に似タル楽器名ヲバラライカと云

西蔵たちが饗応をうけた際に歌妓が同席したが、彼女たちは、皆美人で広い裾の乗馬袴に似たものを着用しており、スクリプカ（バイオリン）やバラライカ（三角形の共鳴胴をもつ三弦の撥弦楽器）を演奏したという。弦楽器はロシアの楽器だが、服装はズボンをはいている点が一八世紀のロシア女性ではないことの確証となる。北海道立北方民族博物館に問い合わせたところ、学芸員の中田篤氏からインテリメン女性はズボンを着用するとの返答をいただいた。自分自身でもクラシェニンニコフの『オピシャ ゼムリ カムチャトキ（カムチャツカ地誌）』で確認したところ、ズボンをはいていることが確か

カムレイカを着たイテリメン女性

クフリャンカを着たイテリメン女性

められた。さらに、一七四一年（寛保元）にベーリングとともにカムチャツカ探検に参加したゲオルグ・ステラーを読むと、女性のズボンはゆったりしていてフランス農婦のパンタロンのように膝のところで広くなっているという。また、普通は赤い色に染めるという。

女性が下に着ている上着は、ハバロフスクの民族学博物館で調査したとき副館長さんからハラト（長衣）かもしれないとご教示いただいた。しかしハラトは前があくタイプの服であり、イテリメンの衣服を記述したクラシェニンニコフやステラーが頭からかぶるのが特徴であると記述しているのと矛盾する。思い切ってカムチャツカ州郷土博物館で再度調査することにした。その結果、カムチャツカ諸民族はアムール流域の諸民族が着ているような前があくハラトではなく、前が開かない服を着用することが確かめられた。

床に座っているイテリメン人
（イテリメンは穴居生活をするので，テーブルなどは使わない）

次に、女性が上に着ている服であるが、いくつかの可能性がある。常用するのは、クフリャンカといわれる上着で、大黒屋光太夫が記述したパルカと同じカテゴリーのイテリメンに典型的な衣装である。パルカもクフリャンカも毛皮でできており、クフリャンカは一重でパルカは二重の毛皮である。口絵三頁の下図ではそれほど防寒性は感じられない。親子三代が一緒に暮らしているイテリメン女性スーズダラロヴァさん宅を訪問し訊ねてみたが、二〇五頁の写真のような軽いカムレイカではないかとのことであった。これだとベルトを締めることもあるとのことであった。

筆者はクフリャンカかカムレイカか、特定するだけの資料を持ち合わせていないが、いずれも袖口が広いので、腕を上にあげた場合、半袖のように上にあがる。どちらにも、イテリメンの衣服の特徴である毛の縁取りがある。さらにイテリメンは模様として太陽をシンボライズする丸い模様を多用する。

第三に、しぐさをみてみよう。ロシア女性なら床に直に座って食事はしない。イテリメン人は穴居生活なので、床に直に座る。クラシェニンニコフの著作には室内にいるカムチャダール女性のイラストがあるが、椅子ではなく、日本のように直に床に座っている。

カムチャツカ歌妓のアイデンティティ

この女性の身元は何か。女性は作詞作曲ができ、楽器が弾け、茶を点て、猿と思しき動物も使える。これだけ沢山の芸事ができることから判断して、西蔵たちを歓迎する時に呼ばれたような歌妓であろう。『蝦夷物語』によれば、妓女は蛇皮の琵琶を弾くという。西蔵の話と重ね合わせると、ロシアの楽器であるバラライカを弾いていたのではないだろうか。バラライカは、弓で弦をこすって音をだすバイオリンなどと違って弦をはじいて音を出す。この点で琵琶と似ている。貼り付けた蛇皮は魚皮に似ている。魚皮を貼り付けたバラライカを蛇皮の琵琶と思ったのではないだろうか。北方では蛇皮のものは考えられないが、魚皮であれば、たとえば間宮林蔵が『北夷分界余話』で書いていることを、国立民族博物館副館長の佐々木史郎先生にご指摘いただいた。

次に、歌妓の作詞作曲の才能と、楽器が弾けるということに着目したい。クラシェニンニコフやステラーは、イテリメンの民族的な特徴として、音楽の才能があることと、音楽が彼らの主要な娯楽であることを指摘している。

イテリメン人のスーズダラロヴァさん一家

ただ彼女がイテリメン人であれば、文字が書けるという特徴をどう考えればいいのか。イテリメンは文字を持たないので、彼女が持つ読み書き能力の高さは、一見イテリメンと民族的帰属先を同定する妨げになるように思われる。しかし、ロシアはカムチャツカを征服して教会や学校を開いたので、この時代には読み書きのできるイテリメンが現れていた。一七四〇年（元文五）にはロシアはほぼカムチャツカを制圧し、一七六二年（宝暦一二）の段階では八九九二人のイテリメンがキリスト教に帰依し、カムチャツカにある教会は八堂を数えていた。すべての教会で読み書きや算術を教えた（Курохтина, 2008）ので、イテリメン女性が文字を書けても不思議ではない。

ロシア人に征服されたカムチャツカ先住民のイテリメン女性は、ロシアの同化政策により洗礼をうけ、ロシア名を名乗っていたであろう。後述するように、それはオリガだと考えられる。しかし、征服されてそれほど年が経っていないので、イテリメンとしてのアイデンティティを無くしていないはずである。彼女の衣服や立ち居振る舞いは北方少数民族に近い。嘉兵衛の頼みを受けて宿舎で公的文書を盗み見ても、国を裏切っているといううしろめたさを感じることはなく、アイデンティティ危機に陥ることもなかったであろう。宿舎のロシア人がミサに出かける日曜日に教会に行かず、いつも嘉兵衛と宿舎に残っていても、にわか正教徒のイテリメン人であれば不審に思われない。

イテリメンとアイヌ

カムチャツカ州郷土博物館が、イテリメン、エヴェンキ、コリャク、アイヌを扱っていることからも分かるように、ロシアがカムチャツカに到達したころまではカムチャツカ南端にはアイヌが住んでいた（Крушанов, 1990）。また、イテリメンもシュムシュ島やパラムシル島に住み着いており、両島ではアイヌとイテリメンの混血が多かったという（Крашенинников, 1949）。また、菊池俊彦氏によると、オンネコタン島でも両民族は交易や結婚により、言葉が通じるという（菊池俊彦、一九九五）。さらに、ポロンスキーによれば、一七七七年（安永六）にウルップ島へ向かうシャバリンの船にはカムチャダールが乗っており、シムシル島で越冬している（Полонский, 1871）。イテリメンもアイヌも当時は共に文字を持たなかったので、交流の様相は異民族の記述に頼るしかないが、両民族の間のパイプは古くから続いていることがわかる。ロシアの研究によれば、カムチャッカ半島のクロノク以南の東海岸ではシャチのことをアイヌ語と同じく「カムイ」と言う（Крушанов, 1990）。

嘉兵衛の宿舎には日本から連れてきたアイヌのシトカが起居していたので、怪しまれることなく、嘉兵衛とシトカはイテリメン女性から情報を収集できたのではないだろうか。嘉兵衛の高度な情報収集力は千島列島とカムチャツカ半島の先住民たちを人的ネットワークに組み込めた賜物であろう。

嘉兵衛は一庚辛待の日にカムチャツカ歌妓から嘉兵衛の子どもを身ごもったことを告げられた。この日は、寝ないで徹夜する習俗があった。中国の道教に由来する禁忌で、その夜眠ると、三尸《さんし》が体内から抜け出て天帝にその人の悪事を告げるといわれた。その時の模様は以下のようである。

別れに臨み私にひしとまとい付口を吸不思議の縁でをち人〔遠い人〕にあひなれ参らせ今別るゝ事の本意なさよと殊におなかもたゞならぬ身と成侍りぬ我をもつれて帰り給へと纜〔ともづな〕に取付すがりていいたく歎く有様は俊寛が面影に思ひくらべていぢらしかりき。されど心よはくては叶はじと余処に見捨て帰り候ひしと物語ける（『蝦夷物語』）。

子どもを宿した女性は、自分も日本へ連れていってと纜《ともづな》（艫のほうにあって船をつなぎとめる綱）にすがった。嘉兵衛は心弱くては叶わじとカムチャツカに見捨てて帰ってきたといっている。「腹なる子を産落し成長の上舟の便に遣すべし」という女性に対し、嘉兵衛は「異国の女の腹に出生の子日本に引取事御上への恐れあれば指越事堅く無用」と言っている。嘉兵衛の艶話は、「ロシア」と「堕胎せよ」をかけた「おろしやおろしや」という彼の言葉で終わっている。さらに、女性の「舟の便に遣す」という言葉は、ヒトの移動が容易であることをも示していよう。

第九章　クナシリ島における日露交渉

1　三度目のクナシリ島

急遽クナシリ島へ出帆

一八一三年（文化一〇）四月、ディアナ号は日本に向け出帆した。前年八月にクナシリ沖で嘉兵衛たちを拉致してから約八ヶ月が経過していた。通訳も手配していたが、予定よりも早くに急遽出帆することになったので、まだ到着しておらず、オリカを連れていくことになった。まだ海は完全には解氷しておらず、流氷が流れていた。しかし、三人の仲間がカムチャツカで死亡したうえに、嘉兵衛にも脚気の症状がでており、一刻の猶予もならなかった。日本に直行することにしたので、オホーツクで受け取るはずのイルクーツク知事の釈明書ももっていなかった。取るものもとりあえず飛び出したというのが実態である。嘉兵衛の命がある間に何としても交渉しなければならなかった。しかし濃霧にたたられ、ディアナ号がクナシリの泊湾（背信湾）に着いたのは一八一三年（文化一〇）五月二八日のことだった。

旗合わせの約束

リコルドは、嘉兵衛が航海中、船の走り方、里数などを観察しているのに気づき、日本でこのような軍船を建造し、ロシアと戦争をするつもりかと尋ねた。それに対し嘉兵衛は以下のように答えた。

能く察せられたり我いよいよ両国不和になり候はは此船の造方甚心に適せす此上種々工夫して日本諸侯方へ申出し数艘の軍艦を製し魯西亜の奴原のこらす打殺し候兼而の心得也其時我も一艘の大将となり山高の船印をおし立艤せ向はん足下必ず我乗船也と知て馳せ来られよ先無事の挨拶いたし其上引別れて一戦に勝負を決し可申昨年クナシリにては縛られ候へとも又戦に及ぶ時は決して負る事なしと中大に笑ひ候へは彼も笑ひ扨々面白く答られ候と手を拍て大に悦び申候

（『高田屋嘉兵衛遭厄自記』）

日本が軍艦を建造したあかつきにはロシア人を一人残らず撃ち殺す心積もりであるといい、その時には嘉兵衛も「山高の船印」を押し立てた船の大将をつとめるので、無事の挨拶をすませたうえで、リコルドと一戦交えようといった。リコルドは嘉兵衛の面白い答えを聞いて拍手して喜んだ。ロシア海軍軍人リコルドと「侍」嘉兵衛の間で、万一日露開戦になった場合、敵味方に別れて堂々と戦おうと、戦いのエチケットを決めたのだが、この旗合わせが高田屋取り潰しの理由に悪用されることになる。

不思議なことに、ディアナ号がクナシリ沖に姿を見せても日本側からの発砲はなかった（Рикорд, 1816）。嘉兵衛は、それを予知していたようで、金蔵と平蔵に陸からは発砲はないので「安心」せよと言っている（『高田屋嘉兵衛遭厄自記』）。

金蔵と平蔵上陸

リコルドは金蔵と平蔵の二人を上陸させ、ロシア人捕虜の様子をクナシリの役人に訊ねさせることにした。リコルドは二人のうち一人を翌日返事をたずさえて帰艦させよとの依頼書を書くよう、嘉兵衛に言った。嘉兵衛は日本人が日本に帰るのに、注文をつけられる筋合いはない、両人を上陸させる以上、その後のことは日本のお役人が決めることだと言い放った。

日本で日本人が従うのは日本の法である。嘉兵衛はロシアの捕虜ではないというスタンスを貫いてきたつもりであった。しかし、リコルドはそのあたりの違いをあまり理解していないようであった。リコルドは嘉兵衛の反応をみて、金蔵と平蔵に直接むかって次のように言った。クナシリの役人がロシア人捕虜の運命について知らせてこないなら、それをロシアに対する敵対行為とみなし、嘉兵衛を再びオホーツクへ拉致し、年内にオホーツクから日本へ軍艦を派遣し、武力で捕虜釈放を勝ち取るとクナシリの役人に伝言せよ。さらにリコルドは回答をもたらすのに三日の期限を与えると言った。嘉兵衛は金蔵と平蔵を無事に上陸させたうえで、日本人である証をロシア人に示す決意を固めた。

弥吉とふさへの形見を託す

金蔵と平蔵は二人だけで船を離れるのを嫌がった。親方一人を残して上陸できないという金蔵と平蔵を叱りつけ、無理やり上陸させた。嘉兵衛は髷を切り落として遺髪とし、妻子への形見として彼らに託した。仏画は妻のふさに、太刀は「唯一の跡継ぎである一人息子に届けてくれ」と、頼んだ（Рикорд, 1816）。嘉兵衛が弟に語った話から、仏画は淡路島先山千光寺の観世音菩薩像であると推察される。家族への遺言としては「死すべき儀によって死んだ」と伝えよと申し聞かせた。嘉兵衛は「我が命は明後朝まで」と言い、討ち死にした後は、かねて申し聞かせておいた通りに、かの地の様子を逐一御役人方へ申し出よ。死んでも犬死はせず、ロシア人に一泡ふかせてから潔く切腹するので、悔い嘆くことのないようにと申し聞かせた（『高田屋嘉兵衛遭厄自記』）。

2　リコルドと嘉兵衛

二人の喧嘩

リコルドが金蔵と平蔵を上陸させたのは、ロシア人捕虜の安否を確認するためだった。

一方、嘉兵衛が二人を上陸させたのは彼らを助けるためだった。嘉兵衛の意図を知ったリコルドは逆上のあまり、嘉兵衛をオホーツクへ再び連れて帰るとさけんだ。嘉兵衛は、リコルドとはこの三〇〇日の間で肝胆相照らす間柄になっていたが、日本の役人に対する脅迫めいた伝言に怒りをおさえることができなかった。

二人は喧嘩をはじめたが、嘉兵衛は突如喧嘩を中断し、寝床に入り寝入ってしまった。四時間ほど睡眠をとり、頭を冷やしたのだ。冷静になると起き上がり、二人はお茶を飲みながら再度話し合った。嘉兵衛は頭巾をとり、髻を切った頭を見せ、七二人のディアナ号の船員ときり合ったうえで切腹すると覚悟を披瀝した。

嘉兵衛の啖呵

嘉兵衛はベッドの脇から焔硝《えんしょう》（火薬）五〇袋を取り出し見せた。さらにもろ肌を脱いで、小刀二刀、剃刀一刀をさらしに巻いた体をみせ、啖呵を切ったが、ロシア人は怪訝な顔をするばかりであった。遠山の金さんのようにもろ肌をぬいで啖呵を切るという喧嘩コードはロシア人には通じなかった。嘉兵衛はディアナ号を焼き討ちにしようと思ったが、復讐のために船を焼払えば日露の戦争になる恐れもあることに気づき、思いとどまった。小さい頃から喧嘩早かった嘉兵衛は気持を抑えることができず、やぐらに上がり、リコルドに上にあがってきて、勝負をつけるよう挑んだ。やぐらの上の嘉兵衛と甲板の上のロシア人乗組員たちの間でにらみ合いが続いた。

一任の取り付け

折れたのはリコルドであった。七二人で一人を相手にするような卑怯な真似はできないとして、嘉兵衛に上陸させる約束をし、丸腰になって一人でやぐらの上にあがって、謝罪した。船も七二人の乗組員も全員嘉兵衛に委ねる、手向かいしないので、日本にとりなしてほしいと次のように嘉兵衛にいった。「善し悪しともあなたお一人にお任せするので、すぐにでも上陸してほしい」。高田屋嘉兵衛は、脅かされてロシアの言いなりになる捕虜ではなく、一任を取り付け、国と国をつなぐ仲介者として上陸することになった。リコルドは当初ゴロヴニンと嘉兵衛を人質交換するつもりであったが、嘉兵衛に一任することにした。

上陸を急がず

大暴れをして疲れたうえに、夕方になっていたので、嘉兵衛は翌日に上陸することにした。嘉兵衛は次のように言った。

別れに臨み、暇乞も碇に致さず候ては、甚だ不本意成る事に候故、今宵は、互ひに隔てなく積る物語りもいたす間、面白き談あらば、本国の土産に聞せ候へ（『高田屋嘉兵衛遭厄自記』）。

暇乞いに積もる話をしようという嘉兵衛の提案に、リコルドをはじめロシア人は感激し、酒肴を用意して語り明かした。その夜は乗組員全員による嘉兵衛の船上歓送会となった。

リコルドの謝罪文

嘉兵衛は朝方になって上陸するにあたり、ロシア側の謝罪文を要求した。前述したように、リコルドはイルクーツク知事からの謝罪文を持参せずに来航していた。当てにならない釈明書を待つより、嘉兵衛の蝦夷地における人脈や抜群の交渉力にかけることにしたのだ。彼は嘉兵衛の助言に従って自らが、以下のような謝罪文を作成した。

一先年ホウシトフ日本御支配内蝦夷の島々御仕入物を盗取焼払ひ其上人を捕へ候段甚不埒の始末右の様子此度高田屋嘉兵衛に篤と承り候て驚入候委細の義は嘉兵衛に相頼み候幾重にも誤可申候間何卒被生捕候魯西亜人速に御返し被下度奉願上候尤ホウシトフ義は町人商船に御座候て我等一向右の始末も是迄委敷存し不申候前文の通嘉兵衛へ能く頼遣し候間宜敷御奉行様へ御取成被下度奉願上候

以上

カムシヤツカ役人　イリコルツ

クナシリ島御詰合御役人中様

（『高田屋嘉兵衛遭厄自記』）

リコルドはフヴォストフの行為を「不埒」と認め、「幾重にも陳謝」すると謝罪している。心のこもった謝罪文といえる。嘉兵衛は上陸に際し船員たちに世話になった礼を言った。嘉兵衛は乾杯をして「高砂」の謡、「四海波静か」をうたった。リコルドは名誉にかけて帰艦を確信していると嘉兵衛に言った。嘉兵衛が帰艦しなければリコルドの命もなかった。

3 嘉兵衛上陸

全幅の信頼

上陸を許されることになった嘉兵衛はリコルドの書状を送り届け、五日以内に戻ってくることを約束した。リコルドは敬意を表し、みずから帯剣せずにボートで陸まで嘉兵衛を送った。ボートに乗組み、望遠鏡で陸を見ていたリコルドは、出迎えに出てきた金蔵と平蔵を見つけ、嘉兵衛に確認するよう望遠鏡を渡そうとした。嘉兵衛はリコルドが見たのであれば再度確認する必要はないと、彼への全幅の信頼を表した。

リコルドは上陸するにあたり、日本の土を踏んでもいいか嘉兵衛にたずねた。もはやリコルドは嘉兵衛を捕虜扱いしていなかった。金蔵と平蔵は上陸後、陣屋に行き、そこで用意してあった松前からの書状を受けとり嘉兵衛に手渡した。その時の様子を嘉兵衛は以下のように書いている。

金蔵平蔵参り御陣屋御役人より箱物一つ嘉兵衛へ贈られ候旨申右は嘉兵衛承知の義に候間早く持参

候様被仰付候と申述相渡候（『高田屋嘉兵衛遭厄自記』）

ロシアを代表するリコルドにあてた公文書を金蔵や平蔵に持たせるのは外交上非礼であった。嘉兵衛は自分がそれを陣屋に戻すことにした。その理由は第一に、陣屋に堂々とのりこむ口実ができることであり、第二に、役人の許可を得て嘉兵衛自身がロシア側に再配達することで文書が正式にものになるうえに、ディアナ号に戻る口実ができるからであった。

「嘉兵衛承知の義」という金蔵と平蔵の言葉は、嘉兵衛と奉行所の間に情報のやりとりが既にあったことを示唆している。

嘉兵衛の立ち位置

嘉兵衛は金蔵と平蔵から書状を受け取ると、リコルドに「万事こちらの思い通りに」すすんでいると言った。「こちら」という言葉を使ったことからも分かるように、この時の彼の立ち位置はロシア側に片足があった。嘉兵衛は「こちらというのは自分は半分ロシア人であるから」（Рикорд. 1816）と説明している。リコルドは金蔵と平蔵が手渡した書状をその場で開封したがったが、嘉兵衛は、開封せずにクナシリ島在勤の役人に返却するよう勧めた。リコルドは嘉兵衛の言葉に従い、白いハンカチを二つに裂き、その半分を嘉兵衛に渡し、「お前が私の親友なら、明後日か明々後日か遅くともその翌日までにハンカチをもって帰ってくるに違いない」と言って、ディアナ号に引きあげた。

嘉兵衛が書状を持参してクナシリの陣屋に到着すると、クナシリ調役並の増田金五郎、太田彦助ら

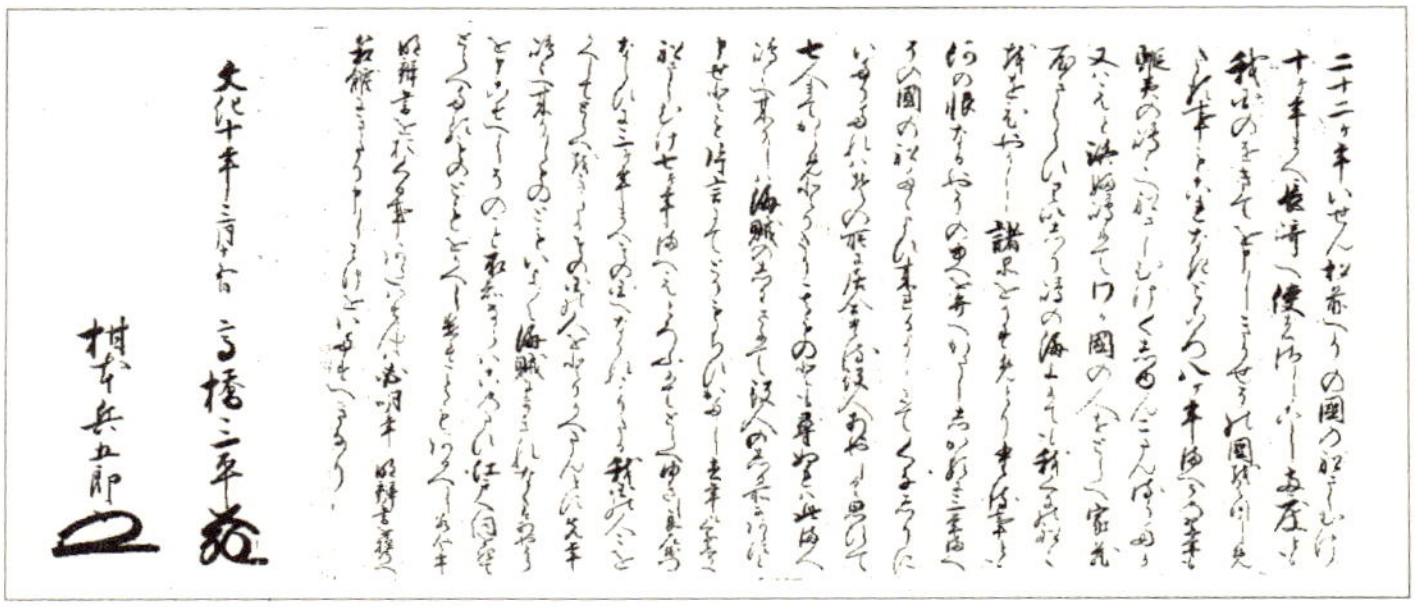

高橋三平と柑本兵五郎の教諭書
（「明年明弁書を携へ箱館にきたり申しわけをいたすへきなり」と諭す教諭書）

が現れた。嘉兵衛に対する扱いは異国から帰国した罪人の扱いであった。役人たちは床几に座り、嘉兵衛は庭にむしろをひいて、そこに座らされた。嘉兵衛は太田彦助の尋問を受けた。嘉兵衛は人払いを頼んだうえで、事情聴取に応じた。嘉兵衛は陣屋のなかには立ち入ることは許されず、門の外に仮小屋を造ってあるので、そこで休息をとるように言われた。嘉兵衛を取り調べた増田と太田は「露西亜船取扱方伺書」を書き、松前奉行の指示を仰いだ。

高橋三平と柑本兵五郎の教諭書

役人の眼前で嘉兵衛が先ほどの書状を開封すると、それは吟味役の高橋三平と柑本《こうじもと》兵《ひょう》五郎《ごろう》からの書状で、以下のようなことが日本語とロシア語で書かれてあった。

二十二ヶ年以前、松前江其国之船さしむけ、十一ヶ年前、長崎江使者差越、両度共我国の掟を申聞せ、その国を辱しめたる事も無之処、八ヶ年前、其翌年も、蝦夷の島々江船さし向、クシュンコタン、ルウタカ又はエトロフ島にて、我国の人々をとらへ、家倉焼払ひ、リイシリ島の海上にても、我国の船々を劫し、諸品を掠め取たる事とも、何の恨なるや、其故を弁へ難し、（中略）先年島々江来りしものとも、弥《いよいよ》海賊にまきれなくは、あやまりを申越すへし、其事承知ならは、此度江戸江伺ひ置て、捕へたるものともを帰し遣すこともあるへきなれは、来年箱館迄船をさし越、申訳をいたすへきなり（『通航一覧』巻三二〇）

日本側ではディアナ号が来航する前からあらかじめ高橋三平と柑本兵五郎の連名で教諭書を用意し、クナシリ島の役所に回していた。フヴォストフ事件に関し、襲撃はロシア政府の意図でないことを表明する書状を持参すれば、ゴロヴニンたちを解放するというものであった。文書は日本語だが、ロシア語の訳が添えてあった。これをロシア人が来航しそうな所に置いたのである。筆者はこれと同内容の異文を、モスクワの外務省外交史料館とペテルブルグのロシア国立歴史文書館（二一九頁の図）で確認している。

嘉兵衛はリコルドの書状を差し出した。日本側の要求通りの内容ではあるが、リコルドが差出人では一件落着とはならなかった。その理由は第十一章で述べる。

約束の帰艦　ディアナ号は翌日、海岸で白いハンカチを振る人影を認めた。嘉兵衛がクナシリの役人に頼まれた教諭書をディアナ号に届けに来たのだ。彼はロシア語訳も持参していた。リコルドは受領証を嘉兵衛に託した。こうして日本側により会談の場が長崎ではなく、箱館に指定された。これは日本側が従来ロシアに示してきた方針（異国との交渉は長崎で窓口一本化）から逸脱するものであった。

日本側自らが長崎でなく、箱館を指定した経緯については、藤田覚氏の研究がある。それによれば、ゴロヴニン釈放の対応策をめぐり、国法（鎖国の祖法）遵守を対応の基本と考える牧野忠精たち老中はゴロヴニンを漂流民送還の国法に従って長崎へ送ることを主張した。しかし松前奉行の荒尾成章は蝦夷地を「限外」、すなわち国法の適応外の地と規定することにより松前から送還すべきであるとした。ゴロヴニンの釈放が長引けば、ロシアと戦争になる恐れがあることから、戦争回避のため国法を解釈しなおして早期に松前から釈放すべきという松前奉行の主張が通ったという（藤田覚、二〇〇五）。

リコルドは、箱館到着後の交渉の仲介をする二人の日本人をディアナ号によこしてもらえるなら、直ちに箱館に行く用意があるとの回答を文書にしたため、嘉兵衛がそれを届けた。クナシリ陣屋ではその書状を直ちに松前に届けた。

リコルドは松前からの回答を待つ間、背信湾の測量をしたいと陣屋の役所に許可を求めたが、丁寧に拒否された。

ディアナ号と陸の間を往復

嘉兵衛は三日に一度はディアナ号を訪ね、そのたびに魚などの生鮮食品を届けた。

リコルドは日本側の文書を読み驚いた。蝦夷地来寇事件に対する謝罪を要求するだけで、高田屋嘉兵衛を拉致したことに対し、非難めいたことが一言もないからである。嘉兵衛は日本政府が友好的交渉をする気なので、表沙汰にしていないのだと説明した。嘉兵衛の外交交渉は国家権力の暗黙の承認を得ているようであった。さらにリコルドは次のような嘉兵衛の話を伝えている。

嘉兵衛は、ロシア人が殺害されたという虚偽の情報を日本側が流したのだから、拉致行為は当然だといった。この当時、ロシアとの開戦を前に、三〇〇人の日本人が戦死を覚悟して、それぞれ遺髪を作り、自分の名前を書き、一緒に函におさめていたという。日本の大砲は豊臣秀吉時代のものであり、負け戦は覚悟の上であった。しかし、日本人は蝦夷地襲撃事件でロシア人が酒に目がないのを知っていた。酒に毒を入れる用意をしていたので、ロシア側も帰国することはできなかったであろう。流血の大惨事になるところだったのだ（Рикорд, 1816）。

ゴロヴニンとムールの直筆の手紙

七月一八日、嘉兵衛はゴロヴニンと海軍少尉F・F・ムール連名の手紙をディアナ号にもたらした。

ゴロヴニンとムールの手紙には「われわれは全員、士官も水兵もクリル人（アイヌ）のアレクセイも、松前で生存している」との二行が書かれてあった。二人の筆跡を見てリコルドは最終的に彼等の無事を確認できて満悦であった。以前に五郎次がゴロヴニン以下捕虜全員が殺害されたという情報をもたらしただけに、ディアナ号乗組員のなかには、ゴロヴニンたちの生存を信じることができない者も多かった。リコルドは乗組員全員を甲板に集め、ゴロヴニンの手紙を読んで聞かせ、回覧させた。なつかしいゴロヴニンの筆跡をみて、水兵の間から大歓声があがった。同胞の全員無事を祝して、乗組員全員がウオッカで乾杯した。

特別待遇の嘉兵衛

犯罪者となった嘉兵衛はクナシリ陣屋の外の堀建て小屋で起居せざるを得なかった。不自由なので、太田彦助に頼んで三〇人のアイヌと材木を都合してもらい、一戸建ての家を建て、そこで金蔵と平蔵と暮らし始めた。破格の扱いといっていい。さらに、太田は懐紙を落とすふりをして、息子弥吉からの手紙も嘉兵衛にこっそり渡した。鎖国破りの嘉兵衛は文通の自由を奪われていたのである。手紙には、妻のふさも元気であること、ふさは嘉兵衛の無事帰国を願い巡礼に出たこと、嘉兵衛の留守中も高田屋の経営は順調で船を二艘新造したことなどが書かれてあった。さらに家族の消息だけでなく、嘉兵衛の悲報を受けとり、全財産を貧民に分かち、世捨て人になった彼の親友のことが書いてあった。

リコルドの日本人礼賛

手記のなかでこの話を書いたリコルドは思わず叙情的逸脱を行い、ヨーロッパの読者に次のように語りかけている。

真の友情の稀有な例だ！　ヨーロッパの文明人たちよ！　諸君は日本人を狡猾で、残忍で、執念ぶかく、甘美な友情の感覚とは無縁の輩《やから》だと考えているが、そうではないのだ！　諸君は誤解しているのだ。日本には、あらゆる意味で人間という崇高な名で呼ぶに相応《ふさわ》しい人々がいて、偉大な国民的美徳が備わっている。その美徳はみならっても恥ずかしくないのみか、大いに賞賛されるものなのだ（Рикорд, 1816）。

当時、ヨーロッパの主要な日本イメージは「生まれつき残忍」というものだった。日本の切支丹迫害、わけても踏み絵の噂はヨーロッパ中に広まり、日本人の残酷イメージを形成した。たとえば、一七二六年に書かれたジョナサン・スイフトの『ガリバー旅行記』では、小人国や巨人国、馬の国などの想像上の国とならんで、現実の国では唯一、踏み絵を行う日本が登場していた。「人間と呼ぶにふさわしい人」としての新たな日本人イメージは、リコルドやゴロヴニンの手記の刊行・普及によるものであり、この事件以降、日本人イメージは大きく変わることになる。

吟味役・高橋三平

一方、クナシリ陣屋からの第一報を受けた松前奉行所は、その日のうちに高橋三平のクナシリ島派遣を決めた。アイヌのアレクセイと水兵のシモノフも一緒だった。七月二六日（和暦六月一九日）、高橋を乗せた長春丸が入港した。

翌日、嘉兵衛はディアナ号に到着すると、松前奉行吟味役高橋の名代に指名されたことをリコルドに告げた。こうして、ロシアとの仲介は引き続き嘉兵衛が当たることになった。嘉兵衛は「鎖国」日本では異国帰りの罪人になっていたが、日露の難しい交渉をまとめ上げることは、余人をもってはできなかった。嘉兵衛は衣服を改めたうえで、日本側が捕虜釈放の条件として要求する条項を読みあげた。第一に、フヴォストフはロシア政府の関知・承認を受けずに、千島列島ならびにサハリン（カラフト）において違法行為をなした旨、公文書の形式をとり、ロシアの高官二人が署名捺印した証明書を日本政府に持参すること。第二に、日本からの略奪物資のうち兵器は日本から奪った戦利品であると見なされないよう返還されるべきこと。フヴォストフが略奪品を持ち帰ったオホーツクにもはや存在しない場合には、その旨の特別証明書をオホーツク長官より送致すること。第三に、カムチャツカ長官の書状に指摘されている高田屋嘉兵衛拉致については、関知しない。その理由は、当時高田屋嘉兵衛がクナシリ島から送った上申書によれば、嘉兵衛は自己の希望により露艦でカムチャツカに向かい、配下の四人の水夫とアイヌも同行する旨を述べているからである。第四は、本年度中に露艦が日本政府の要求する証明書と釈明書をオホーツクから箱館に持参することを望む。高橋三平と柑本兵五郎はカムチャツカ長官が証明書と釈明書を持参するのを待って、ロシア人の返還を江戸に請願する。以上である。

ゴロヴニンからの密書

水兵のシモノフはリコルドと二人きりになると襟の縫い目をほどいてゴロヴニンの手紙を取りだし、彼に渡した。ゴロヴニンは事件収拾のためには、州あるいは県の長官からの官印のある公式の保証書がいることを告げていた。さらに日本にはロシアと通商関係に入る可能性もあるとも書いていた。さらに日本側と交渉をする場合は、日本の誠実さをたやすく信じないこと、交渉にあたっては陸岸から着弾距離外のボートの上でなければならないことを忠告していた。加えて、警戒、忍耐、礼儀、公明正大を忘れないようアドバイスしていた。交渉が決裂し戦争になった場合のアドバイスは、シモノフに口頭で叩き込んでおいたと書いてあった。しかし、シモノフは仲間に再会できた感激ですべて忘れてしまい、何を聞いても「全部手紙に書いてあります」と繰り返すばかりであった。

リコルドは、ゴロヴニンと嘉兵衛の二人の親友のどちらの言うことを信じたらいいか、岐路に立たされた。彼は以下のように手記に書いている。

高田屋嘉兵衛という、われらの問題に対するその誠実な態度を信頼できる仲介者がいて、磐石のごとき彼の高潔な胸にすがっていたので、無用な対日警戒でわが身を守る必要がなかった。したがってゴロヴニンの手紙自体は、日本政府がわが政府に何を要求しているかを私が完全に知り得たという利益しかもたらさなかったが、これは疑いもなく、わが方にとってきわめて重大な収穫であった(Рикорд. 1816)。

4　文書交換

高橋三平はクナシリ島に出張してきたがリコルドと顔をあわせることはなかった。直接折衝を禁ぜられていたからである。高橋とリコルドが直接顔を合わせるのは、箱館交渉においてである。交渉はすべて文書交換の形をとった。嘉兵衛が泊の陣屋とディアナ号の間を往復して文書を運搬した。

通訳たち

それ以前の日露会談と比較した場合の嘉兵衛外交の特徴のひとつは、日本語とロシア語で直接交渉が行われたことにある。日本側通訳にはゴロヴニンの弟子の村上貞助《むらかみていすけ》、上原熊次郎《うえはらくまじろう》、馬場佐十郎《ばばさじゅうろう》、足立左内《あだちさない》がいた。ロシア側通訳には、帰化した漂流民キセリョフ善六がいた。第一〇章で後述するように、善六が参加するのは最終段階の箱館交渉の時である。クナシリ交渉の時点では、ディアナ号にいたリコルドは高田屋嘉兵衛とオリカ以外に、通訳のいないところで、嘉兵衛が持参する日本語の書簡を解読し、それに対応した。

リコルドと嘉兵衛は二人だけのコトバをつくり、会話したとよくいわれる。

嘉兵衛のロシア語能力

二人の会話を『高田屋嘉兵衛遭厄自記』と『対日折衝記』から再現してみると以下のようである。

「高田屋嘉兵衛、テンテン」（高田屋嘉兵衛、天だ）
「ツィーセイ、ツィーセイ、タイショー」（気が小さいぞ、艦長）
「タイショー、ウラー」（高田屋嘉兵衛に対する感謝の辞）
「フッシンギ！」（驚きだ）
「ノリモノ」（駕籠のこと）
「オーキー、オーキー」（尊敬していることを示す）
「クスリ」（教訓に富む話だ）
「ネンゴロ」（友人のこと）

ロシア滞在一〇年の伊勢漂流民、大黒屋光夫太の発話と同様に、語彙的にはきわめて短い不完全な文である。それだけにコンテキストの意味を取り込んで、状況に応じ、さまざまな情報を担うことができる柔軟性をもっている。たとえば「高田屋嘉兵衛、テンテン」であるが、「高田屋嘉兵衛」は呼びかけ語なので、結局、発話の意味を担っているのは「テンテン」だけである。嘉兵衛はこの会話を以下のように記している。

オロシヤ船長よりの挨拶に高田嘉兵衛テンテンと申天を指候故何事に候哉相尋候処我等昨日必死の軍いたし可申積の処其許生捕候に付子細相分り幸に命を助り目出度帰国いたし候命の親にて即天也と答へ候

すなわち、「テンテン」は、「昨日、決死の覚悟で闘うつもりだったが、あなたを生け捕りにしてゴロヴニンたちの無事が分かったので、私たちの命も助かり、めでたく帰国することができるので、あなたは命の恩人で親であり、天である」を意味している。これだけの意味を担っている。たしかに、バーバル言語で表現しなくても、相手とシチュエーションやコンテキストを共有できるのであれば、こうした発話でも十分通じる。たとえば、私たちが音声を消してテレビを見てもその内容の多くが理解できることは、経験的にも明らかであろう。

しかし、クナシリ島で行われたのは文書交換によるコミュニケーションである。文字言語情報の場合は、情報の受け手と送り手は時空を共有しないので、バーバル言語によりすべての情報を盛り込む必要があったはずである。嘉兵衛とリコルドの交わしたこのコンテキスト依存度の高い発話と緻密な外交文書の間には懸隔がありすぎる。

外交交渉の現場にいあわせた人の証言に耳を傾けてみよう。すなわち、一八一三年（文化一〇）五月二九日付の、クナシリ詰調役並の増田金五郎、太田彦助から高橋三平、柑本兵五郎に宛てた書状によれば、嘉兵衛たちのロシア語力は以下のようであったという。

右水主両人〔金蔵と平蔵〕は勿論、嘉兵衛とても、魯西亜語未相覚、中々通弁咄等出来候儀は無御座、手真似仕形を以、一言を漸々申候趣に付、此後得と通弁を以相尋候は丶、前書申立候内には、品々承違仕候廉も可有御座候得共、差急候儀に付、先此段申上候（『通航一覧』巻三二〇）。

これによると嘉兵衛も水主たちもロシア語ができず、ノンバーバル言語手段（手真似や仕方）を駆使していたようである。嘉兵衛のロシア語力だけでは文書交換コミュニケーションを行うのは厳しいものがあったのではないだろうか。

リコルドの日本語能力

リコルドの日本語能力はどうか。嘉兵衛はリコルドの日本語能力について、こんなことを言っている。「お前さん〔リコルド〕は日本語がかなり分かる。私が水夫たち〔金蔵と平蔵〕に簡単な言葉でしゃべる内容を理解できると思う」（Рикорд. 1816）。リコルドは、すでに初対面の時の面談で嘉兵衛が「シンドフナモチ（船頭船持）、すなわち、数艘の船の船長で船主」であることを聞き出していた。彼は嘉兵衛に会う前に五郎次から日本語の手ほどきを受けていた。さらに、リコルドはたびたび日本関係のいろいろな事項について、五郎次と話をして、いくつかのロシア語の日本語訳を書きとめていた。

しかもリコルドは海軍兵学校出身である。世界中で活躍する海軍の軍人を養成するこの学校では、フランス語、ドイツ語、英語、デンマーク語、スウェーデン語、それにイタリア語とラテン語が教授されていた（Мельницкий, 1856）。世界中を航海するには航海術だけでなく、語学力も要求されるのは当然であった。リコルドが学習したのは、すべてヨーロッパ語ではあるが、多言語学習の経験は日本語学習にも有効に作用したであろう。さらに、常に嘉兵衛と起居を共にした。語学学習にとり、ネイティヴと合宿することは有効な学習方法である。最高の学習環境を得たことでリコルドの日本語能力は飛躍的に伸びたと思われる。

しかし、リコルドの日本語能力の進歩だけでは説明がつかない事実がある。嘉兵衛はリコルドがカムチャツカ長官のところに出張した約四〇日の間、彼と離れて暮らした。その間も彼はロシア軍がナポレオン軍に大敗したことなど多くの情報を聞き出している。この事実は二人の驚異的なコミュニケーションの秘密がリコルドの日本語能力によるものだけでなかったことを示唆している。

存在しないオリカ

今一人のオリカはどうか。嘉兵衛によると、オリカはクナシリ島まで同道した。しかし、リコルドの手記にもゴロヴニンの手記にも、乗船名簿にもオリカの名前は出てこない。現在までの筆者の調べではオリカはロシア側の史料には出てこない。

オリカは音的にはオリガに近い。しかも江戸時代は、コンテキスト次第で濁点をつけたり、つけなかったりしたので、おそらくこの謎の人物の名前はオリガであろう。たとえばオリカが登場する『高田屋嘉兵衛遭厄自記』ではルダコフもヲロタコフになっている。オリガであれば、ロシア人女性の名前である。身の周りの世話をする女性が登場する『蝦夷物語』には奇妙なことに少年オリカが登場しない。高田屋嘉兵衛関連の史料では上述のイテリメン女性と少年オリカは同一場面で描かれることはなく、相補分布の関係になっている。同一人物なので、一緒には登場しないのではないだろうか。

『高田屋嘉兵衛話』によると、リコルドは「小童一人を付けて給仕」させたという。さらに「我かたの人数に配して侍女を送りこしぬ、何れも色白なるたおやめなり、されともかたくいなみて受けさりけり」とある。嘉兵衛がたおやめを拒否したか否かは、判断を保留するが、ロシアの宿舎では侍女をはべらしてもよい環境であったことは確かめられよう。

『蝦夷物語』のなかには、例のカムチャツカの歌妓の日常生活が書かれている。「加兵衛《ママ》が傍近く不断給仕せしめ箕掃を取しむ」。すなわち、オリカもこの女性も嘉兵衛の給仕をしていたことになる。二人もつけないといけないほどの仕事ではないので、職種が競合している点からもオリカと歌妓は同一人物の可能性が高い。ロシアでは、給仕は女性の小間使いがすることが多い。オリカは嘉兵衛のボーイとされることが多いが、ロシア語辞書によれば、ボーイは外来語で、「外国のホテルや施設の少年の召使」となっている。辺境地のカムチャツカではボーイとしてのオリカの存在は考えにくい。

オリカはオリガ?

嘉兵衛はリコルドにロシア連行を強要された時から日露の紛争を断ち切るつもりであった。「よき通詞」を見つけてロシア側と交渉し、解決すると決意のほどを手紙にしたためていた。当然真っ先に通訳を探したことであろう。『蝦夷物語』によれば、嘉兵

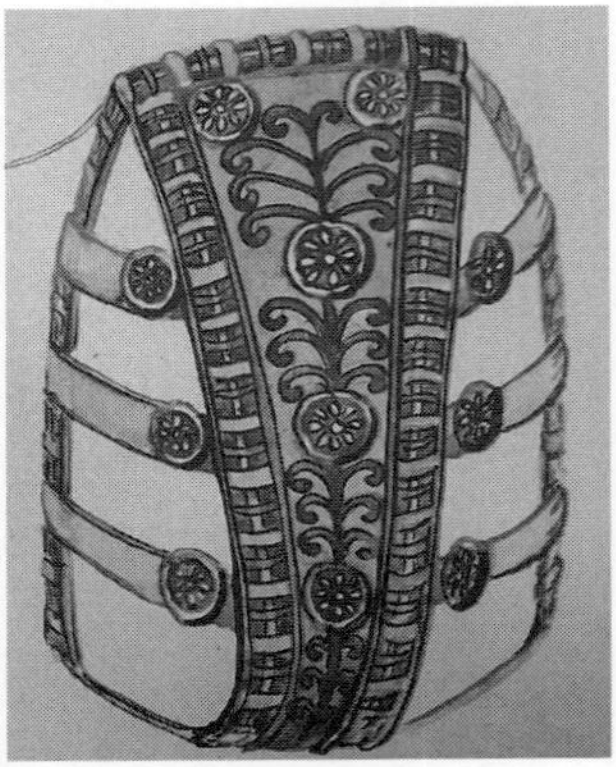

イテリメンの橇についている模様

衛は身の回りの世話をするという理由で有能な女性を常に身近に置く許可を得た。この女性のことは前章で扱ったのでここでは繰り返さないが、彼女は嘉兵衛のために日本語通訳もつとめた。

前述したように、リコルドと嘉兵衛は急遽ロシアを出帆し、日本に直行した。手配していた通訳はまだ到着していなかった。通訳を連れずに行ったのでは意思の疎通が図れるか否かおぼつかない。急を要するので、歌妓のオリガを連れてきたのではないだろうか。

オリガが来日したと考える根拠は、『蝦夷物語』の絵である。オリガが着用している上着の図柄がイテリメンの模様にそっくりなのである。見たことがないものを想像で描いたにしては、図柄にリアリティがありすぎる。

六月六日、クナシリの会談に高橋三平が到着した時に、ロシア人のシモノフとアイヌのアレクセイを同伴してきた。アレクセイはイテリメン女性との間でロシア語でもアイヌ語でも話すことができたことであろう。

嘉兵衛のそばにいた人物のロシア語能力はどの程度であろうか。それをオホーツク港長官ミニツキーから嘉兵衛に宛てたロシア語の感謝状から推し量ることができる。ロシア語原文は散逸して見ることができないと思われていた（瀬川亀・岡久渭城、一九四二）が、古河歴史博物館に所蔵されている。古河歴史博物館にロシア関係の資料があることについては、有泉和子氏の一連の論文で教唆を得ていた。

ロシア語テキストを見れば、接続法や関係代名詞を用いた複文など、ロシア語学習歴一年の者が読むには難しすぎる統語構文が多用されていることが分かる。また、語彙も「努力」「祖国」「尊敬する」など、ジェスチャーでは表現しにくい抽象的な語が使用されている。嘉兵衛が文字リテラシーの高い人間のサポートを得ていることを前提にした文面である。さらに前述したように、嘉兵衛がルダコフの身の上相談に適切なアドバイスを与えたことも知的な会話を保証できる通訳の存在を示唆している。

少年オリカと女性が同一人物なのかは今後の史料の発掘に委ねるとして、そういう通訳兼秘書のような文字リテラシーの高いオリカという人物が嘉兵衛の周囲にいて交渉を助けたことは確かなようである。

オホーツクへ

リコルドは幽閉中の同僚の安否をいろいろたずねた。彼は年内に日本側が要求する「証明書と釈明書」をそろえて箱館に戻ってくることと、高橋三平が示してくれた好意的態度、とくに、幽閉中の水兵に会うことをゆるしてくれた配慮に感謝すると伝えるよう、嘉兵衛に頼んだ。

翌日、嘉兵衛は三〇〇匹の魚を届けた。リコルドも何か贈りたかったが、嘉兵衛は茶、砂糖以外は何も受け取らなかった。彼は次のように言った。

あそこ〔箱館〕でなら、友情の印として、私に今くださろうとしている贈物を支障なく受け取れるけれども、ここではわが国の法により、皆さんから貰ったものは、些細な物であっても、すべて報告をしなければならず、きわめて厄介なことになる（Рикорд, 1816）。

この嘉兵衛の返答は、彼が実効支配する箱館では対外関係のあり方が、かなり柔軟であることを物語っている。嘉兵衛は、再会を期して高価な所持品までディアナ号に残しておいた。

一八一三年（文化一〇）、ディアナ号は必要書類を受け取りにオホーツクにむけ出帆した。その後、嘉兵衛は高橋三平とともにクナシリ島をあとにした。ロシアとの交渉はクナシリ交渉でほぼ終わっていた。

第十章　箱館における日露交渉

1　箱館へ

リコルドは一五日間の航海を終え、オホーツクに到着した。ミニツキーに事情を報告し、日本側の要求通り、二人の長官、すなわち、イルクーツク知事トレスキンとオホーツク港長官ミニツキーの書状を受け取った。

キセリョフ善六を動員

通訳として、イルクーツクから送られてきたキセリョフ善六も、乗り込むことになった。一七九四年（寛政六）アリューシャン列島に漂着した仙台若宮丸漂流民の一人である。一七九六年（寛政八）、善六はイルクーツクでロシア正教の洗礼を受け、ピョートル・ステパーノヴィチ・キセリョフと名を改めたので日本には帰国せず、ロシアに残留したのである。遣日使節レザノフの通訳として彼に同行し、航海中のナジェジダ号のなかで、レザノフに日本語を教え、彼が『日本語学習の手引き——アルファベット、初級文法、会話』（一八〇三年〔享和三〕）および『ロシア語アルファベットによる日本語辞典』（一八〇四年〔文化元〕）を作成するのを手助けした。帰国組の津太夫たちとの不和ならびに彼がキリスト教徒であるので、日露交渉への悪影響を恐れるレザノフによりカムチャツカで下船させられた。

日露交渉に失敗したレザノフが帰還し、ロシア船による送還が不可能と悟った南部慶祥丸漂流民六人が千島列島伝いに帰国する決意をした時、米を与えて帰国の手助けをしたのは善六だった。前述したように、六人は無事日本に帰着した。さらに、一八〇七年（文化四）、フヴォストフに拉致された五郎次が、一八一一年（文化八）に、イルクーツクへ送られてきた時、善六方に寄宿した。

幻に終わった日本来航から約一〇年、善六はリコルドの通訳として日本に行くことになったのである。

箱館で待機

一方、嘉兵衛は、一八一三年（文化一〇）（和暦）七月一七日、高橋三平とともに松前に行き、当局の指令を待ったが、官命により最後の詰めである箱館交渉のため、（和暦）七月一九日に箱館に帰ってきた。クナシリ島沖で拿捕されて以来約一年ぶりのことだった。

松前奉行の服部備後守貞勝は、江戸幕府に「魯西亜船箱館へ再渡来の儀に付取扱方伺」を提出し、箱館における取扱い方差配《さはい》を高橋に命じた。ディアナ号の水先案内として、絵鞆《えとも》（現・室蘭）に平蔵を、クナシリ島に金蔵を配置した。さらに、ゴロヴニン以下のロシア側捕虜八人を松前奉行所に呼びよせ、八月一〇日付で正式に釈放命令を言い渡した。八人は八月一七日に箱館に護送された。高橋も

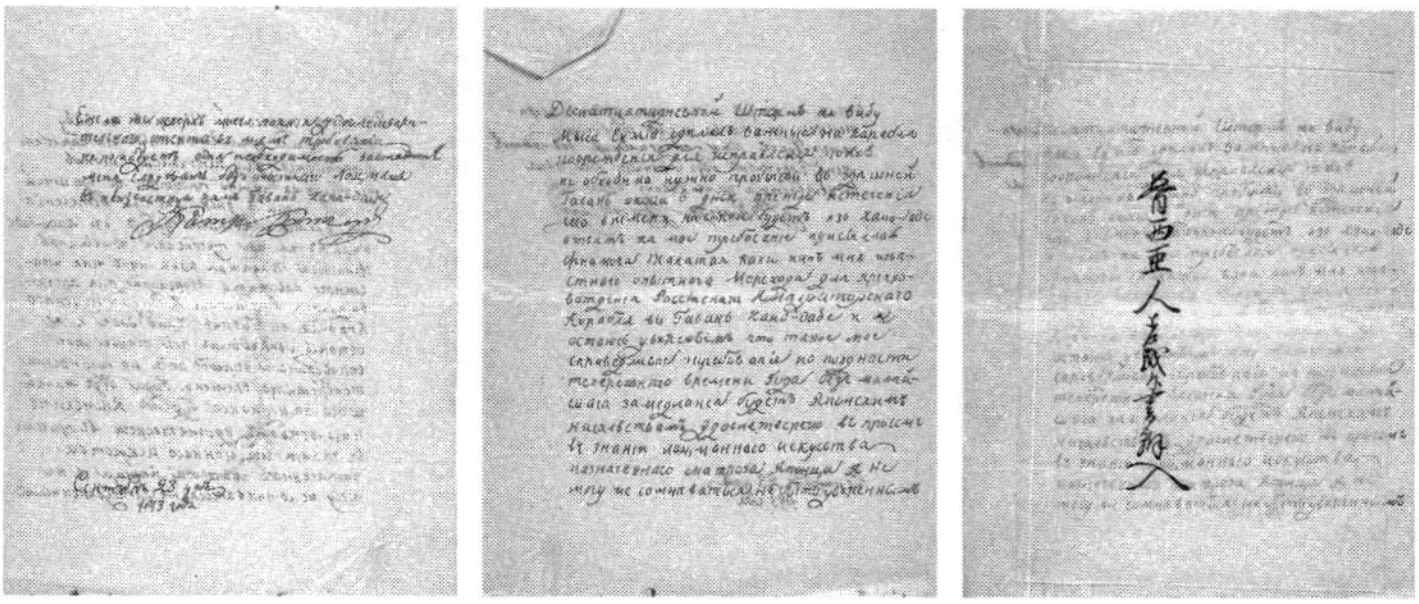

リコルドの手紙

（リコルドがゴロヴニンに宛てたロシア語の手紙。水先案内に嘉兵衛をよこしてくれるよう要請している）

九月一一日、松前を出発し、箱館に到着していた。

水先案内

一八一二年（文化九）九月八日、ディアナ号は絵鞆に姿を見せた。南の逆風のため日本沿岸に達するのに二〇日を要した。日本沿岸でも強風にあおられて接岸することができず、荒天のために一人のロシア人水兵が命を落とすという出来事があった。水先案内人として送られてきたのは平蔵で一三人のアイヌ人を連れていた。窮地に陥っていたリコルドは不安にかられ、嘉兵衛を派遣するよう要請するロシア語の手紙を書いた。現在函館市立中央図書館に所蔵されているこの書簡は保田孝一氏がすでにロシア語文の翻刻と和訳を行っている。それによれば、暴風のためディアナ号はひどく破損し、修理に六日を要するほどだった。

リコルドは平蔵の水先案内の技術については、あまり信頼していなかったようである。彼は卓越した航海術を誇る嘉兵衛の力を借りたかったようで、善六の翻訳で日本語の手紙を送った。

箱館までのみちさき、どうぞ高田屋嘉兵衛を此所へよぶよふを。嘉兵衛ヲミヂさきに致し度。どうぞ高田屋嘉兵衛を願い上し（『函館来槎書類』）

引用したのは文末のところであるが、すべてのセンテンスに嘉兵衛という言葉が入り、懇願している様子がうかがえる。リコルドは嘉兵衛という存在があってはじめて今回の日露交渉は可能になっていることをしみじみ実感した。返答としてリコルドに届けられたゴロヴニンの手紙は嘉兵衛を派遣することは松前奉行の命がなければできないので、熟練した案内人平蔵を信用するよう、助言していた。九月一六日、平蔵を水先案内としたディアナ号が箱館湾内に入った。リコルドは高橋三平と嘉兵衛の出迎えを受け、一安心する。嘉兵衛はゴロヴニンたちと松前奉行が箱館にすでに到着していることを告げた。久しぶりに嘉兵衛と話をしたリコルドは、通訳の善六が助けてくれるので、話が捗るのを感じた（Рикорд. 1816）。

箱館湾内停泊　九月二八日（和暦九月一七日）、嘉兵衛が誘導したディアナ号の停泊地は湾内のもっとも良い場所であったが、岸から着弾距離内で、砲台もあった。ディアナ号は日本側が大砲を撃てば命中する距離にまで接近したが、嘉兵衛という全幅の信頼をおける人間に艦の運命を委ねることに不安を感じなかった。

一方、「鎖国」日本にとっても、湾内にまで外国軍艦を招き入れるということは、破格の扱いであった。嘉兵衛は日本の法律を説明して、ボートで湾内を乗り回すことを禁じること、停泊中は日本の見張船をつけること、必要品は全部特別の官船で陸岸から送り届けること、官憲の厳命により住民の露艦訪問を禁じてあることを伝えた。

たちまちディアナ号は西洋の軍艦の見物にむらがる老若男女が乗る無数の船に取り囲まれ、以来、ロシアに帰還するまで見物人に取り囲まれた日々を送ることになる。

2　第一回および第二回予備折衝

応接係・嘉兵衛

翌朝、白旗（交渉旗）を掲げた船がディアナ号に接近した。平蔵を従えた嘉兵衛が乗っていた。新鮮な魚、野菜、スイカをもってきたのだ。嘉兵衛は、クナシリ島での彼の働きに満足した松前奉行から、この案件に関して「交渉係」に任命され、日本の法律にしたがって、しかるべき特権を与えられたことを告げた。さらに、この名誉ある職務を果たすからには、「交渉事項を申し伝える間は、官吏として特別の礼服を着用しなければならない」と告げ、リコルドの許しを得て、着替えをした。リコルドも礼装をつけ、軍刀を佩用した（Рикорд. 1816）。

この時の姿は銅像になっている。侍と見間違う姿で、函館市の護国神社に通じる高田屋通りに、函館山を背にして立っている嘉兵衛の銅像が、それである。

ミニツキー書簡授受

嘉兵衛は、キセリョフ善六を通訳として、儀礼の挨拶をしたうえで、松前奉行吟味役高橋三平名代として交渉を始めるので、オホーツク長官からの公文書を渡すようにいった。リコルドは全士官に正装をさせたうえで艦長室に呼び集め、会見の証人とさせた。彼は、青羅紗に包んだミニツキー書簡を嘉兵衛におごそかに手渡した。

彼はイルクーツク知事であるトレスキンから松前奉行宛の書簡も持参していたが、これは自ら手渡すといって嘉兵衛に渡さなかった。ロシアの長官から松前奉行に宛てた公式書簡を仲介するのは嘉兵衛にとって誉れになるはずであった。彼はリコルドに「ロシアの高貴な大名の書簡を奉行に渡すのはこの上もない名誉だ」と言った。リコルドは嘉兵衛を個人的には尊敬し、信頼していたが、イルクーツク長官の名誉を傷つける訳にはいかなかった。「イルクーツク民政長官閣下から松前知事閣下にあてた公式の書簡」は、「自分自身で直接書簡を手渡さないと、自分に託された名誉ある使命を傷つけ、

高田屋嘉兵衛銅像
（正装姿で帯刀し，右手には教諭書を，左手にはディアナ号で着替えた時に脱いだ服を持っている）

ロシアの民政長官の威信を汚すことになる」として断固応じなかった。嘉兵衛はトレスキン書簡の重要性を理解すると、「そんな大切なものを、わし風情に任せてくれと出過ぎたお願いをしてすまなかった」と言い、ミニツキー書簡だけを受け取ると、陸に引き揚げた。

会見場所

リコルドは日本の高官たちをディアナ号に来艦させるのは無理と判断し、会見は海に近い陸上で行うことを決意した。実はこれはかなり勇気のいる決断で、上陸したゴロヴニンが捕縛されただけに、他のロシア軍人からの反対もあった。ディアナ号艦長のゴロヴニンもリコルドへの密書のなかで、「会見場が陸岸から着弾距離外のボートの上でなければ交渉してはいけない」とアドバイスしていた。しかし、日本の高官たちをディアナ号に呼びつけることはできなかった。上陸すれば一網打尽にされるという危惧の念もあったが、リコルドは上陸を敢行することにした。高田屋嘉兵衛に対する全幅の信頼が、このような勇断をさせたといえよう。

銃の所持と敬礼

翌日、嘉兵衛は来艦し、再び艦長室で礼服に着替えて、吟味役名代として第二回予備折衝を開始した。日本側はミニツキー書簡の釈明に満足であり、トレスキン書簡を手渡すために両長官、すなわち高橋三平と柑本兵五郎と会見したいというリコルドの申し出が応諾されたことを伝え、その手はずについて話し合いがなされた。

リコルドは、小銃をもった兵卒一〇名、海軍旗と交渉用の白旗をもった下士官二名、士官二名以上、日本語通訳の上陸を要求した。船に関しては、日本側の提供する奉行所の儀礼艇に乗って会見場へ行くことに同意した。

敬礼に関しては、リコルドは以下のことを提案した。すなわち、ロシアは西洋式のお辞儀をする。敬礼が済んだらリコルドは肘掛椅子に、士官はリコルドの後方の普通の椅子に腰をおろす。こちらから言葉をかけるときも、先方から言葉をかけられるときも、両長官に対する敬意のしるしとして、リコルドはいったん起立して席に腰をおろす。

嘉兵衛は、次のように言った。敬礼や着座に関しては即座に認められるであろうが、小銃は困る。小銃をはずしてサーベルだけになった儀仗兵を従えて長崎に上陸した外国使節の前例があるので、ロシアの面子がつぶれることはない。軍艦を率いて内港に通され、艦上の武器弾薬もそのままになっているのは、ロシアに対する日本の大譲歩である。

リコルドは、今回ロシアに与えられた待遇はヨーロッパの軍艦がまだ獲得したことのないものであることを、知っていたので、小銃については譲歩するつもりであった。しかし、なぜ兵卒に小銃をもたせることを要求するのか説明する必要があると思い、嘉兵衛にこう言った。「ロシアでは小銃は軍人しかもつことができない。それは日本で武士が二本の刀を差しているのと同じで、銃はいわば二本目の刀のようなものだよ。しかし、もし両長官の方で、それは日本の法律に反すると異議があったら、その話は捨て置いてもいい」。嘉兵衛は話の内容をすべて帳面に書きとめて、帰っていった。

3　第三回予備折衝

翌日、嘉兵衛は来艦し、小銃の所持が認められたことを伝えた。嘉兵衛はロシアの小銃は日本の刀にあたるというリコルドの説明を伝え、高橋三平と柑本兵五郎の了承を得たのだった。「明日両長官は海岸にしつらえられた公式接見の場所で皆さんを待ち受けて、イルクーツク民政長官の書簡を接受する」と言った。万事うまくいったかにみえたが最後の詰めの段階で靴のことが話題になった。それは嘉兵衛が以下のようなことを要求したからである。

「革製足袋」

「会見場では、長靴で臨むわけにはいきません。会見場には清潔な絨毯が敷かれ、高官はそこに足をまげて座ります。そこに長靴で臨むということは、私たちの習慣に照らして、とんでもなく無礼な振る舞いです。とてつもない無作法となるでしょう。だから部屋の外で靴を脱ぎ、会見場では靴下だけで臨まなければなりません」。

リコルドは思いがけない要求に、困惑してしまった。室内で靴をぬぐ「座の生活」と室内でも靴を脱がない「立の生活」の違いで、双方ともそのような条項を決める必要を感じなかったのである。リコルドは言った。「あなたが靴を履いたまま人の家に入ることはないように、私たちにとって、素足になることは無礼であり、不名誉なことであるとさえみなされるのだ。最下層の囚人だけが靴を履かないのに、私のような地位にある者が、どうしてそんな習慣に従う必要があるというのだ」。

万事窮したかにみえた時、リコルドは言った。「ロシアでは部屋のそとで長靴を短靴に履き替える習慣がある」。

「それで十分です。それで双方の礼を失することはありません。その短靴は、私たちの足袋のようなものです。あなたは長靴を脱ぐことに同意し、会見場へ革製の足袋で臨みますと伝えましょう」と嘉兵衛は言い、即刻岸へ舞い戻った。

嘉兵衛はその日の夕刻にはディアナ号に戻って来て、高官たちは、「革製足袋」に関するリコルドの譲歩に満足であると伝えた。

礼式見取図　嘉兵衛は接見の際に行われる礼式の図を渡した。建物の前には土下座した兵卒が、控えの間には下級官吏が描かれてあった。ロシア側はここで長靴を脱ぎ短靴に履き替え、正座する下級官吏の列の前を進まなければならない。接見室の正面に両長官が座り、左手には通訳たちが、右手には学者が控える。ロシア軍艦の視察と西洋科学の情報収集のために急遽呼びよせられたのだ。部屋の中央の両長官と面した所がリコルドの席であった。その後ろに士官二人の椅子が用意される。銃と旗をもった儀仗兵は建物の外に一列縦隊に整列することに決めた。こうして準備万端整えると嘉兵衛は明日迎えに来ると約束して帰って行った。

ロシア人・キセリョフ善六の覚悟　リコルドは通訳のキセリョフ善六のことが気がかりだった。キリスト教に改宗し、外国の官職についた日本臣民の過酷な運命をリコルドは気遣ったのだ。上陸させると、善六が逮捕されないか心配だった。彼は善六の覚悟のほどを尋ねた。すると善六は以

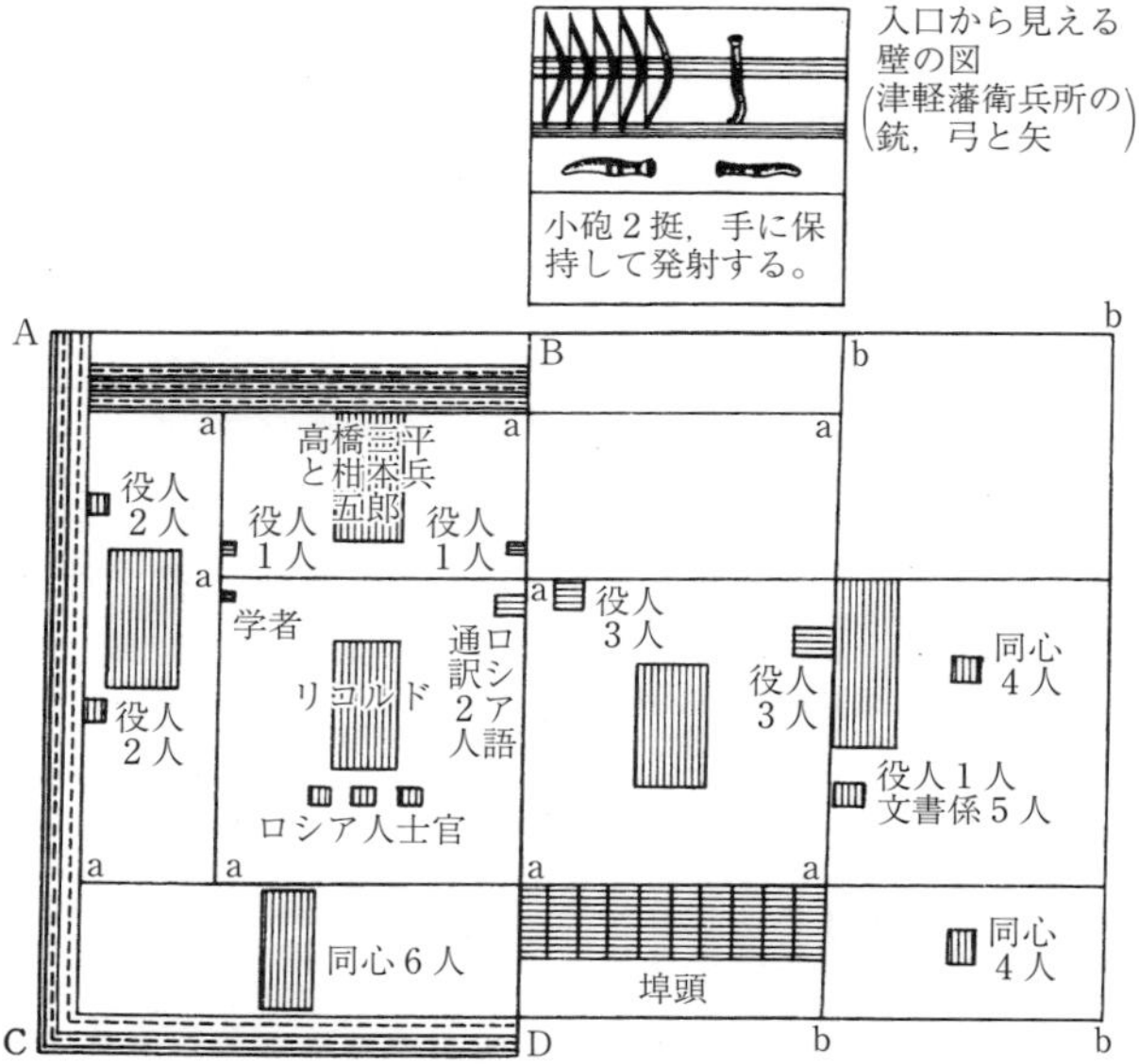

AB，AC，CD……紙襖と板襖を用いた二重の外壁。
a……内部の障子，会見のときは外してあった。
b……薄い板壁。

接見室の見取図
（会見が行われた税関の室内図）

下のように答えた。

私は日本人ではありません。通訳としての任務を果たせるよう、私を陸へ連れて行ってください。陸上の長官たちとの交渉こそ、問題全体の核心で、ディアナ号艦上の高田屋嘉兵衛との交渉では、あまりお役に立てないのです。陸岸に連れて行ってもらえないなら、何のために長い航海の苦労をしたのか分からなくなります（Рикорд. 1816）。

善六の返答を聞いて、リコルドは彼を伴うことに同意した。上陸したロシア人の図が残っているが、キセリョフ善六はひときわ小柄で丸腰の人物に描かれている。

4　日露会談当日

日本上陸

翌日の一二時、嘉兵衛が奉行所の儀礼艇で来艦した。この儀礼艇には選抜された一六人の日本人水夫が乗っていたが、その大半は嘉兵衛の友人の大商人であった。ロシア人を近くで見たいという好奇心から仕事を引き受けたのであった。嘉兵衛は正装に威儀をただし、艦長室に入ると、会見の場に指定された家屋にロシアの旗をたててもいいと告げた。

リコルドは士官二名、通訳一名、武装水兵一〇名を従えて、奉行所の儀礼艇に乗り込んだ。船尾には日章旗とロシアの海軍旗、船首には交渉旗である白旗が翻っていた。周囲には数百という小舟が群がっていた。鈴なりになった見物人が好奇のまなざしをリコルドたちに注いでいた。

会見場は海岸の桟橋のすぐ近くにあった。家の前では兵卒が列を作って土下座していた。嘉兵衛が到着を告げに上陸し、立ち戻ってきて両長官がお待ちになっていると告げた。西洋の儀礼では日本側のしかるべき身分の官吏が出迎えるのが慣習なので、リコルドは抗議しようとしたが、時間の無駄になるだけなので、ぐっと飲み込んだ。

リコルドは白い交渉旗をもった士官に対し、一〇名の儀仗兵に続いて上陸するよう、もう一人の士官に対しては海軍旗をもってついて来るよう命じた。儀仗兵はリコルドが通る時、一斉に敬礼した。

短靴に履き替えたリコルドは二人の士官を伴い接見室に入った。三歩ほど近づいて両長官に敬礼した。二人とも頭を下げて返礼した。リコルドは左右にも一礼した後、ディアナ号から運んだ肘掛椅子に腰をかけた。キセリョフ善六を介して初対面の挨拶をした。高官は低頭して左からにじり寄った一人の役人に小声で何か言った。ゴロヴニンにロシア語を習った村上貞助だった。彼は流暢なロシア語で、ロシア人は長い間日本沿岸で狼藉を働いたが、今や万事めでたく落着することになったという趣旨のことを言った。善六は圧倒的なロシア語の実力を見せ付けられて黙るほかなかった。日本側はミニツキーの書簡に満足のようであった。それからは村上の通訳で議事は進行した。

トレスキン書簡進呈

リコルドは緋羅紗で包んだトレスキン書簡を取り出し、箱のまま日本側に渡した。両長官は書簡は松前奉行に届けるが、問題の重要性からいって回答に二日かかると言った。両長官は食事の用意をしてあるので、召し上がってくださいと言って退席した。西洋の慣習ではホストが同席し、テーブルを囲んで食事をするのだが、リコルドはすなおに申し出を受けている。ちなみに、来日して間もない時期のプチャーチンは、ホストが同席しない食事は餌だけを与えるようなものとして、断っている。リコルドは大勢の日本人から一件落着の祝福を受けた。接見式の間、部屋の隅にたっていた高田屋嘉兵衛も近づいてきた。

それから二時間後、リコルドはディアナ号に帰艦した。彼は一同の船が陸を出た瞬間にディアナ号に万国旗を掲げるよう命じてあった。ただ、祝砲は禁じてあった。人を殺す大砲を打って敬意を表するとは西洋には何と変な習慣があるのだろうと日本人が批判しているのを知っていたからである。万国旗の掲揚は日本人を喜ばせ、さらに多くの見物の群集を乗せた小舟が集まった。

相互利益の合意形成

リコルドは、第一回の交渉を「この誇り高い国民の領土の真っ只中に翻したロシア皇帝の国旗の名誉ある儀式」と自画自賛している。この名誉の感覚は他のロシア人も共有しており、上陸した儀仗兵たちも、たとえ最後の一兵になっても日本に翻った聖なるロシアの皇帝旗を手放すまいと誓っていた。

リコルドは、ロシア側の達成感を発揚する一方で、以下のように、ここまで交渉を導いた嘉兵衛の努力を客観的に評価している。

嘉兵衛の尽力によって、日本高官たちとの最初で最後の会談が行われ、嘉兵衛の明晰な頭脳が、まったく正反対の概念をもつ両民族の宿望を相互利益への同意まで導いてくれたのである(Рикорд. 1816)。

ロシア側が達成感を味わうと同時に、それが日本側にとっても利益にもなるという形で合意形成がなされたと、嘉兵衛はリコルドに認識せしめたのである。

嘉兵衛とゴロヴニンの出会い

第一回会見は何事もなくすぎたが、嘉兵衛は毎日二回ディアナ号を訪れた。松前奉行所の許可を得てはロシア軍艦を見学したいという友人を連れてきた。三日目に来艦した嘉兵衛はゴロヴニンに会ったと言い、彼からの短い手紙を預かってきていた。四日目に、嘉兵衛は、接見場となった家で、村上貞助ほかの立会いのもとゴロヴニンと付き添いの二人の水兵に面会できるという吉報をリコルドに伝えた。明日迎えに来るが、望むのであれば前回と同数の武装兵を従えて上陸してもいいと言った。この提案に対し、リコルドは今回の会見は私的なものであるので、海軍旗と白旗は掲げるが、艦長秘書の士官一名と水兵五名を従えるだけで、彼らに小銃は持たせないと言った。

リコルドとゴロヴニンの再会

リコルドは嘉兵衛につきそわれて、白旗と海軍旗をたてた船で接岸した。ヨーロッパ風に仕立てた絹服を着て、サーベルを佩用したゴロヴニンが玄関先で待っているのを見ると、リコルドは思わず嘉兵衛を押しのけて岸に飛び降り、二人で抱き合って再会を喜んだ。日本人は二人を気遣って、離れた所でいくつか言葉を交わしていた。

リコルドは、ゴロヴニンの釈放のほかに、日露両国の国境を画定し、通商関係を樹立するよう訓令を受けていたので、ゴロヴニンにそのことを打ち明けた。ゴロヴニンは、この問題を持ち出すと、松前だけで扱うことはできず、江戸の指示をあおぐことになるので、時間がかかること、その間はリコルド自身も捕虜同様の状態になること、この二点で時機が悪いと判断した。ゴロヴニンはリコルドにできるだけ早く出帆するよう助言した。当初リコルドはディアナ号の調子がよくないので、箱館で越冬するつもりだった。季節遅れにカムチャツカに帰ることを危ぶんでいたのだ。しかし、ゴロヴニンは、日本の法では外国人は捕虜同様の扱いを受けるので、即刻退散したほうがいいだろうと言った。リコルドはゴロヴニンの助言に従い、後述する高橋と柑本の要求する釈明書を即座に作成することにした。

嘉兵衛はゴロヴニンとの再会に立ち会ってくれたが、その最中に気分が悪くなり、リコルドに「気分が優れないので失礼する」といって中座した。リコルドに同行していた水兵は日本人を信用していなかったので、嘉兵衛が彼らに「さようなら」と言ったとき、リコルドが捕縛されると早合点したという。

5　会談後

嘉兵衛の息子・弥吉

その日の夕方、嘉兵衛は息子の弥吉を連れてディアナ号を訪問した。嘉兵衛は息子が家を訪ねてくれたことが嬉しくてならない様子であった。その時の嘉兵衛の様子をリコルドは次のように伝えている。

「お前さん、不思議な話があるんだよ。昨日、わしは何の予感も思案もなく家に帰ってみると、なんとわしの倅が来ているじゃないか、倅のやつ、来たばかりで、あの見物の中に混ってわしらの上陸を見ていたんだそうだ。この子だよ。どうだ見ておくれ、わしに似ているだろう」。嘉兵衛は感きわまった様子で言った。「わしはその喜びのうえに、家内からも嬉しい奇跡のような便りを受け取ったのだ。達者になって巡礼から戻り、部屋で旅装を解くか解かないかの時に、思いがけず、飛脚がわしの手紙を届けたのだ。クナシリ島に着いてから出した手紙だよ」（Рикорд. 1816）。

リコルドは子煩悩な父親で優しい夫の嘉兵衛を心から祝福した。嘉兵衛は離れて暮らしている息子の思いがけない訪問に大喜びであった。嘉兵衛は艦長室へきた士官たちに息子を紹介し、士官たちも彼に艦内を見学させて歓待し、善六の通訳でおおいに話しあった。

嘉兵衛の早期解放を願って、友人や親類がそれぞれの方法で祈願をした。長弟嘉蔵を願主とした高田屋一統の都志八幡神社への寄進状が残っているが、単に嘉兵衛の無事帰国を願うだけでなく、ロシアの捕虜たちの無事帰国をも願っており、高田屋一統の度量の大きさがうかがえる。

妻のふさ

妻のふさも願かけの巡礼の旅に出た（Рикорд, 1816）。江戸時代、四国遍路、観音霊場、熊野詣、伊勢詣、善光寺詣など、全国各地に巡礼地があった。ふさはどこの聖地に行ったのであろうか。

たとえば、『高田屋嘉兵衛』は西国三三ヵ所の観音巡礼に夫の無事帰国を祈願したとしているが、根拠は示されていない（瀬川亀・岡久殻三郎、一九四二）。この一件に関し、喜代吉榮徳氏の一文が示唆を与えてくれる。それによれば、「当庵施主摂州高田屋嘉兵衛」と刻んだ一基の道標石が土佐にあるという。「文化一一戌一〇月一四日」と刻んであることから、設置されたのは嘉兵衛の帰国後のことである。喜代吉氏によれば、嘉兵衛が施主となった「当庵」とは「海月庵」のことで、中土佐から添《そえ》蚯蚓《みみず》を登りきった窪川町「七子峠」にあり、今は廃絶されているが、土佐久礼の海を望む地にあったという。嘉兵衛は満願成就の礼として海月庵を寄進したのであろう。このことから喜代吉氏はふさの巡礼地を四国としている。筆者はこの標石は未見であるが、ふさが四国遍路をしたという彼の意見には賛同できる。

ふさは病身をおして四国八十八ヵ所の札所めぐりをしたのであろう。死出の衣装ともいわれる白装束に身をかため、途中で行き倒れになることも覚悟の上だった。ふさの四国遍路からは嘉兵衛に対する献身的な愛が、ふさの行為に感激する嘉兵衛からは対等な伴侶への愛が感じられる。四国遍路を終えたふさは以前より達者になったという。長きにわたるウォーキングの効果がでたのであろう。

娘のくに

弥吉が帰ると、嘉兵衛はリコルドと二人きりで話をし、嘉兵衛が無事に帰国するよう祈願して隠棲した親友の話をした。嘉兵衛はその人は隠棲することで嘉兵衛の真の親友だという証をたてたといい、そのお返しに何にしたらいいか頭を悩ませていた。物質的な富は軽蔑する人なので、金銭で礼をするのではなく、彼の行動に相応しい返礼をしなければならなかった。嘉兵衛は身持ちが悪く親子の縁を切った娘のくにを許して縁を戻すことにしたといった。『高田嘉兵衛家系図』によれば、くには半左衛門と結婚したが、少し実の親の意見に背いたので、親元とは行き来せず、不和となったという。嘉兵衛は娘のことが気がかりだったようで、何度か娘の話をリコルドにしたらしい。その度にリコルドは仲直りを勧めていたのであった。嘉兵衛は娘と永遠に仲直りをする決意をリコルドに披露した（Рикорд. 1816）。くにの後裔で元神戸みなと病院長の松井英互氏には『小坊ちゃん』という著書がある。それによれば、くには一子半四郎をもうけたが、半四郎が若くして亡くなったので、その後家のたけが嘉兵衛の肖像画と短刀および北前船の模型をもって実家にかえった。肖像画は現在高田屋嘉兵衛翁記念館にあるが、船の模型と短刀は七宮神社に預けてあったのが、一九四五年（昭和二〇）太平洋戦争時の神戸大空襲で焼失してしまった。

艦上のお別れパーティ

嘉兵衛が拉致されたときに観世丸からディアナ号に持ち込んだ所持品は、綿布や絹布の衣服や、布団や綿入りの長着などであった。彼はそれを記念の品として乗組員全員に分配した。嘉兵衛は水兵たちに酒を振舞いたいと提案し、リコルドに「日本の水主もロシアの水主も同じだよ。みんな酒がすきだ。箱館の港ならば心配ない」と言った。リコルドは、普段の倍のウオッカを乗組員全員に用意するよう、すでに命令をしていたのだが、嘉兵衛の申し出を受けることにした。嘉兵衛は酒を手にいれるため水主を陸に送り、乗組員全員に煙管と煙草をもってくるように命じた。リコルドは嘉兵衛に贈物をしたかったが、嘉兵衛は幕府がすべてとりあげるといった。嘉兵衛が愛妻家であることを知っていたリコルドは、銀匙とナイフとサモワール（湯沸かし器）をプレゼントした。

リコルドは、一番嘉兵衛の喜びそうなものとして、食器を選んだ。リコルドは嘉兵衛の「妾」つねを艦上に招待したことがあるが、「年は一八歳以上とは思えなかった」と書いている。また、ディアナ号を訪れた時、弥吉は二二歳なので、嘉兵衛の妻ふさを念頭においた選択ではないだろうか。リコルドが嘉兵衛を描写する際に用いた「最愛の妻」や「涙もろい父親」という表現は、ふさ、くに、弥吉との家族関係における嘉兵衛の性格付けであろう。リコルドと嘉兵衛の話は深夜まで続いた。

嘉兵衛風邪で倒れる

翌日の夕刻、嘉兵衛の代わりに次席通詞の上原熊次郎がやってきて、明日、ゴロヴニン艦長以下を引き渡すので上陸するようにという両長官からの伝言を述べた。嘉兵衛は風邪を引いて、来れなかったのだ。リコルドは日本に全幅の信頼をよせているしるしに、以下のように答えた。

明日はゴロヴニン艦長を受け取るため一人で白旗を掲げて上陸します。当地の官憲に敬意を表するため、護衛兵を連れずに上陸します。前回のように武装兵を率いて上陸したら、愚かな群集が、ロシア側は武力に訴えて同胞を取り返したのだと思い込むかもしれないからです（Рикорд, 1816）。

熊次郎は同行してきた官吏たちと艦内で食事をご馳走になり、夜半まで談話して陸へ帰って行った。

6 紛争連鎖の終わり

ゴロヴニンの引渡し

一〇月七日（和暦九月二六日）早朝、松前奉行所の艀で嘉兵衛が来艦した。彼は病気のため寝間着を着ていた。リコルドは大変な心痛をかけたことを嘉兵衛に詫びた。嘉兵衛は供を連れずに上陸するというリコルドの意中を察し、日本の正義を信頼してくれて、両長官は感服していると述べた。

一二時、リコルドは第一四等書記のサヴェリエフと通訳のキセリョフだけを従え、約束通り護衛はつけずに艀に乗り、交渉用の白旗を掲げて会見場へ向かった。ゴロヴニンたちは日本が仕立ててくれた服を着用し、帯剣していた。普段なら抱腹絶倒するような珍妙な衣装であったが、日本人の好意を誰一人笑わなかった。日本人はしばらくロシア人だけにしてくれた。高橋三平と柑本兵五郎がゴロヴニンたちを正式に引き渡し、日本政府からの正式文書を手渡した。その後ロシア人たちは饗応を受けた。

トレスキン書簡をめぐっては日露で応酬があったのであるが、それについては次章で述べる。
二時、リコルドは嘉兵衛を伴ってディアナ号に帰艦した。その途中、見物人を乗せた小舟が艀を取り囲んだ。万国旗を飾ったディアナ号では釈放された艦長のために、「ウラー（万歳）」が響いた。帆桁に水兵が鈴なりに立ち、「ウラー」を三唱したのだ。全員で登舷礼をしたのである。うれし涙にむせぶ者もいた。ゴロヴニンは釈放された同胞たちと、航海の守護神ニコライの像の前でひざまずき、感謝の礼をささげた。

帰帆準備

日本側から、多量の薪水、大根一〇〇〇本、白米五〇俵、塩三〇俵とその他の食料品が届いた。見張りが制止しなかったので、大勢の日本人がすすんで積み込みを手伝った。まるで一つの民族のようであった。その後はみんなでウオッカと日本酒を酌み交わした。下役の官吏たちも来艦した。村上貞助や上原熊次郎、足立左内、馬場佐十郎もいた。彼らはディアナ号を見学した。リコルドは艦長室で彼らを西洋式に歓待した。
夕刻には大勢の見物人がやってきたが、艦内に入ることができたのは男性だけで、女性は許されなかった。「女性たちは小舟の上から男性だけに与えられた来艦の特典を羨ましげに見やっていた。それに気づくと、われわれは同心を介して、些細な品を慰撫のため婦人たちに与えた」と、リコルドは記している（Рикорд. 1816）。

村上貞助の惜別状

ゴロヴニンからロシア語を学んだ村上貞助は、ゴロヴニンを驚嘆させるほどの語学の才能のある青年だった。その彼が別れに際しロシア士官たちにあてた自

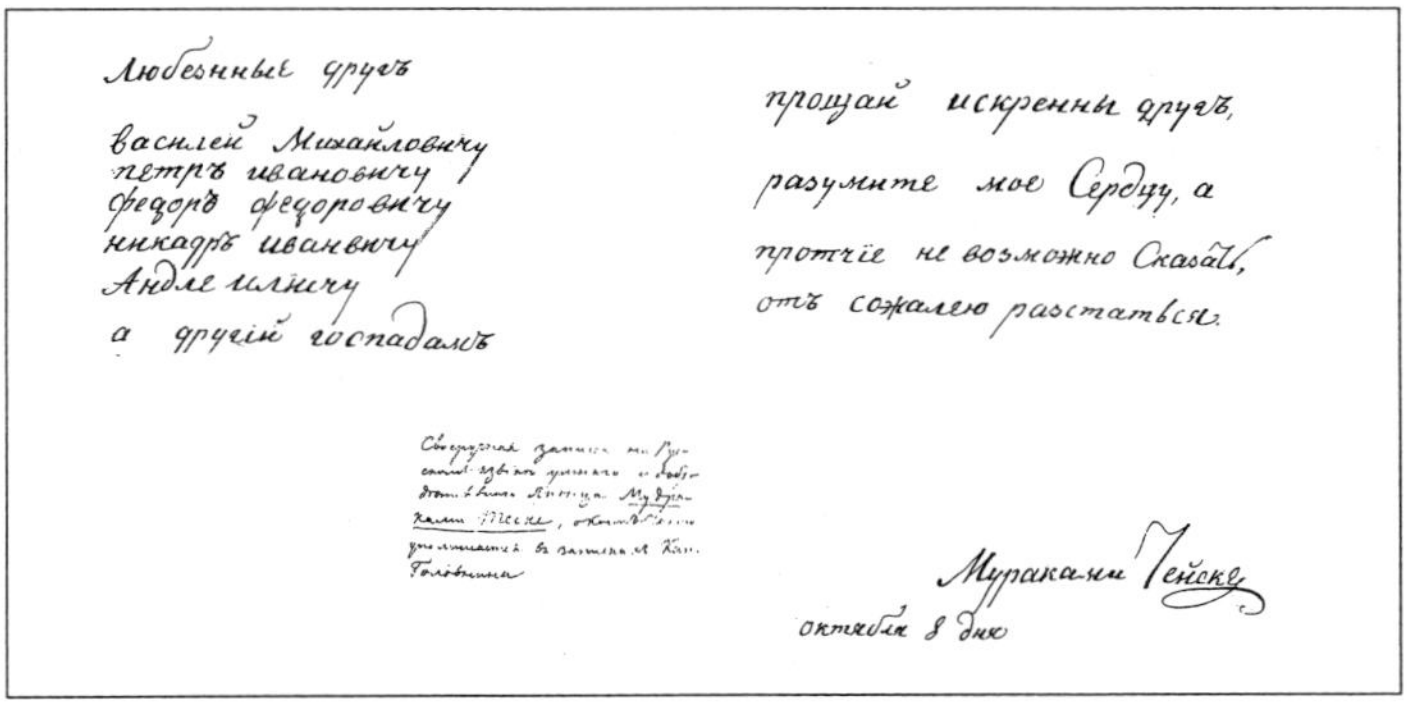

Любезные друзъ

василей Михайловичу
петръ ивановичу
федоръ федоровичу
никадръ иванвичу
Андле илличу
а другiй господамъ

прощай искренны другъ,
разумите мое Сердцу, а
протчiе не возможно Сказать,
отъ сожалею разстаться.

Мураками Тейске
октября 8 дня

村上貞助によるロシア語の惜別状
（ロシア士官たちへの惜別の情をロシア語で綴っている）

筆の惜別の状が、ペテルブルグにあるロシアナショナル図書館の手稿部に残っている。発見したのは、中村喜和氏の共同研究者である司書の故Ｖ・Ｍ・ザクレービン氏である（中村喜和、二〇〇五）。

　筆者もペテルブルグで閲覧と撮影をしたが、そこには次のようなことが書かれていた。

さらば、真の友よ
私の心を理解してください
他のことは言えません
惜別の情がこみあげるので
村上貞助
十月八日

　ロシア語テキストに間違いがないとはいえないが、なかなか立派なロシア語で、彼のロシア語運用能力の高さを物語るともに、この時の日露交渉の通訳たちの言語レベルの高さを示唆している。

「タイショウ、ウラー!」

一〇月一〇日、ディアナ号は帆をあげて出航の合図をした。すると、嘉兵衛がディアナ号を内港から沖へ曳船するため、多数の小舟を従えてやってきた。村上貞助をはじめとする官吏が大型船で見送った。湾口では、別れに臨んで乗組員が「ウラー」を唱えた。それから嘉兵衛に感謝と敬意を表するため、乗組員全員が、力をいれて「タイショウ、ウラー!」を三唱した。嘉兵衛はロシア人から「大将」と呼ばれていたのである。嘉兵衛も、乗ってきた艀の上から、「ウラー、ディアナ!(万歳、ディアナ号)」と叫んだ。

ペトロパヴロフスク港帰着

一八一三年(文化一〇)一一月三日(和暦一〇月二八日)、ディアナ号は無事ペトロパヴロフスク港へ帰着した。ゴロヴニンとリコルドがペテルブルグを出発してから七年の歳月が流れていた。ゴロヴニンを救出するためリコルドは三度の日本航海を行った。リコルドは次のように日露交渉を総括している。

従来はお互いに何の交渉も持たなかった二大帝国が、この事件を通じて解決の方向に大きな一歩を踏み出したのである(Рикорд, 1816)。

嘉兵衛とリコルドの尽力により、この時点の日露は互いの先入観を捨て、互恵に基づく友好関係樹立の一歩手前まで歩み寄りをみせていた。

第十一章　高田屋嘉兵衛外交の成功の秘訣

1　天性の外交センス

対等な外交

ロシアに拉致された高田屋嘉兵衛はロシア語を知らなかったので、カムチャツカで交渉できる事柄は、本来ならば、そう多くないはずであった。しかも、嘉兵衛は日本から派遣された使節ではなく、抑留者であったので、その活動は漂流民と大差ないものになる可能性があった。

しかし、嘉兵衛は、このロシア抑留生活を日露交渉の千載一遇のチャンスに変え、巧みな外交交渉を展開した。対等の外交を行ったことが大きな特徴といえるが、それを保証したものは、以下の三つがあった。第一は、コトバの壁を乗り越えたこと。第二は、経済的に自立した生活を送ったことである。これは日本領事部がカムチャツカに出現したのと同じような機能を果たした。第三は、儀礼・象徴・もてなしを多用することで信頼関係を築いたことである。外交に真に必要なものは、相互の信頼であることを改めて認識させられる。

ターニングポイント

嘉兵衛外交の軌跡を見てみると、大きなターニングポイントが二つあることに気づかされる。第一は嘉兵衛がリコルドにゴロヴニンたちが生きていることを告げたときである。ルダコフのムール宛書簡にあるように、ディアナ号の乗組員たちは五郎次のもたらしたロシア人捕虜全員殺害の報に接し、日本に対し敵対行動を取るつもりであった。その第一歩が観世丸拿捕であったが、嘉兵衛の話により同胞生存の可能性がでてきたので、敵対行動をとるという方針を中止したのであった。

第二は解決のシナリオを嘉兵衛が提示した時である。すなわち、イルクーツク知事からロシア政府はフヴォストフの行動に関知せずという証言を出せば、ロシア人を解放するというシナリオである。以来、基本的にこの線に沿って交渉は進展し、解決に至っている。

解決のシナリオ

なぜ嘉兵衛は、一介の商人でありながら的確な判断を下すことができたのか、日露の関連文献をもとにその謎を考えてみよう。

第一は、嘉兵衛は蝦夷地定雇船頭という立場で松前奉行所に出入りしていたので、奉行所の意向を「知りうる立場」にあったことである。これは、嘉兵衛が拉致される直前に書いた弟たちへの手紙でも、公儀の趣意をわきまえていると書いていることから確かめられる。

第二は、カムチャツカ役所の宿舎に収容されているのを利用して、嘉兵衛がロシア側の文書を盗み見ていたことである。毎週役所の人間が礼拝に行き誰もいなくなる時をねらって、オリカ＝オリガに文書を読ませていた（『高嘉秘説』）嘉兵衛は、ロシアのカムチャツカ役所に入ってくる情報を知りうる立場にあった。「盗み見る」というのは、嘉兵衛のような高潔で任侠心に富む人間には、リコルドの信頼を裏切るようで、苦痛を伴う行為であったはずである。長期にわたり諜報行為をすることは、日露紛争の円満解決という高次で崇高な目的がないと、自己嫌悪やノイローゼに陥るにちがいない。オリガが、異国人である嘉兵衛の頼みを受け入れて役所の手紙を盗み読みできたのは、彼に対する情愛や信頼に由来するだけでなく、ロシアに征服されたイテリメン女性であったので、国に対する裏切りの感情がめばえなかったからであろう。

こうして、嘉兵衛は日本とロシアの両方の役所にレーダーをもつことができた。「境界人」である嘉兵衛のスタンスが、高精度の情報収集を可能にしたといえよう。

奇妙な一致

次に嘉兵衛の描いた解決シナリオと奉行所の提示した解決シナリオが一致したのはなぜかを見てみたい。ここである興味ぶかいディテールに着目したい。嘉兵衛自身が『高田屋嘉兵衛遭厄自記』で述べているように、彼が解決シナリオをリコルドに提示したのは、拉致されて四ヶ月後の深夜のことであった。嘉兵衛は、われわれ日本人の処遇をどうしようとしているのかと質問した。夜中にわざわざ寝ているリコルドを起こした理由は、ロシア語も上達し通訳がなくても話せるようになったからというものである。夜中に突如自分のロシア語能力の上達を自覚し、寝ているリコルドを起こすというのは、いかにも不自然である。朝まで待って、身をただして談判するというのが、礼儀に配慮する嘉兵衛の行動パターンであろう。彼に非礼の意識を感じさせない緊急のこと、すなわち、日本からの指令書が深夜に到着したからリコルドを起こしたのではないだろうか。たとえば、一八一三年（文化一〇）九月一六日深夜に日本で幽囚中のゴロヴニンが、日本人通訳からディアナ号らしき船を見受けたという報告を受けたように、深夜に到着した至急便の内容を伝達するのは、非礼なことではなかった。

2　事前の調整

文書の往復　リコルドが来日する以前に、文書の往復により、事前に日露間の調整がはかられたと考えられる。その理由は以下の通りである。

第一に、嘉兵衛がロシア情報を日本に伝えようとしたことである。その企てを見ていたリコルドは以下のように書いている。

すべてのロシア人が彼に示した配慮と同情は、この高潔な人間の心に作用し、ロシアに滞在した日本人の誰一人伝えてこなかった、自分を捕虜にしたロシア国民に関するこのような情報を、何とかして祖国に知らせたいと、日夜、それればかり考えるようになった（Рикорд. 1816）。

嘉兵衛はアイヌの交易ルートを通してロシア情報を日本に伝えたと考えられる。その理由は嘉兵衛自身がアイヌ社会に太いパイプをもっていたうえに、カムチャツカにアイヌのシトカを同行していたことである。カムチャツカからエトロフ島まで辿り着けることは、千島列島を縦断した南部慶祥丸漂流民が自力帰着したことで分かっていた。それに、アイヌとイテリメンの間ではもともとカムチャツカと千島列島を連結する交易圏が存在していた。

第二に、カムチャツカ長官ペトロフスキーが、ディアナ号に発砲しないよう手紙を書いてくれと嘉兵衛に依頼したことである。彼はわざわざヴェルフネカムチャツクから嘉兵衛に交渉にきたのである。彼は日本の北の門が開いており、日露の間で文書のやりとりがあることを知っていたからであろう。前述したように、嘉兵衛は彼の依頼を断ったのであるが、事前に発砲しないことを知っていたので、その必要を認めなかったのではないだろうか。嘉兵衛があえて断ったのは、抗議の意を表すためであろう。

第三は、カムチャツカの歌妓との別れの際の絵に付されたテキストが、以下のようになっていることである。「魯西亜船俘賀兵、重年蘇武《そぶ》嚙氈情、万里雁書相到日、朱唇吻吮泣呑声」。ロシア船により俘虜にされた嘉兵衛を、一九年間匈奴の捕虜になりながらも民族の節を守った蘇武にたとえたものである。ここでは、七言絶句の中の「万里雁書相到」という句に注目したい。この文言は、ロシア船の俘虜である嘉兵衛（「賀兵」）のもとに万里を超えて日露の間で手紙（「雁書」）が往復（「相到る」）していることをも示唆しているのではないだろうか。日本からの指令を受けて嘉兵衛が帰国するのを嘆いているように思われる。

第四に、嘉兵衛たちを乗せたディアナ号がクナシリ沖に近づいた時、陸からの発砲がなかったことであり、しかも発砲しないということを嘉兵衛が事前に知っていたことである。

第五に、嘉兵衛上陸時に、クナシリの陣屋からの文書を届けた金蔵と平蔵が、この内容は「嘉兵衛承知の義」なので早くもっていってやれと、陣屋にいわれたといったことである。

第六に、金蔵と平蔵がリコルドに届けた文書を、リコルドが開けようとした時に、嘉兵衛が制止したことである。リコルドは『日本折衝記』のなかでその時の会話を書き留めている。

「好奇心にかられて分別をなくしはいけない。この箱にはわが政府からお前さんたちの政府宛の重大文書が入っているはずだ」。嘉兵衛は私〔リコルド〕から箱をうけとると、三度うやうやしく頭上に持ち上げる儀式をおこなった。「すべて、われわれの都合のいいように進んでいる。わしが『われわれ』と言うのは、気持ちのうえでは、わしは半分ロシア人なのだ。この箱を隊長のところに返しに行かせてもらえると非常にうまく行くのだ。明日には折り返し、お前さんのところに帰ってくる。日本の礼儀から言って、そうする必要があるのだ」(Рикорд. 1816)。

嘉兵衛は自分のことを半分ロシア人だと言っている。ここには彼のスタンスが現れていると同時に、彼が事前に箱の中身を知っていた可能性が示唆されている。

嘉兵衛抑留以前の幕府の意向

嘉兵衛がつかんでいた幕府の方針が拉致段階のものなのか、それ以後のものも加味されているのかを調べることで、彼が日本から情報を得ていたかどうか検討しよう。まず、嘉兵衛がロシアに抑留される以前のフヴォストフ事件に関する当局の意図をみてみよう。松前奉行荒尾但馬守がゴロヴニンたちを釈放する方向で解決を図ろうとしていたことは、一八一一年（文化八）一〇月二日（和暦八月二七日）に彼が「フヴォストフの独断専行が判明すれば一同をロシアへ帰らせる」と、公的な尋問の場で言っていた（Головнин, 1816）ので、当然、嘉兵衛は知っていたであろう。さらに松前奉行は、一一月一九日（和暦一〇月一六日）にも、日本襲撃は、「商船が、皇帝やロシア政府の意図を無視し、船主の同意さえも得ずに行ったものである」ことが判明したとして、ゴロヴニンたちに有利になるよう手をつくすので、「絶望せずに、神に祈り、心安らかに、日本の大君の裁断を待つがよい」と申し渡した（Головнин, 1816）。しかし、松前奉行が釈放送還の方針を書き記した上申書は、一八一二年（文化九）一月二六日、幕府に却下されてしまった（『通航一覧』巻三〇五）。

実は、ゴロヴニンが手記で書いているように、松前奉行はフヴォストフの領土領有宣言、レザノフの指令や追加指令、フヴォストフの死などに関する情報はすべてつかんでいた。ゴロヴニンの部下ムール少尉が情報を流していたのだ。ムールは日本への帰化を願い、「獄中上表」を書いたが、後にゴロヴニンたちとともに釈放され、自殺することになる。ムールの暴露にもかかわらず、松前奉行は事件を深追いせず、眼をつぶり、決着を図ろうとしていた。彼には真相を明らかにすることより、紛争の連鎖をたちきることが主眼であったからである。
和暦六月一八日、荒尾但馬守は、小笠原伊勢守と交代して江戸に旅立った。その後嘉兵衛は八月一四日に拿捕されている。彼がもっていた幕府の意向に関する情報はこのあたりまでであった。

釈放方針決定

一八一三年（文化一〇）二月一八日（和暦二月二八日）、新奉行が松前に着任した。随員とともに、村上貞助と足立左内と馬場佐十郎も到着した。村上は荒尾但馬守が他国に日本の法律や習慣を押し付けるべきでないと幕閣たちを説き伏せたことをゴロヴニンたちに話した。すなわち、幕閣たちが、ゴロヴニン事件に関し、釈明書をもって長崎に回航するようロシア軍艦に要求すべきであると主張するのに対し、荒尾は近距離の蝦夷地で早急に解決できる問題であるにもかかわらず遠くに回航を命じると欺瞞や姦計があるとロシアが疑うと反論した。さらに、それでは日本の法律に違反するという幕閣に対し、荒尾は、太陽・月・星などの神の創造物も変化を蒙るものであるのに、「日本ではかなき人間の作った掟を永久不変のものたらしめたいと願うのは、滑稽で無分別である」と政府を説き伏せ、ロシア側に長崎回航を求めず、松前奉行をしてロシア側との折衝にあたらせることになったという。

さらに数日後、松前奉行吟味役である高橋三平と柑本兵五郎がゴロヴニンとムールを城に呼び出し、「ロシア軍艦が日本沿岸に来航した節には、艦長たちに書状を送りつけ、フヴォストフの行動に関し、ロシアのいずれかの県又は州長官からの釈明を要求せよとの命令」を受けたこと、その書状にロシア語訳を添えて、主要な港湾に送るつもりであることを告げた。ゴロヴニンとムールは村上、上原と共同して翻訳にあたるよう命じられた。

幕府がゴロヴニン釈放の対応策の評議を始めたのは、一八一二年（文化九）八月に再渡来したリコルドからのゴロヴニン釈放要求と翌年の再渡来を予告する書状を受けてからである。この書状は九月に松前奉行から幕府に届けられた。嘉兵衛が拉致されたのは同年八月であるので、日本側の解決シナリオは嘉兵衛が拉致されてから評議されている。嘉兵衛が幕府の意向に沿ったシナリオをリコルドに提案するには、その解決の道筋に関する情報が彼のもとに届けられなければならない。

開いていた北方の門

嘉兵衛はアイヌの交易ルートを利用して日本と文書交換を行い、解決のシナリオを作成したと考えられる。北の門が開いていたと考えられる証拠を見ておこう。

第一は、飛驒屋久兵衛の『北信記聞』には、一七四四年（延享元）に三〇人ばかりのロシア人が、カムチャツカに漂着した竹内徳兵衛を通訳にともなって日本との交易を求めに厚岸に来航し、長期滞在したことが記されていることである。松前藩からの沙汰が出るまでの間、飛驒屋の費用で滞在したロシア人からの情報の流入が認められる。たとえば、飛驒屋文書には、ロシア語も記入された蝦夷地図（年不明）が所蔵されているが、古川古松軒などの地図に比べ、ロシアとの情報交換により、千島列島が弧状に描かれている。

第二は、工藤平助が『赤蝦夷風説考』のなかで以下のような記述をしていることである。

松前人の物語を聞に、蝦夷の奥丑寅に当りて国あり、赤狄《あかえぞ》といふ。蝦夷の東北の末の海上に千嶋と名付く嶋々大小数々あり。この嶋つゞきより折々交易する事、昔より有之由。赤狄の産物、から鮭、鯨の油の類、其外蝦夷物品出よし。此方よりも塩、米、反物、鉄の細工物、刀物、包丁など渡して、口蝦夷《くちえぞ》との交易有之事、昔より承る所なり（『赤蝦夷風説考』）。

これが事実であったか否かについては、川上淳の研究があるが、抜け荷が行われていた可能性は高いとしている（川上淳、一九九六）。筆者も同意見である。

第三は、一七八七年（天明七）二月七日付の英国新聞に掲載された以下の記事である。

カムチャツカ長官イスマイロフ大佐から次のような報告を受けた。アメリカの海岸から毛皮を積んできたイギリスの武装船二隻が、松前島（北海道）に入港した。一行は当初、上陸も新鮮な食料の購入も許されなかった。だが君主に高価なヨーロッパの品々を贈ってからは、日本人と交易し、毛皮を主とする船荷を売るための友好同盟を結ぶことができた（『外国新聞から見た日本』）。

蝦夷という外地意識の強い土地であるだけに、交易に関しても緩やかな統制しかなかったのであろう。

第四は、一七九二年に来航したラクスマン使節の日記（六月一九日）に松前島のアイヌ集落での食糧調達に関し、以下のようなことが書かれていることである。

ニシン、タラ、オヒョウが食料として彼ら〔アイヌ〕のもとに豊富にあった。とくに従者たちが買いこんだ。銀の小銭硬貨で支払ったが、かなり安かった。買物の最中に、一人のクリル毛人〔アイヌ〕が一ルーブル銀貨を水兵たちの小銭と両替した。それを聞いて、どこで手に入れたのかたずねるように命じた。カラフト島の毛人から手に入れたとのことだった（Лаксман, 1792）。

クリル毛人とはアイヌのことである。ロシア語では千島列島北部の先住民を「クリル人」と呼び、南の島々の先住民を「クリル毛人」と呼ぶ（Головнин, 1816）。前述したように、ゴロヴニンが聞きだした露領アイヌ・アレクセイの話ではアイヌは物々交換をしていた。しかし、ラクスマンたちが上陸した北海道では金銭を媒介にした取引も行われていたようである。しかも南千島アイヌがカラフトアイヌから一ルーブル銀貨を入手し、それを小銭にくずすほど、ルーブルは通貨として、北海道のみならず、カラフトでも日常的に流通していることを示唆する内容である。

第五は、一七九八年（寛政八）、『蝦夷草紙後篇』「赤人国より松前へ書翰を送る事」にある以下のような文言である。

寛政八辰年赤人国から松前領主へ、書翰送るとて、ウルップに持来る。此時アツケシ酋長イコトイ、蝦夷バツコ並にネモロの酋長ションコアイノ等、ウルップ島に行ければ、其書翰請取て帰り来る。ションコアイノよりアツケシ詰合の松前家来に差出す（『蝦夷草紙後篇』）。

手紙が届くルートが存在したという事実に注目したい。

第六は、一七九八年（寛政一〇）、絵鞆（室蘭）に来航したイギリス軍艦プロビデンス号の艦長ウイリアム・ブロートンの証言である。すなわち、彼は『プロビデンス号北太平洋探検航海記』のなかで松前藩士が「松前の北東に位置するこの島の港のひとつであるアゴダディ（箱館）では、ロシア人が商取引をしていることも知らせてくれた」と記しているのである。

第七は、レザノフの交渉が不成功に終わったとき、オランダ通詞たちが彼に何度も「民衆はあなたたちを支持しています」という言葉をかけたことである。さらに、通詞たちは、ロシアとの交易に反対している大名が死んだとき、「あなたはカムチャツカに移り、そこから日本の海岸に向けて、船を出すのです」「われわれの法律に反したロシア人全員が、帰ることを許されたことをあなたも見てきたはずです。急ぐ必要はありません。そのあとご自身で松前に来て、交渉を始めるのです」と言ったことである。このような認識は異国とのインターフェイスにいる長崎のオランダ通詞には存在した。

第八は、レザノフを乗せたナジェジダ号が蝦夷地に立ち寄ったが、その際アイヌや松前藩士と談話したり、アイヌがもってきた鯡《にしん》を古着やボタンと交換したりしていることである（『日本滞在日記』）。また日本人も春画や書籍を売りに来たことをクルウゼンシュテルンも記録している（『クルウゼンシュテルン日本紀行』上巻)。

第九は、『蝦夷物語』の蝦夷地来寇事件に関する記述である。すなわち、「ヲロシア日本に寇《あだ》するの発りは松前先きに其候の領たりし時はヲロシアに毎歳聊米を交易し与へけるに、公義より停止と成によれり」としている。蝦夷地が直轄になる前の、松前侯の時代には、ロシアとの交易があったという話は、ゴロヴニンがアイヌのアレクセイから聞き出した話とも一致している(Головнин, 1816)。

第一〇は、リコルドが持参したオホーツク港長官ミニツキーの書簡に、日露間に喜びと安寧をもたらす条件として、「従来の善隣友好合意の回復」があげられていることである。公式書簡に用いられた「従来の」や「回復」という表現はそのような関係がすでに存在していたことを示している。

第一一は、カムチャツカのことを描写したラングスドルフの航海記に以下の記述があることである。

〔アワチャ〕湾は、すべての水兵が証言するように、世界有数のものである。商業が発達し、中国、日本、アメリカ、アリューシャン列島やその他の南海諸島との関係がさらに強化すれば、聖ペトロパヴロフスクはそのうちに、収益のあがる商業中心地になり、人口の多い繁華街に発展するであろう(Langsdorff, 1813)。

ラングスドルフは日本来航前後にレザノフと行動をともにした学者である。引用は日本での交渉決裂後、カムチャツカに寄港したときの記述で、ペトロパヴロフスク発展の条件のひとつとして、日本

『蝦夷人物図説』
（唐土〔中国〕の服を着て日本の太刀を腰にさしたアイヌ。足元にあるのはロシアの帽子）

との「さらなる関係強化」をあげている。彼の証言は、日本との関係がすでに存在していたことを示唆している。

第一二は、蝦夷の人物を描いた図にロシアや中国からの渡来品があることである。有名なのは蠣崎波響《かきざきはきょう》の「夷酋列像《いしゅうれつぞう》」でクナシリ・メナシの戦いで松前藩に協力したアイヌの酋長のロシア軍服と蝦夷錦をまとった絵であるが、ここでは『蝦夷人物図説』をあげておこう。図には次のような説明がついている。「この図は、蝦夷人唐土の服をきて、モスコヴィア（ロシア）の被り物をかぶり、日本の太刀を帯びる体なり」。

第一三は、北方におけるロシアとの取引に関する、加賀藩家老の「御家老方等手留」に記載された「露西亜船去冬渡来ノ節、加州ヨリ米弐万石毎歳商候旨申聞候義相見候由」という記述である。このことは鏑木勢屹氏がすでに指摘している（鏑木勢屹、一九七二）。

第一四は、シーボルトがその著『日本』で以下のように記していることである。

得撫は日本の千島の端の島（ロシアの地図によれば一八島）で、ここで日本の住民とロシアの住民との間で交易が行われている。われわれが信頼できる筋から知ったところでは、日本政府の側がこれを黙認しているので毎年のように増加している。またロシア政府がこれに干渉することがないのは、恐らくその間は支障なく行われているからであろう（シーボルト、一九七八）。

第一四は、後述するように、リコルドが一八四四年（弘化元）に日本の友人たちに手紙を送り、その返礼として和服を受け取ったばかりか、それを着用した肖像画（三三二頁参照）がロシア海軍博物館に現存していることである。

以上のように、北の門は、開閉の広狭の程度は時代により違っていたであろうが、常に開いていたようである。アイヌに太いパイプをもつ嘉兵衛は、既存の交易ルートを利用してアイヌを介在に書簡を往復し、日露双方がのむことのできる解決シナリオを作りあげていったと思われる。

3　嘉兵衛の知恵と工夫

異なる認識の調整

嘉兵衛は文書交換により日露の紛争連鎖を断ち切るための方法を提示した。彼は、まず第一に、日本の国家権力の意向を反映させようとした。ロシア側の意向に関しては公文書を盗み見たり、漢文やアイヌ語を駆使して情報を収集し、リコルドとの対話を積

ロシア海軍創設300周年記念メダル
（左：リコルドとゴロヴニン，右：ディアナ号）

み重ねることで意見をすりあわせ、相手方がのめる案を出した。

それがそう簡単なことでなかったことは、ゴロヴニン事件に対する日露の認識の懸隔が示唆している。いくつか例をあげよう。第一は、クナシリ島でゴロヴニンたちが捕縛されたとき、日本側が国際法を蹂躙し、薪水の補給を餌にロシア海軍軍人をおびき出し身柄を拘束したと考えたロシア側は、事件現場のクナシリ島泊湾のことを「背信湾」（ザリフ・イズメナ、『通航一覧』では「詐欺湾」）と名付けた。この地名は現在も地図に載っていることはすでに指摘した。

第二は、フヴォストフとダヴィドフがおこした事件は、日本では襲撃事件や狼藉事件と表現されるが、ロシアでは今も昔も一貫して日本遠征（экспедиция）と表現される。たとえば、ロシア海軍創設三〇〇年を記念して発行されたメダルの最後を飾るゲオルギー・ゴストニコフ作の金メダルの表面には「ロシア海軍三〇〇周年」と刻まれ、ゴロヴニンとリコルドのポートレートが彫られている。裏面には地理的発見の文字と千島列島を背景にしたディアナ号とゴロヴニンたちが捕縛された一八一一（文化八）年が刻まれている。それを特集した二〇〇一年四月四日付の新聞『サンクトペテルブルグスキエ・ヴェドモスチ』のタイトルは「クリル叙事詩を記念して」である。

このような事件認識の異なる日露の紛争を、対話により円満に解決した嘉兵衛の知恵と工夫を見ておこう。

使節の肩書

交渉当時のリコルドの肩書きは、普通に考えればロシア軍艦ディアナ号の艦長であった。ヨーロッパの認識では国旗を掲げることを許された船の艦長は、国外では国家を代表するものであり、交渉に際してはその元首（国王、ツァーリ、皇帝）の代理をするものである。それは測量目的で日本探検に出ている艦長にとってもいえることである。しかし、鎖国日本では、遠洋航海は存在せず、中央当局の代理としての船長の認識はなかった。

リコルドは会談成功のカギを次のように分析している。

ゴロヴニンたちの解放の成否を左右した最大の要因の一つはカムチャツカの軍政知事の肩書を自分につけた私の勇断である。それは日本人の頭脳に作用し、その自尊心をくすぐった。私にそのような決心をさせたのは、賢明な高田屋嘉兵衛との談話であった。この勇断がなければ成功はおぼつかなかったであろう。というのは日本には軍艦がないので、軍艦の艦長のタイトルに関する認識がなく、商船の船長のタイトルは彼らにとり何の値打ちもなかった（Мельницкий, 1856）。

遠洋航海が禁止され海軍を持たなかった当時の日本では、船といえば商船か漁船しかなく、船長が国家を代表することなど想像することもできなかった。

カムチャツカは当時イルクーツク州の一部で知事をおけるような行政単位ではなかったが、リコルドはみずからをカムチャツカ知事と誇大広告した。嘉兵衛は言った。「もしここにイルクーツク知事が来航したら、彼の肩書の重要性により、彼の要求は速やかに何の支障もなくかなえられるであろう。カムチャツカ知事としてのお前さんとなら必ず交渉に応じるだろう」(Мельницкий, 1856)。日露紛争解決を優先すべくリコルドはルダコフにカムチャツカ長官の地位を譲ったので、彼がカムチャツカ長官に就任したのは一八一七~二二年(文化一四~文政五)であった。

相手を交渉のテーブルにつかせるべく、リコルドはカムチャツカ長官(ナチャリニク)を名乗った。日本側は、それを「ナチャ」と発音し、「カムサツカ支配仕候者の役名にて、カピタンより上役の由、日本にては代官にも相当」すると認識した(『通航一覧』巻三二〇)。

同様のことが嘉兵衛にも言える。ゴロヴニンも言ったように、ロシア側は彼のことをずっと日本の役人と認識していた。彼が詐称したのではなく、かもし出す威厳や風格、正装の際に帯刀したことなどからそう判断したのである。さらにリコルド自身が超法規的行動を取るとき(許可書の到着を待たずにクナシリに出帆)、嘉兵衛の大物ぶりを演出した。

外交儀礼　外交儀礼をどうするかは、従来も使節との会見の際に問題になった。着座と靴の着脱を中心に、嘉兵衛の快刀乱麻を断つ解決ぶりを見てみよう。第一回遣日使節のラクスマンは日本側から靴を脱ぐことと平伏の礼をすることを要求されたが、日本の要請に対し靴を脱ぐのは礼法上の観点から、平伏の礼は宗教上の観点から、断固拒否した。結局妥協が図られ、それぞれが自文化のコードに則った外交儀礼を採用することになった。

第二回遣日使節レザノフの場合は、外交儀礼に関する通詞との予備折衝で日本側に靴を脱ぐこと、座礼すること、帯剣しないことなど、すべて日本型国際秩序の礼式を押し付けられた。

リコルドの場合は、嘉兵衛の知恵により、短靴を日本の儀礼コード「革製足袋」と読み替え、長靴を短靴に履きかえることで双方の顔をたて、日露の着座が並存した。すなわち、リコルドはディアナ号から運んだ肘掛椅子に座り、日本側は畳の上に正座した。嘉兵衛とリコルドは、異なる文法や語彙をもつ対外システムの国同士の外交儀礼の基礎をつくったといえよう。このやり方は使節プチャーチンにも引き継がれ、ロシア人はパルラーダ号から長崎の会見場へ椅子を運んだ。

捕虜交換の論理

リコルドが最初に考えていた紛争解決論理は捕虜交換であった。リコルドはゴロヴニン救出のための航海を三度にわたり敢行するが、一八一二年（文化九）の救出航海の時には、六人の漂流民とフヴォストフに拉致された五郎次を連れていた。リコルドは西洋流の捕虜交換が成立すると踏んでいたが、しかしうまくいかなかった。彼は漂流民や抑留者を交渉のために上陸させたのだが、帰艦せず日本側に収容されてしまった。

高田屋嘉兵衛を拿捕した時にも彼だけで満足せず、日本人四人にアイヌ一人を加え、総勢六人をロシアに連行したのも、捕虜交換を想定していたからであった。そのうち三人はカムチャツカで病死した。リコルドは金蔵と平蔵の二人を上陸させるに際し、一人を帰艦させるよう嘉兵衛に要求した。この数の論理ともいえる西洋的交渉術は、嘉兵衛の猛反発を浴びた。嘉兵衛は捕虜として扱われることそのものに異議を唱えた。結局、リコルドは三人全員を上陸させ、嘉兵衛に対日交渉の糸口をつけるよう一任せざるを得なかった。

一八一三年のクナシリ交渉の時にも、高橋三平が連れてきた水夫のシモノフを嘉兵衛と交換するという案が、ロシア側から浮上した。それに対し日本側は以下のように判断した。

ホウシトフ按するに、去文化四年エトロフ島乱妨の異賊なり、之故を以召捕候者ゆゑ、嘉兵衛と引替之姿に相聞候ては、御国威巍然と不仕候間、右之ものは通弁に召連候ゆゑ難差遣、当秋明弁書持参、弥捕置候もの御返しにも相成候節は、一同に差かへし可申旨、嘉兵衛を以申聞候（『通航一覧』巻三一二）

明弁書の提出

日本がロシアに要求した紛争解決の方法は、あくまでロシアの重職からの明弁書であった。この明弁書に関しては、リコルドが一八一三年のクナシリ交渉の時にカムチャツカ長官（ナチャ）の肩書ですでに提出していた。それは何故無視されたのか。それに対して日本側は以下のように反応した。

右ナチャ儀は、去々年去年共甲必丹に而渡来仕、殊に去年は、嘉兵衛其外連行候儀も有之候得は、右之ものより直に答書差出候而は、余り軽率にも相成、御趣意之処江的當可仕哉之程難計、若箱館江相廻候上、右に而不相済、一先カムサツカ江御差戻相成候様に而は、事不相成儀に而、箱館迄之騒きに相成、奉恐入候間、右之訳合得と相諭、カムサツカ江差戻、外重役之ものより之答書取之、直に箱館江可罷越旨、嘉兵衛を以申諭候（『通航一覧』巻三一〇）

「ナチャ」とはナチャリニクすなわち長官の意味で、日本側には「代官にも相当」するという認識はあったことはすでに見た。タイトルとしては問題があるわけではなかったが、彼が嘉兵衛を拿捕した本人であることが問題にされたのである。

トレスキン書簡　リコルドは明弁書をとりにいったんロシアへ帰った。彼がロシアから持参した手紙は、イルクーツク知事トレスキンとオホーツク長官ミニツキーのものであった。ロシアにとりメインの手紙は、上官であるトレスキンのものであった。フヴォストフの件については、彼らの行為は「独断専行」であり、取り調べの結果、法により「罪人」と認定され、首都で「処罰を受け」、すでに「この世にいない」と書かれてあった。しかし、ゴロヴニンの件については、その内容は以下のように強迫性が強く、日本側が容認できるようなものではなかった。

当方は不運なゴロヴニン大尉とその同僚の引き渡しをご命令くださるよう貴下にお願いする。（中略）なにゆえクナシリの長官はなんら敵対的なことをしていないロシア士官を拘束し、当方からの最初の要求の際に引き渡さず、話し合いに一切応じなかったか。（中略）日本政府による人の道に反した行いに対しては、陛下は平和愛好と穏健の御心であらゆる試みをなされた後には、深い悲しみとともに、自身の帝国の武力と偉大さにふさわしい手段の行使にむけ事態をおすすめになり、武力行使により償いをおさせになるだろう。これにより、この度の事態以外に関しては陛下ご自身尊敬になっている日本全土の平穏を揺るがすことは必定である（古河歴史博物館蔵）。

トレスキン書簡は、日本側にゴロヴニンの釈放を求めるとともに、敵対的行為をしていないロシア士官を拘束した理由を説明するよう求め、それがかなわない場合には武力行使も辞さないというものである。フヴォストフらの行為に対する謝罪の言葉はどこにもなく、彼らの独断行為をロシア政府の意思によるものとみなすことはできないのに、水を求めて上陸したロシア人を捕らえたのは、人の道にはずれると日本を非難している。

リコルドの釈明書

日本側は、トレスキンの手紙は情報不足に基づく誤りであるとして、それを以下のように、リコルドに弁明させることで黙殺し、穏便なミニツキーのほうを採用することにした。リコルドは、ゴロヴニンから越冬しないほうがいいとアドバイスされた時、釈明書を書いた。

リコルドの釈明文の日本語テキストは従来から『通航一覧』に掲載されており、趣旨は同様であるが、それより詳しいロシア語テキストを引用しておこう。

松前奉行高官であられる高橋三平と柑本兵五郎殿

イルクーツク知事閣下がフヴォストフの行動を説明するために以前松前奉行に宛てた懇親状を書かれた時には、日本政府のロシア人に対する不信の原因となる多くのことをご存知なかった。たとえば、日本沿岸に置かれたフヴォストフの文書がそうであり、また日本に来航したクリル人が、あたかも日本の島を偵察するためにロシア人に派遣されたかのように言ったことである。もし閣下がこのことをご存知であったならば、あのような書状は書かれなかったであろう。それゆえイルクーツク知事閣下の書簡をフヴォストフの狼藉行為の説明として取り置き、委しい実状を知らずに書かれたその他のすべては忘れていただくよう尊敬する閣下にお願いする次第である（古河博物館蔵）。

こうしてイルクーツク知事・トレスキンの書簡は黙殺され、ミニツキーの書簡が採用されることになった。

ミニツキー書簡

ミニツキー書簡も、フヴォストフとダヴィドフとのロシア政府の関知を否定し、彼らのその後の運命（償罪の為のスウェーデン戦従軍、ペテルブルグでの溺死）や日本からの略奪品が消費されるままに放置したオホーツク港長官を処罰したことを説き、ゴロヴニンたちの釈放を要求するだけではなかった。釈放した場合にはロシアとの一層の善隣友好関係と沿岸住民の安寧が保証されるが、それまでは「海上からの敵対行為」をこうむる恐れもあると脅したのである。その一方で以下のように、すべてを解決する方法として交易関係樹立を提言したのである。

日本政府が、ロシアと中国との間に存在するような基盤による両国臣民の恒常的な国境での関係と結びつきに同意するならば、それこそが、偉大な両国の善隣関係の強化とあらゆる誤解と不信を取り除く唯一の手段である。

トレスキン書簡もミニツキー書簡も政府の関与を否定するだけで、謝罪はしなかった。二人とも自らの書簡を「懇親状」とジャンル規定していた。

日本側はミニツキー書簡を謝罪文とみなすことで、日露の関係正常化をはかったのである。松前奉行は以下のような諭書をリコルドにわたし、ゴロヴニンら八名を釈放した。

諭　書

我国むかしより、其国と仇もなく怨もなし、其国の船蝦夷の島を乱暴せしによりて、我国にても守備を設け、くなじりにして、其国の者ともを捕へたり、推問するに及て、先年乱暴を致せしは、其国役人の知さる所にて、海賊の所為なりといふ、然れともいまた信用にたらす、此度其地の役人より書を贈りて、其証をあらはし陳謝する所、我を欺さる事を知れり、此故にわれも又疑念を散して、こゝに其国の者ともを帰し、互に憾を遺さす、抑外国とあらたに通信通商を議する事は、我国の禁にして許さざる事、往年其国より長崎に来れる時、委しく暁諭せしか如し、我国の浦々はいふに及はす、蝦夷島島においても、異邦の船見ゆる時は、銃丸を以て打払ふ事、是我国の掟厳にして違ふ事なし（『通航一覧』巻三二二）。

ロシアに対し敵対感情はないが、日本では外国と新たに通信通商を行うことは禁じられているので、今後来訪するならば大砲で攻撃することもあると警告している。この諭書は、ラクスマンへの国法書、レザノフへの教諭書につぐ三番目のロシアへの申渡しであり、以前の国法書と教諭書を継承発展させ、鎖国の国法化に拍車をかけるものであった。

高橋三平・柑本兵五郎の申渡し

さらに松前吟味役の高橋三平と柑本兵五郎からも以下のような「覚」が手渡された。

一、我国の大禁は、きりしたんの教法なり、ゆゑに長崎の外にてエウロッパの船をみれは、陸に上たてすして打払ふ（中略）

一、都而欧羅巴より来りしもの、我国人にきりしたんの教を勧むれは、其人を帰さすして重き罪に行ふは我国法なり、今捕置たる其国のものとも、か丶る所為なきを以て、此度かへす事をゆるす（中略）

一、我国は、外国の交易を頼ますして国用弁し来れり、長崎の交易は、むかしよりいはれある国々の往来を許して、利潤を必とするにはあらさるなり、然るに、先年より其国の好所を以て、頻りに我国を謀るは大なる誤りなれは、此後交易を乞ふの念を絶へきなり（『通航一覧』巻三一二）。

この申渡しは、鎖国の祖法だけでなく、キリシタン禁制も強くうたったもので、ロシアのみならず、ヨーロッパ諸国を拒否する論理をたてていた。

もう一つの訓令　ロシア側にはもうひとつ交渉で決着をつけなければならない課題があった。それは日本との間に国境を画定することであった。ロシア側は常に捕虜解放と並んで国境画定と通商関係樹立を追求していた。国境などというヨーロッパ的な認識は希薄な日本であったが、日露に横たわる不安定要因を除去する必要は感じており、幕府は一八一四年（文化一一）になってから、国境に関する方針を示した。高橋三平が持参した国境画定案は、国境を日本はエトロフ島、ロシアはシムシル島までとし、中間のウルップ島を無人地帯とするというものであった（『通航一覧』巻三一五）。エトロフ島で日露会談をする約束であったが、ロシア側とは接触できなかった。ロシア側も一八一四年（文化一一）、一八一五年（文化一二）、一八一六年（文化一三）と毎夏船をエトロフ島へ送ったが、日本側と行き違いになってしまった。リコルドと嘉兵衛のつくり出した可能性は生かされないまま、使節は行き違いとなり、結局うやむやになってしまった。

結果として日本は、通商関係樹立を拒否しただけでなく、来航禁止を申し渡すことができた。しかし、ゴロヴニンを解放する場は国法（鎖国の法）による長崎での引き渡しではなく、荒尾但馬の意見をとりいれて、松前で引き渡すことにした。以前はラクスマンとレザノフには長崎以外での交渉をうけつけないと申渡しており、ロシアとの関係で対外関係の秩序が崩れつつあった。それ以後、ロシアは政府レベルの動きは見せなかったが、商船レベルでは、開国にいたるまで、一八一六年（文化一三）エトロフ島沖で薩摩永寿丸漂流民を、同年エトロフ島沖で尾張督乗丸漂流民を、一八三六年（文久三）エトロフ島沖で越後龍宮丸漂流民、一八四三年（天保一四）エトロフ島沖で富山長者丸漂流民を送還し続けた。その送還先はすべて長崎ではなく蝦夷であった。

まさに日本型対外システムにおける漂流民送還体制は、ロシアとの関係で崩れたと言える。その一方で、リコルドと嘉兵衛の知恵が生み出した外交儀礼における日本型対外システムと西洋型対外システムの間の変換ルールは、幕末の対外交渉の際の会場設営を助け、開国へソフトランディングさせる一因となった。

第十二章　淡路への回帰

1　日露架橋の現実

嘉兵衛は事件解決後、拿捕事件の顚末を松前奉行所に報告した。「文化九年高田屋嘉兵衛魯西亜船ニ被捕同一〇年帰国御公儀松前奉行江上申始末書」がそれである。

嘉兵衛の処遇

破格の抜擢で日露会談の応接係を務めた嘉兵衛は罪人であった。異国の土を踏んだものはいかなる事情にせよ罪人として扱われたのである。一八一三年（文化一〇）九月一五日からは称名寺に収容され、同心、雇四人に監視され、ディアナ号が帰国してからも帰宅は許されなかった。嘉兵衛はカムチャツカで健康を損ねたうえに、日露交渉で奔走し、過労死寸前の状態だった。病気を理由に箱館の自宅で療養することを奉行所に願いでて許可され、一〇月一日から自宅謹慎の身になった。

帰国直後の四ヶ月間日露交渉の裏方を務め、休む暇がなかった。

翌一八一四年（文化一一）三月三日、松前奉行所から呼び出しがあった。「魯西亜船へ被捕候処、罷帰候に付、無構旨申渡。唯今迄之通、御用向為相勤可被申候」という幕府のお達しが伝えられた。ロシアに拉致された時から嘉兵衛のすべての役職は消滅していたが、この日から復活した。嘉兵衛は、再び蝦夷地定雇船頭の御用をつとめ、苗字帯刀も復活した。水主の金蔵と平蔵に関しても沙汰がおりたが、従来通り嘉兵衛のもとで働いてよい、国許に帰った場合は、みだりに出歩いてはいけないというものであった（「高田屋嘉兵衛露船に捕われし始末」）。

同年五月、ゴロヴニン事件解決の功を賞され、幕府から嘉兵衛に金五両が下賜された。フヴォストフ事件でロシアに連行された人や落命した人たちにも賞賜があった。嘉兵衛は弟たちと協力して事業を展開し、家名を高めた。

同年七月、大坂奉行所は兵庫にある町奉行勤番所に嘉兵衛のクナシリ島における動静や江戸における取調べの模様を調べさせた。九月、嘉兵衛は兵庫の本店に戻ることができた。嘉兵衛が大阪町奉行所の取調べを受けたのは、本店と本宅が兵庫西出町にあったからである。一七六九年（明和六）の上知で幕領となったのちは、兵庫に大坂町奉行所の勤番所がおかれた。同月一四日、大坂町奉行所から呼び出しがあり、宗門関係の吟味があったが、その後は、東西町奉行の水野因幡守・平賀信濃守から日露交渉のことを聞かれ、ご馳走にあずかっている。一一月五日には、大坂城城代大久保加賀守に召しだされ、ゴロヴニン事件の全容を下問され、ご馳走になり、金子《きんす》二〇〇疋をもらった。

次男嘉吉誕生

ゴロヴニン事件解決後、まもなくして次男の嘉吉が誕生した。淡路高田家の檀那寺・多聞寺にある過去帳によれば「明治二年六月一八日、五四歳、嘉蔵三男改め高田屋嘉兵衛清房死、大阪」となっている。逆算すれば、一八一四年（文化一一）に生まれたことになる。ほとんどの文献がこの年を生年としているが、唯一清房（嘉吉）本人が書いたと考えられる『高田嘉兵衛系図』だけが、一八一六年（文化一三）の生まれとしている。しかも母親の名前が記載されていない。自分以外の人物に関しては母親の名前を記載しているので、故意に名前を伏せたのではないだろうか。他の高田一門の文書では、嘉吉は嘉兵衛の妾腹の子で、嘉蔵の子としていたのが、嘉兵衛のもとに戻り、二代目嘉兵衛を継いだとなっている（高田敬一、一九三三）。カムチャツカ抑留で謹慎中に生まれた子で、公儀に遠慮して、嘉蔵の子としたものである。

妾とは誰のことなのか。妾と聞いてすぐ思いつくのは、つねである。つねと嘉兵衛は一八一二年（文化九）九月に引き離され、嘉兵衛はカムチャツカに抑留されていた。二人が箱館で再会するのは、一八一三年（文化一〇）一〇月のことである。この時に子どもができたとしたら、その子の誕生は一八一四年（文化一一）である。一八一二年から一三年にかけ日露紛争を収束すべく身を粉にして奔走していた嘉兵衛には、新しい恋をする余裕はなかったであろう。真阪という遊女からの恋文が、函館高田屋嘉兵衛資料館に展示されている。高田屋の土蔵を管理していた人が所蔵していたもので、「何事も申しはべらねど、ただ名残惜しく……」と恋心が綴られている。手紙の中で詠まれた短歌「はこたてに　かへりますとも　わすれるなよ　明くれ人の　おもふ心を」の宛先は、「高田様」となっているので嘉兵衛宛とは断定できないが、高田屋大尽の男女関係の雰囲気は伝えている。このような関係の女性は各地にいたことであろう。たとえば、前述したように、嘉兵衛には龍という娘がいたという家系図もある。しかし、異国帰りはいかなる理由であれ、謹慎しなければならなかった時代である。ほとぼりが冷めやらぬこの時期の嘉兵衛は、それほど自由に各地を飛び回ることはできなかったはずである。

今ひとつ考えられる母親は、カムチャツカの歌妓オリガである。すでに見たように、クナシリ交渉のときにオリガは来日して翻訳に尽力した。日露の記録によれば、ディアナ号の航海にはいつも女性が乗り組んでおり、なかには「カムシャーツカ売女」（『通航一覧』巻三二四）と書いたものもあるので、カムチャツカの歌妓が混じっていても不自然ではなかった。イテリメン人と日本人の子どもであれば、髪が黒いので混血児だとはすぐには分からない。それに、蝦夷地では和人とアイヌとの混血はこの頃増加していたので、すこし違っていてもそれほど人目を引くこともなかったであろう。

嘉兵衛の次男嘉吉がつねとの子どもか、イテリメン女性との混血児か、あるいは他の日本女性との子どもか、今のところ決め手はない。新しい資料の出現を待ちたい。

幌泉場所と根室場所の請負人に

一八一六年（文化一三）、高田屋は競争入札でホロイズミ場所を落札した。翌一八一七年（文化一四）、特別指名により根室場所の請負人となった。これは箱館の人々の嘆願を考慮した結果であった。幕府が直捌きを廃止し、各場所を請負人に託した結果、東蝦夷地の大半を松前商人が請け負うことになり、箱館の衰微を嘆いた箱館市中が幕府に嘆願したのである。

白山友正氏によると、嘉兵衛は自己の三場所の産物ならびにこれら買い集めた産物を、敦賀、兵庫、大坂で積み立て、自らが販売するほか、長崎、越後などの船手商に売約定をなした分を売り渡し、一方、諸方で買い入れ積み置いた内地の米・味噌・酒、日用品、衣料品などを松前地および東西蝦夷地の各場所に売り渡し、あるいは賃渡しした。その際、上方および諸国の相場を問い合わせておき、買人の利益にし、低い価格で売り渡す場合もあった。したがって、諸国の船手はよろこび、競って前金を差し入れ、荷物積み入れの依頼をする者が多かったという（白山友正、一九六三）。

つねの死

一八一八年（文政元）、つねが死んだ。観世丸に乗り組んでいたばかりに、嘉兵衛のつれあいとしてリコルドの手記に記載され、ゴロヴニンの手記では「商人の妻」と書かれた。ゴロヴニンは日本で嘉兵衛に会ったので、彼を役人ではなく商人と認識している。日本の記録では「角右衛門の妻」と記されている。一九世紀前半、日露とも女性は本人のアイデンティティだけで社会における立ち位置は確定できず、誰々の祖母、妻、娘という形で帰属先が表現されていた。つねは日本の記録では角右衛門妻であり、ロシアの記録では嘉兵衛のつれあいで、日露で帰属先が異なる形になっている。

『蝦夷物語』によると、つねは生前に日本内地の観光を望んだようである。

嘉兵衛蝦夷地滞留の徒然を慰めし箱館の女本邦の都を生前の思ひ出に一と度見まほしく折々嘉兵衛にこひ願けるに依り加兵憐《ママ》て一時伴ひ帰り本邦の繁華を見せしめ目を驚かし喜ひ帰りしとなん

つねには内地へのあこがれがあったのであろう。嘉兵衛は彼女の希望をかなえてやった。高田屋一門からは「箱館の女」と言われていたらしい。つねに先だたれ、自分も健康を害し死が身近に感じられる時期になり、嘉兵衛はつねを使用人の「そばめ」ではなく、高田屋嘉兵衛の妻として一門の墓地に入れたようである。いつこの墓が建てられたかは、ご住職に聞いても分からないとのことであった。箱館の称名寺にある高田屋三代目嘉市以降の箱館高田屋一族の墓には、嘉蔵・嘉兵衛・金兵衛の三兄弟の戒名を刻んだ嘉兵衛たち兄弟の合同参り墓がある。

その隅のほうに「文政元年寅六月二日」「釈尼妙証　霊」「奥州松前白部村　俗名　徒祢」と刻まれた小さな墓石がある。箱館高田屋の墓の一角につねの墓があるということは、単なる嘉兵衛のコンパニオンではなく、嘉吉の誕生と無関係でないかもしれない。一族ゆかりのある人が所有する過去帳には、つねは「高田屋嘉兵衛箱館妻」となっている。現代の高みから妾をもっていたことを非難するのではなく、彼が当時としては踏み込んだ責任の取り方をしていることに注目したい。

高田屋の家訓

一八一八年（文政元）九月、高田屋は一二条からなる家訓を制定した（『函館市史』）。

新しい高田屋の顔は、弥吉、嘉十郎、金兵衛で、筆頭代表は弥吉になっている。弥吉が勘当されたことはどの文献でも一致しているが、年代が定かではない。家訓が起草された時、嘉兵衛は五〇歳、長弟の嘉蔵は四八歳、三弟の金兵衛は四四歳、四弟の喜四郎は四二歳、五弟の嘉十郎は四〇歳、長男の弥吉は二四歳で、次男の嘉吉は五歳であった。集団指導体制への移行を狙ったようで、「三人相談の上」で、物事を決めよという文言が四条、八条、九条、一二条、結語の部分に五回出てくる。

注目すべきは、一〇条の「上方は申すに及ばず、箱館共残らず高田屋の身代に相違これ無く、後日に名前人の金兵衛のものと申さざる積り、依て後日名前人替り候節は、箱館上方共取引方印形共、証文預印形は跡名前人に切替申すべき事」と、一二条の「箱館店支配人の儀は、何れのものにても三人相談の上差置き候節は、先の支配人彼是申す間敷事」である。

金兵衛の権力が大きくならないよう、将来箱館支配人は三人相談して決めるよう、その場合先の支配人（金兵衛）はかれこれ言わないこととし、将来金兵衛が跡目相続人にその権利を渡すことを想定した書き方である。五歳の嘉吉を念頭においていると思われる。

さらに七条「大阪、兵庫共五ケ年之内は、家作並地面等相求め申さざる積り」と八条の「造船之儀は、五ヶ年の内見合せ申すべく」という文言は興味ぶかい。嘉兵衛は五年の間は拡張を見合わせるよう勧めているが、彼の鋭い感覚は、幕府の地下水脈の動きをとらえていたのであろうか。一八二一年（文政四）には幕府は蝦夷地を松前氏に返還している。

故郷で病気療養

一八一八年（文政元）九月、高田屋の家訓を制定し、組織の経営を磐石のものにした嘉兵衛は、官許をえて、故郷の淡路都志に帰り、病気養生することにした。五〇歳のことである。この時の状況について、息子の弥吉に器量がないので相続人からはずし、弟の金兵衛に跡目を譲ったとする説（『菜の花の沖』）があるが、同時期に書かれた家訓からも確かめられるように、この時点では弥吉は組織内の自らの地位を保っている。

フォルトロス

（ロシア帝国主義のランドマークとしてアメリカ・カリフォルニアに残るフォルトロス〔ロシアの要塞〕。現在は国の歴史公園になっている）

嘉兵衛は途中、江戸に立ち寄り、朗卿《ろうきょう》（谷文晁の高弟田中香雪のこと）という江戸の絵師に肖像画を描かせている。この絵は紀氏に嫁いだくにに譲られた。リコルドとの約束通り、くにとの関係が修復されたのではないだろうか。

同年嘉兵衛は、無事帰国することができた神恩にむくいるために、淡路の都志八幡神社に随身門《ずいしんもん》を寄進している。随身門とは、門の左右に随身を安置した神社の門のことをいう。高田屋一門が、次弟の嘉蔵を願主として嘉兵衛の無事帰国を祈願したのが満願成就したので、報謝の念を表したものである。八幡神社は高田屋嘉兵衛の生家の氏神である。四年前の一八一四年（文化一一）、嘉兵衛の無事帰国を祝って、淡路島の都志港に全国各地の高田屋の船一八艘が集結し、山高の船旗を掲げて五〇〇人の舟子が、八幡神社まで長蛇の列をつくって参拝したという言い伝えが残っている。

一八一八年当時の嘉兵衛の身分は蝦夷地定雇船頭であり、高田屋のトップであったが、事業は弟の金兵衛を準養子として展開させていた。

露米会社のその後と蝦夷地直轄廃止

ところで一八二一年（文政四）、露米会社は、サンフランシスコの北八〇キロメートルの地点に、フォルトロスを建設し、太平洋における勢力拡大を図ろうとした。しかし、一八一八年（文政元）、支配人のバラノフが死去したことで、露米会社の活動は急速に衰退しつつあった。アメリカやイギリスとの競合に勝てなかったのである。

一八二一年（文政四）九月二一日、アレクサンドル一世はロシアの権益を守るため、ベーリング海からウルップ島までをロシアが実効支配していることを宣言した。植民地海域における外国船の来航や企業活動を禁止する植民地鎖国令を発布したのである。アメリカはこれに対抗して一八二三年（文政六）、モンロー宣言で、露米会社の南北アメリカにおける植民地拡大を阻止した。さらに、一八二四年（文政七）と一八二五年（文政八）の露米英間の協約により、ロシアの北米植民地は削減された。日露関係に関しては、アレクサンドル一世の勅令はウルップ島をロシア領の南限としていたので、領土拡張競争は一段落した。しかし、露米会社の衰退はロシアの対日通商関係樹立の動きも鈍化させた。ロシアからの脅威がなくなったので、一八二一年（文政四）一二月、幕府は蝦夷地直轄支配をやめ、全蝦夷地を松前藩に還付した。この幕府の政策転換に伴い、嘉兵衛は蝦夷地定雇船頭の役を罷免された。これまでの「手当てとして米七〇俵」をもらっている。幕府の蝦夷地直轄の尖兵としての高田屋の出番は、なくなることとなった。

撤収依頼

幕府は直轄を廃止し、一八二一年（文政四）、蝦夷地を松前氏に返還することになった。一七九九年（寛政一一）に蝦夷地を上知させて以来、二二年ぶりのことであった。これに伴い、松前奉行も役割を終えた。もっとも、対外情勢に対応すべく一八五三年（嘉永六）に箱館奉行を復活させ、一八五五年（安政二）には福山周辺を除く蝦夷地全域を再び上知することになる。

嘉兵衛により良好な日露関係が築かれ、日露間に緊張がなくなったという判断からであるが、それ以上に直轄地を維持する経費負担に、幕府も周辺の東北諸県も耐えられなかったのである。直轄廃止に伴い、蝦夷地へ運ばれた大量の大筒、玉薬、物資、武器などを、内地へ撤収しなければならなかった。引き揚げ輸送は高田屋に依頼された。撤収作業は文政五年九月から翌六年七月まで続いた。

嘉兵衛がはじめて御雇船頭となった一七九九年（寛政一一）から二二年の月日が流れていた。箱館・エトロフ航路にいつも同伴していたつねも亡くなり、一つの時代が終わったように感じられた。嘉兵衛は蝦夷地を去る決意をした。

箱館支店から本店へ

嘉兵衛の弟金兵衛は一八二二年（文政五）一〇月、松前藩御用達を命ぜられ、苗字帯刀を許された。これを機に、箱館支店を本店に昇格させ、兵庫西出町の本店を支店とした。一八二一年（文政四）の幕府による蝦夷地直轄廃止後も箱館が衰退しなかったのは、高田屋の力だといわれるほど金兵衛は手腕を発揮した。さらに、大坂助右衛門西笹町ならびに江戸八丁堀にも支店を開設した。

高田屋の事業はますます繁盛していった。高田屋の屋敷は住民から「高田屋御殿」や「高田屋のご本陣」といわれた。その有様を『函館の史蹟』は以下のように述べている。

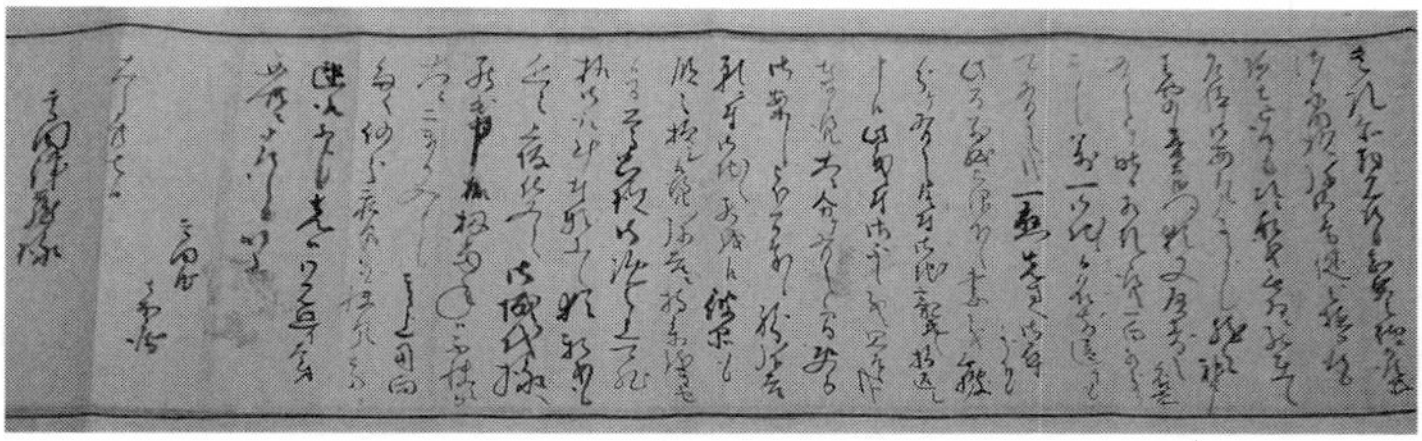

嘉兵衛の手紙
（ふさと離別したことがうかがえる嘉兵衛の書状。高田本家の律蔵に宛てたもの）

王候《ママ》を凌ぐ高田屋の権勢は高田屋一門に対する反感となって現はれ、後年日高沖における高田屋の手船と魯船との間に取交した旗合せの問題に端を発して、終に彼等一門の闕所没落に到ったものは、茲にその遠因を茲《ママ》に発していたものとも考えられているのである。

王侯をしのぐ権勢を手中におさめた箱館の高田屋は、この時を絶頂期として坂道を転げ落ちることになるとは、嘉兵衛以外、誰も想像だにできなかった。

ふさと離別

一八二二年（文政五）二月、本店移転の八ヶ月前、嘉兵衛は、大坂野田に別荘を立て、病身の妻ふさを養生させている。この頃からふさの生涯を追うのが難しくなる。手がかりとしては嘉兵衛が淡路高田本家の律蔵に宛てた手紙がある。執筆は一一月二七日としか書かれていない。そこに次のようなことが書かれている。

此間別紙被仰下候妻之儀、無拠分ヶ有之候ニ付、御地親元へ指返シ中候、此儀ニ付、御ふし義ニ思召候哉、奉存候得共、大ニ分ヶ有之候間、決而御案し被下間敷候、就、弥吉願ニ付御地へ罷越候（中略）猶、私めも近々上坂仕、又々御城代様へ　罷出中度、（中略）其上用向多く何分病気も、快気方速取不申候、先ハ御見廻ィ傍々如此ニ御座候

文面から判断すると、これは、ふさのことを心配する律蔵の手紙に対する嘉兵衛の返信のようである。ふさは親元に差し戻されていることがわかる。よんどころない理由とするだけで、具体的なことは明記されていない。息子の弥吉はまだ勘当されていない様子で、彼の願いにより淡路（御地）に出かけたようである。この文面では弥吉との間は平常なようである。嘉兵衛が帰国した段階では夫婦仲はよかったので、この手紙はそれ以後に書かれたのであろう。

いまひとつ、ふさの離別にふれた文献がある。嘉吉の系統の高田屋が残した『高田嘉兵衛系図』で、他の文献と異なる記述もみられるので、扱いに注意を要するが、他の史料と照合して、同様の事実に触れた箇所は参考にしていいだろう。それによると、ふさは格別の訳柄もないのに、晩年になって嘉兵衛と口論になり、「離縁之様に相成り」、大坂にいた弥吉の家に同居し、そこで亡くなったと書かれている。

嘉兵衛が、後顧の憂いなく蝦夷地で、海運、商売、造船、開拓、外交に八面六臂の活躍をすることができたのも、ふさの内助の功があってのことであろう。ふさは高田屋一門に「姉御」や「賢婦」と慕われていた（『和田姓堺屋喜兵衛高田屋嘉兵衛実伝記』）。ふさが兵庫の本宅を出て、大阪の野田に移っ

たのは一八二二年（文政五）のことである。幕府の政策が転換して松前藩が復領になった三ヶ月後にあたる。その五ヶ月後には高田屋本店は箱館に移転し、金兵衛が嘉兵衛の跡目を継いでいる（『高田屋嘉兵衛逐年経歴』）。時期から推測すると、高田屋の跡目相続のことでふさは異議申し立てを行ったのではないだろうか。

いずれにしても、ふさは淡路に戻った気配はない。『蝦夷物語』によれば、故あって、本妻のふさは嫡男弥吉と大坂に住んでいたとなっている。あいまいな離婚理由であるが、当時としては珍しいことではない。夫に反抗するようになり心に叶わなくなったというのも、立派な離縁理由になりえた時代であった。

ふさは、近代的な自我の芽生えをもった女性であった。嘉兵衛の夫婦関係は家同士の約束ではなく、情の通い合いを基に成立したものであった。淡路の青春時代、ふさの社会的地位のほうが嘉兵衛より上だったので、彼女が嘉兵衛を選んだ可能性もある。しかし、ロシアから帰国してからは二人の関係が違ったものになり、以前のような夫婦関係が成立しえなくなったのではないだろうか。妾腹の子である次男が生まれたことも無関係ではないだろう。

2　淡路都志の高田家

御殿に変貌したわら葺き生家

この頃嘉兵衛の生まれた生家は淡路一の御殿になっていた。生家はもともと、わら葺きで一〇坪の母屋と三坪の納屋しかなかった。享和末年から文化年間にかけて改築がなされ、五四三坪の敷地に高い外壁を築き、城郭の様であった。大邸宅には、母屋、裏屋敷、西座敷、土蔵三棟、納屋三棟、厩があった、西座敷は領主の蜂須賀侯を迎えるため増築されたもので、御成門上棟梁には蜂須賀家の紋章の左卍があった。

愛妾・織江

都志の豪邸で嘉兵衛の晩年を共にすごしたのは、糟糠の妻のふさではなかった。その家に嘉兵衛が住まわせたのは、織江という愛妾であった。『蝦夷物語』は以下のように書いている。

兵庫の津にも嘉兵衛の居宅大なる構あり今は類族を指置り箱館も舎弟嘉蔵に委ね置て自身は通ふ事なく故郷都志浦に旧宅を再興し土蔵を建並へて宛も城塁の如し其営構年々と雖猶未果《（ママ）》平日従者に漁業を営させ是を指揮し楼に登て遠眼鑑《とおめがね》を以て遠望して楽めり嘉兵衛愛妾織江女有（浪花住前讃高松士某之女容貌美麗貞操而能弾弦）同居シテ取箒帚《ママ》（加平本妻及嫡男有故而在大坂）加兵衛《（ママ）》多くの手船更る〳〵登り来て潤金を収納し舟長は礼服にて主人に謁し（其謁見ノ備甚厳也トゾ）且船へも請じ饗応す

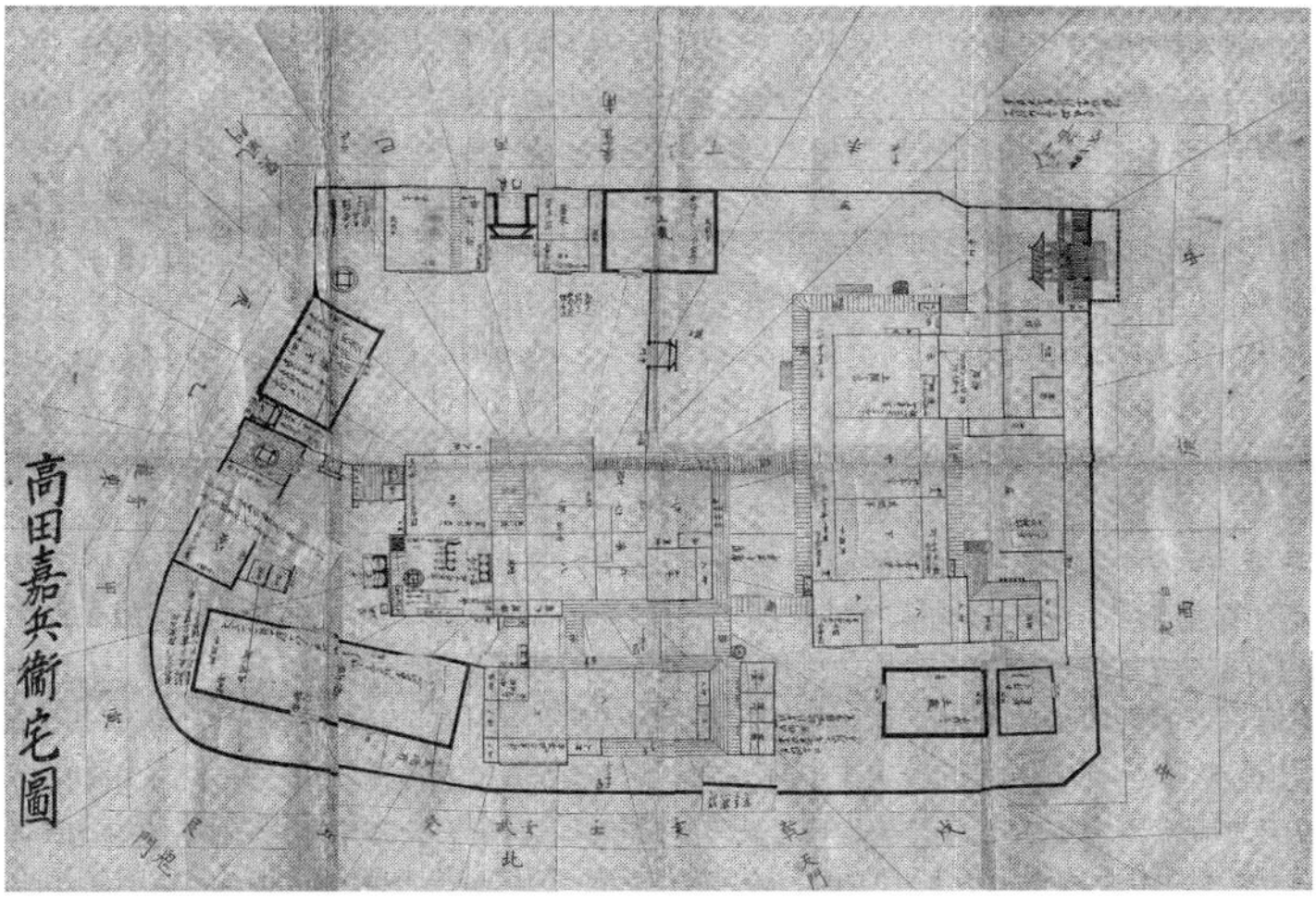

都志高田家屋敷図
（543坪の敷地に高い外壁をめぐらし，母屋，裏屋敷，西座敷，土蔵，納屋，厩を備えていた）

とぞ（後略）

晩年の嘉兵衛の生活ぶりの一端がうかがえる。故郷に再興した邸宅は、土蔵が建並び、あたかも城塁のようであった。身の廻りの世話をする愛妾の織江は、浪花に住む元讃岐の高松藩士の娘で、容貌は美麗で貞操観念が強く、弦楽器を弾くのが得意であったという。

織江という女性の名前が気になる。『蝦夷物語』には正妻のふさも、箱館妻のつねも登場するが、固有名詞では出てこない。「正妻」「箱館の女」として記されている。織江のみが、「愛妾」という嘉兵衛との関係性と共に固有名詞でも語られる。

ロシア語ではオリガの愛称はオーリャ

であり、普通は人を呼ぶのには、愛称を使う。織江はオーリャに音が似ているし、美麗で弦楽器を奏でるというのもオリガを連想させる。オリガの面影が忘れられないのだろうか。オリガの世を忍ぶ姿なのであろうか。あるいは本当に元高松藩士の娘なのであろうか。新しい史料の出現を待ちたい。

次男嘉吉の祝言を執り行う

一八二四年(文政七)、嘉兵衛は一三歳になった次男嘉吉と湊浦平本屋何某かの娘を養女とし、婚礼の式を執り行った。一三歳と一〇歳の新郎新婦であった。新婦は嘉兵衛の従兄弟で高田本家の高田律蔵の孫娘であった。嘉兵衛は律蔵を尊敬していたという。『高田嘉兵衛家系図』によれば、一八二七年(文政一〇)、嘉吉はそれまで叔父としていた実父嘉兵衛の養子になり、家督を相続したことになっている。『高田嘉兵衛翁伝』によれば、嘉兵衛没後、嘉吉がまだ幼かったので、親族が協議して、叔父の金兵衛を後見人にして、主として箱館表における商業万端管理の任を担当させたという。嘉吉は嘉兵衛が没した翌年の一八二八年(文政一一)、一五歳の時、父である嘉兵衛の勤功によって、領主蜂須賀侯により、嘉兵衛同様に小高取の格式を以て遇され、苗字帯刀を許された。

長男弥吉を勘当

嘉兵衛は嫡男の弥吉を勘当しているが、その時期は定かではない。若いころ放蕩に身を持ちくずし、折檻したが改悛しないので、妾腹の子嘉吉に跡を継がしたとするのが通説である。

時間軸上で弥吉にまつわる出来事を整理し直してみよう。以下の事実が目につく。

第一は、一八一三年(文化一〇)、嘉兵衛が自決の覚悟をしたとき、上陸する金蔵と平蔵に仏画を妻に、太刀を「唯一の跡取りである息子」に渡して欲しいと頼んでいることである（Рикорд, 1816）。
第二は、一八一八年（文政元）にまつわる事実で、これらは高田耕作氏に淡路にある嘉兵衛ゆかりのものすべてを案内していただいた時にご説明いただいたものである。すなわち、弥吉二七歳の時に制定された高田屋家訓の連署者の筆頭に、弥吉の名前があることである。さらに、嘉兵衛の無事帰国が満願成就した御礼建造した都志八幡神社の随身門の寄進由来にも、弥吉の名前がある。つまり、一八一八年の段階では二四歳の弥吉は親族内の地位を保全できている。
一八二七年（文政一〇）四月五日、嘉兵衛が死んだ時はどうか。その時の弥吉の様子を高田敬一氏は以下のように伝えている。

父の病気危篤なる由聞き伝へ、何とか生前一度対面を願ひ、従来の不幸を詫び、勘当の許しを得て、力の限り看病せばやと急ぎ、淡路に帰りしが、時已《すで》に後れ、はや葬式も済みし後なりしかば、大に之を悔い悲み、それより一七日の間、父の墓に跪き、昼夜唱名念仏して墓前を去らざりし（高田敬一、一九三三）。

「勘当のゆるし」という文言があるので、この時点では勘当になっている。一八一八年（文政元）から一八二七年（文政一〇）までに勘当されたと考えられる。清房（嘉吉）出『高田嘉兵衛家系図』には、一八二二年（文政五）三〇歳の時分に勘当されたという記述がある。年齢があわないが、一八二二年

（文政五）という年には注目したい。この年、高田屋本店が兵庫から箱館になり、ふさも兵庫から大坂に移っているので、一八二二年（文政五）が嘉兵衛一家にとり節目の年になった可能性が高い。勘当の時期を特定した他の文献がないので、慎重に扱う必要があるが、清房（嘉吉）によれば弥吉が家を出たのは、「親子伯父之中不和」ならびに、弥吉の不行届きが原因だという。

二代目金兵衛と二代目嘉兵衛

高田屋関連の文書では二代目金兵衛と二代目嘉兵衛の名前をよく目にする。二代目金兵衛とは、嘉兵衛の三弟金兵衛のことで、高田屋二代目ということである。二代目嘉兵衛とは嘉兵衛の次男嘉吉のことで高田家二代目である。一八二二年（文政五）頃に、嫡男の弥吉は勘当され、ふさも家を出ている。リコルドが描く一八一三年（文化一〇）の段階の親子関係はすこぶる良好で、夫婦の仲も睦まじい。理想的だった家庭が崩壊したのはなぜか。嘉兵衛の葬式の際の弥吉の行動から父への憎しみは感じることができないので、原因は親子関係ではなく、跡目相続にあるように思われる。

嘉兵衛はロシアから帰国して体力の衰えを感じていた。四六歳の時に授かった子ども嘉吉の将来が心配でならなかった。自分の目の黒いうちに将来を保障しておきたいと考えるようになったと思われる。苦肉の策が、家業と家名を分けることであったのではないだろうか。嘉兵衛は一八〇一年（享和元）に幕府から蝦夷地定雇船頭を拝命し名字帯刀を許されたが、一八二一年（文政四）に幕府の政策転換で名字帯刀の許しは無効になった。一八二六年（文政九）、領主蜂須賀侯は嘉兵衛の功労を賞し、小高取格に取立てた。こうして嘉兵衛は再び名字帯刀を許されたが、商売のときは屋号の高田屋を名乗った。刀は公用、つまり商用と私用以外の時は帯刀し、高田嘉兵衛と名のった。この経験から商号としての高田屋と家名の高田を分けて相続させることを考えついたのではないだろうか。

ふさとの婚姻解消や弥吉との親子関係清算は、強いられたものではなく、彼自身の決断であろう。嘉兵衛に強制できるような人はいないからである。嘉兵衛は次男嘉吉の地位を磐石にしたかったのであろう。この頃は、家名と家業は単独相続の傾向が強まっていた。江戸時代は嫡子の長子相続が一般的なので、弥吉であれば、家業と家名を分けずに跡目相続しても親族は承諾したであろう。それでは次男嘉吉の出る幕がないことになる。嘉兵衛は母親の実家という後ろ盾がない嘉吉が心配だった。金兵衛に家業を、嘉吉に家名を継がせ、嘉吉の成長を待つことにしたのではないだろうか。

嘉吉は嘉兵衛が死んで一年後、領主の蜂須賀侯から「嘉兵衛の勤功」により、苗字帯刀を許されている。一四歳の嘉吉が自らの手で勝ち得た苗字帯刀ではないことは明らかで、嘉兵衛が生前蜂須賀侯に頼んでおいたのだろう。嘉兵衛自身は実力でのし上がってきたが、溺愛する嘉吉には親の七光りを浴びさせていたことがわかる。廃嫡された弥吉は大坂に出て茶商を営み、山城の国宇治の茶商の養子となったという。

嘉兵衛の人的ネットワークは和合を基にしたものであった。後ろ盾のない嘉吉が不憫でふさと弥吉を排除したのだが、家業と家名を分けた嘉兵衛の策は後年、箱館の高田屋と淡路の高田家の跡目争いの火種を残すこととなる。

3 淡路での晩年

嘉兵衛は淡路に帰ってからは、そのインフラ整備に執念を燃やした。一八二三年（文政六）、都志本村と宮村の灌漑用川池の築造に際し、費用のほとんどを拠出した。都志本村および宮村の両村では耕地約四〇町歩に灌漑すべきため池が不足していた。そのため絶えず干ばつの被害にあっていた。一つの川池を宮村字井手の川端に築こうとしたが、莫大な費用がかかるので着手することができずにいた。これを知った嘉兵衛は、一八二三年（文政六）、手助けするという名目で、実際には全額の費用を引き受けて川池を完成した。嘉兵衛が郷土の開発に着手した最初の事業であった。一九三二年（昭和七）、ダムに改修されたが、川池の下部の石組みは現存している。

灌漑用水池を築造

一八二五年（文政八）、幕府が異国船打払令を出した年、嘉兵衛は、都志本村の新池築造に際し、金二四両を寄付し、これを手伝った。この新池は昭和四〇年代に廃止されている。灌漑用のかこい池となっている。

灌漑用水池を新造し 波戸港普請を援助

同年、都志浦新在家才崎の下にある防波堤を修築するにあたり、最初は米一八〇石余り、その後一〇年間、毎年金一〇両を出してこれを手伝った。現在の都志港がこれである。当初嘉兵衛は、都志浦海浜に長大な一大港を築造する計画をたてていたが、土地の人の同意を得ることができなかったのである。都志浦庄屋は、高田屋一人で築港されては、都志浦の体面にかかわり、また都志浦の人が船をつなぐにも肩身が狭く、小規模であっても共同で築港するほうが望ましいと嘉兵衛に言ったという。嘉兵衛は計画を変更して、共同で修港することになった。淡路島の西海岸にある都志港がそれで、現在もわずかながら、当時の石組みがコンクリートの岸壁から見えている。

都志の人々はなぜ嘉兵衛の全額出資を受け入れなかったのであろうか。筆者が行った聞き取り調査によれば、人々が小額であっても共同出資を望んだのは、彼らのマドンナであったふさを奪っておきながら、最後まで添い遂げなかったことに対する、地元の気持ちの現れであるという。

塩尾港を拡張

一八二六年（文政九）、都志港大防波堤計画を断念せざるを得なかった嘉兵衛は、翌年、塩尾港の改修を開始した。津名郡塩尾港は淡路東海岸の港であるが、港口が狭く、港内の水深が浅く、船舶の出入りが不便であった。修築して経営しようとするも、巨額の費用がかかり、着工の運びに至らなかった。このことを聞いた嘉兵衛は、これを支援することにした。実地調査のうえ、地元の人と協議をして一八二六年（文政九）六月、庄屋の平右衛門より出願して、許可され、一八三二年（天保三）に完成した。工事の設計は嘉兵衛によるものであり、築港費用の六六パーセントを高田家が拠出した。そのため高田屋港とも言い伝えられ、毎年正月には庄屋が人足を引き連れて都志本村にある高田家邸まで年賀の挨拶にやってきたという。この年頭礼は明治初年まで引き継がれていた。

若者を支援し神社仏閣に寄進

都志本村の若者の支配する邌物《ねりもの》（祭礼の時などに邌《ね》り行くだんじりの類）に対し、高欄掛けおよび猩猩《しょうじょう》緋《ひ》の幟をはじめ若者一同の襦袢などを新調して与え、都志浦新在家の若者のためには、氏宮祭典用の飾り船いわゆる船神輿一艘を調製して与えるなどした。生家のある本村だけでなく、辛い青少年時代を送った新在家の若者も支援していることに留意しておこう。淡路富士といわれる霊峰先山にある千光寺の三重の塔を修築し、都志の八幡神社の随身門の寄進を行った。また、道路・橋梁の改修に関しては、あたかも自分が責任を負っているかのように、破損するたびに惜しみなく私財を投じて修理した。

蜂須賀侯に拝謁

一八二六年（文政九）、領主の蜂須賀侯は、嘉兵衛の郷里での功績に対し、小高取格として礼遇した。これは食禄三〇〇余石の藩士なみの待遇で、三人扶持の定雇船頭より格が上であった。

一八二七年（文政一〇）、嘉兵衛は徳島城で蜂須賀治昭に拝謁し、紅毛渡来の玄狐《くろぎつね》の毛皮とギヤマン（ガラス）の鉢を献上し、お礼を述べた。前述したように、そのときに話したロシア体験談は『蝦夷物語』に収められている。カムチャツカ歌妓との接吻に話がおよんだときに、蜂須賀侯は「その口を吸われし時の心情は如何なりや」と嘉兵衛に問い、彼が「女に口を吸われて憎からず候」と答えたので、輿に乗った蜂須賀侯は褒美を与えたという。

嘉兵衛の死

一八二七年（文政一〇）四月、嘉兵衛は、背中にできた悪性の腫れ物が原因で、治療の甲斐なく、自宅で永眠した。郷里の都志に帰って九年後のことで、享年五九歳であった。遺体は大きな瓶に入れて朱詰めにし、都志の本村にある茅生《ちふ》の隈《くま》墓地に埋葬された。葬儀は長林寺で行われた。葬儀当日、嘉兵衛を慕う地元の人々の葬列は二キロに及んだという。長林寺では、一八一四年（文化一一）にも父弥吉と母久利の法要が執り行われたが、高田屋の旦那寺は多聞寺である。柴村羊五《しばむらようご》は、長林寺で葬儀が行われたことから過去帳がこの寺に納められていると誤解しているが、過去帳は旦那寺である多聞寺（真言宗）に納められている。多聞寺には高田家先祖代々の墓とともに、嘉兵衛の参り墓もある。

4　高田屋闕所

高田屋処分の顚末

高田屋本店に格上げされた箱館店では弟の金兵衛が順調に事業を展開していた。ところが、一八三一年（天保二）、高田屋の雇船の栄徳丸がロシア船と密貿易をしたとの嫌疑をかけられ、船頭重蔵以下、水主一一人が松前に拘置され、金兵衛も召喚される疑獄事件がおこる。尋問の結果、密貿易の証拠はないとされたが、密約（旗合わせ）はあったとして、松前藩はこれを幕府に告発した。

金兵衛、その養子嘉市、船頭重蔵以下一四名が江戸に召喚され、幕府の取り調べをうけた。尋問の結果、密貿易の疑いは晴れたが、嘉兵衛がロシア船と海上で出会ったときには互いの安全のために小旗をかざすという船標の約束をしていたこと、ロシアから帰国した金蔵（徳兵衛）が領外にでることを禁止されていたにもかかわらず乗り組んでいたこと、嘉市の手船順通丸が外洋で異国船に米・酒を与えたことなどが明らかになった。一八三三年（天保四）、高田屋は家業差留と船闕所《けっしょ》の処分をうけた。

持ち船三八艘は没収され、競売に付された。金兵衛は阿波藩預りとなった。こうして嘉兵衛が築いた高田屋は、彼の死後わずか六年で没落してしまった。

たしかに、嘉兵衛は、日露が開戦になった場合を想定して、挨拶の旗合わせをしたうえで正々堂々と闘おうという約束はしていた。旗合わせは現在でも船が出あったときに行われる挨拶の礼である。嘉兵衛が存命であれば、「船同士の挨拶、敬礼だ」とうまく弁明したかもしれない。異文化の儀礼が果たす機能を自文化の中に位置づけ、そのアナロジーを探して説明するなど、窮地に陥った人ができるものではない。

金兵衛は故郷都志に蟄居して一八四六年（弘化三）に病没し、現在は茅生の隈にある嘉兵衛の埋め墓の隣で兄弟仲よく眠っている。

この闕所処分の原因に関しては、幕府直轄時代嘉兵衛の後塵を拝させられた松前商人の嫉妬・怨恨による陰謀・反撃が成功した、金兵衛の奢侈が松前藩の反感をかった、松前氏の幕府老中水野《みずの》出羽守《でわのかみ》忠成《ただあきら》に対する賄賂工作が功を奏したなど、諸説ある。それぞれの要因が複合的に作用したのであろうと筆者も思う。大きくは、西洋型国際秩序と東アジア国際秩序の対立が船舶の航行作法の側面でも顕現したということであろう。多くの外国船舶が日本近海に出没する「北太平洋時代」に、「鎖国」政策をとる日本と西洋の対外秩序は船舶の礼法の面でも摩擦を生じていた。

一八三三年（天保四）、競売に付された高田屋の持ち船を落札した商人に銭屋五兵衛がいた。その一九年後の一八四八年（嘉永元）、五兵衛は獄死している。七九歳であった。密貿易の嫌疑をかけられたのであるが、表向きの罪状は河北潟投毒であった。経済や商品流通は国境を越える。鎖国体制下で大きくなりすぎた商業資本の悲劇であった。

高田屋闕所をめぐる言説

高田屋闕所の沙汰については、いろいろ風聞がたった。たとえば、滝沢馬琴によれば、領主の松前章広は高田本陣のことを次のように言っていたという。

領主の立より給ひし折、拾二畳の座敷に猩々絨を布たるが、只一枚にて席に満たり、領主見給ひてその席に著ずして猩々絨を座薦《たたみ》の上に敷くこと勿体なし、いかなる意ぞと近習をもて問せ給ひし（中略）その折金兵衛まうすやう、此敷物御用に候はゞたてまつるべし、かくのごとき物なほ二三枚所持仕候也、それも御用に候はゞみなさし上候はんとまうすに領主興さめて、彼は驕奢者也きと思ひ給ひしかば、この後は立より給はずなりし（「異聞雑稿」）。

猩猩絨というのはおそらくアイヌの交易ルートを通じて大陸からもたらされたものであろう。金兵衛の派手な行動が闕所処分の起因となったという言説は多い。しかし、松浦武四郎は高田屋闕所について、次のように書いている。書き下し文で引用する。

右は異国と交易いたし候儀、露顕及び、家亭主は天保三年壬辰八月六日松前において召取られ候に付き、家の有様委敷相分申候（中略）扨、高田屋金兵衛儀手広く異国と交易致し候に付、外患の程

もはかり難き候間、容易に流罪にも致し難く候付、其後、松平阿波守様に御預けに相成り候也

(『蝦夷日誌』巻三)

抜け荷の疑いは晴れたとされたはずだが、異国との交流が闕所の原因とする見方は根強くあった。罪の軽さに比べて刑が重過ぎるという見方が多いが、松浦武四郎のように、軽いという見解もあった。すなわち、手広く異国交易を行っていた高田屋を流罪にすると外国から攻撃を受ける恐れがあるので、国許の領主にお預けになったというのである。抜け荷に関しては、その事実が露見して幕府がそれを認めると国威にかかわるので、他の処分理由で商家をとりつぶす例が多い。高田屋に関しても、今後の日露の資料のさらなる発掘が必要だが、闕所処分をめぐって二つの見方が存在したことは確かである。

明治における名誉回復

時が流れ徳川幕府が崩壊し、日本は西洋国際秩序の一員になり、嘉兵衛の名誉回復が行われることとなった。

一八八〇年(明治一三)七月、時の兵庫県令森岡昌純《もりおかまさずみ》は明治天皇の兵庫巡幸の際に嘉兵衛の偉業を上表し、遺族を採録するよう請願したところ、太政大臣三条実美《さんじょうさねとみ》から嘉兵衛の孫である淡路高田の鶴喜代に追賞金二五円が付与された。

一八八三年(明治一六)、第一回水産博覧会のとき、金兵衛の孫にあたる函館高田屋の篤太郎が嘉兵衛の水産業績書を提出したのに対し、農商務卿西郷従道より金五〇円が追賞された。

一九一一年（明治四四）、高田屋嘉兵衛に正五位が授与された。近藤重蔵、間宮林蔵、最上徳内など北方開拓の功労者と一緒であった。幕府の政策に翻弄された人々である。日本をとりまく国際情勢の緊迫化により国家意識にめざめ、蝦夷地を内国化し、天領としたものの、維持に経費がかかりすぎ、松前藩に戻すという幕府の政策転換の犠牲者となった人たちであり、当然の措置であった。

嘉兵衛の日露関係打開のモットーは「天下のため」であった。単なる日本、ましてや徳川幕府ではなく、もっと広い「天下」のためであったことに留意しておきたい。

第十三章　時空をこえる嘉兵衛

嘉兵衛の姿、偉業などは、時空を超えて現在まで語り継がれている。肖像画から見てみよう。

1　複数の肖像画

リコルド『対日折衝記』の口絵

生前に描かれた嘉兵衛の肖像画が残っているが、最初のものは、ロシアで描かれたものである。カムチャツカ滞在中の嘉兵衛の礼装姿を描いたものである。これは、リコルドの手記に口絵として挿入されている。

リコルドは、帰国後、アレクサンドル一世の命により、ゴロヴニン救出の経緯を書いた『一八一二、一八一三年の日本沿岸への航海ならびに日本人との交流に関するリコルド艦長の手記』（日本では『対日折衝記』として知られているので、本書でもそれで通している）を出版した。同時期に出版されたゴロヴニンの『一八一一、一八一二、一八一三年の日本人のもとにおける抑留中の諸事件に関する海軍大尉ゴロヴニンの手記』(日本では『日本幽囚記』として知られるので、本書もそれで通している)と合載して出版された。しばしば、ゴロヴニンの手記そのものに嘉兵衛の肖像画が掲載されていると誤解されているが、リコルドの手記を併載していない『日本幽囚記』には嘉兵衛の肖像画は掲載されていない。

肖像画の下にあるテキストは「各国それぞれの習慣があるが、……真に正しき事は何れの国を問わず、正しきものと認められる」という松前奉行服部備後守がゴロヴニンを解放するときに述べた祝辞である。

宣教師ニコライが持参した肖像画

函館にある北方歴史資料館には、一八六一年(文久元)、箱館のロシア領事館付主任司祭として来日したニコライ・カサトキンが嘉兵衛の子孫にもたらした嘉兵衛の肖像画がある。リコルドの『対日折衝記』の口絵にあった肖像画を写真にとったもので、セピア色の写真はかなり退色している。ニコライは、東京・駿河台で開催された来日四〇周年の祝賀会で、来日の動機を「ゴロヴニンの『日本幽囚記』を読んで日本民族への愛情がわいて、それでやってきた」と語っている(ニコライ、二〇一一)。また、「嘉兵衛が長生きしていたら会えるかもしれない」とも書いている。彼は嘉兵衛に会おうとしたのだが、すでに嘉兵衛はこの世になく、果たせなかった。

くにが所持した肖像画

一八一八年(文政元)九月、嘉兵衛は箱館から淡路への帰途、江戸の絵師・朗卿に肖像画を描かせ、娘のくにに与えた。リコルドとの約束通り、くにとの仲が修復されたのだろう。この掛け軸は、くにの子の半四郎が早逝し跡継ぎがなかったので、彼の

さまざまに描かれる嘉兵衛像

（リコルドが書いた２年余りに及ぶゴロヴニン救出顚末記『対日折衝記』と高田屋嘉兵衛の肖像画。ゴロヴニンの『日本幽囚記』の付録として出版され，早くからヨーロッパ各国語に翻訳された。日本へはオランダ語から1825年に紹介された。ロシア語版〔左上〕，ドイツ語版〔右上〕，オランダ語版〔中央左〕，フランス語版〔中央右〕，翻訳ではないが，「満洲帝国」時代のハルビンで発行されていた白系露人事務局の機関誌『アジアの光』日本特集に掲載されたもの〔下〕で，見出しには「高田屋嘉兵衛――日本におけるロシア人の最初の友」とある）

妻たけが生家の松井家にもって帰ったものである。長らく松井家で保管されていたが、現在は淡路島の高田屋嘉兵衛翁記念館で常設展示されている（本書カバー図版参照）。

弥吉と嘉吉が所持した肖像画

弥吉は名前を弥十郎と改め、大坂で精進をつみ、葉茶屋も繁盛したという。嘉兵衛の死に目に会えなかった弥吉は、姉くにが所有する亡父の肖像を借りて、画師岡瑞（画号は霞橋）に頼んで模写してもらった。くに所蔵の肖像画にある羽織の紋は両胸元と背の三つである。弥吉は両外袖にも紋を付け加え五つ紋にしている。瀬川・岡久氏によると、二枚模写を作成し、一枚は異母弟嘉吉に贈り、もう一枚は自分が所蔵したという。一八四六年（弘化三）、弥吉は大坂の儒者藤沢東畡《ふじさわとうがい》に頼んで、この画に賛を書いてもらった。嘉兵衛の伝記である。これについては後述する。

現在この掛け軸は、函館高田屋七代目の高田嘉七氏が館長を務める函館の北方歴史資料館で常設展示されている（本書口絵一頁参照）。

弥吉が嘉吉に与えた一幅の掛け軸は高田耕一氏が所蔵していたという。『高田屋嘉兵衛翁伝』の口絵になっているのがそれである。弥吉の所蔵したのと同じ構図で、紋付も五つ紋になっており、落款が霞橋、岡瑞作となっている点も弥吉のものと同じであるが、賛がない。

模写される肖像画

最近、江戸時代に模写された肖像画が出てきた。兵庫県立博物館が二〇〇八年に購入したものである。「周包写」となっているので、嘉吉が所蔵したものではない。箱には、「高田屋嘉兵衛君肖像　高田氏秘蔵、得許模」と書いてあるので、高田屋一族が所蔵していたものを、許可を得て模写したものであろう。作者の吉成葭亭《よしなりかてい》（別号、周包）は、阿波藩士で陣貝方《じんかいかた》を勤め、笛吹きの名人といわれた（『福陵書房古書目録』第二五号）。このような肖像画は他にも多くあるであろうと思われる。

2　嘉兵衛の偉業の記録

ドベリの嘉兵衛観

嘉兵衛の人となりが、最初に文字になり公刊されたのは、ロシアのほうが早かった。嘉兵衛を「世界の嘉兵衛」にした最初の人はアメリカ商人ドベリである。彼は『祖国の息子』という当時ロシアで人気のあった週刊誌（発行部数一二〇〇～一八〇〇）に一八一五（文化一二）～一六年（文化一三）にかけて一二回連載で『シベリア旅行記』を連載し、その第六回目の記事がほぼ嘉兵衛に捧げられていた。他ではみられない嘉兵衛の容貌なども描かれている。日本でもロシアでもほとんど知られていないので、その重要性にかんがみ、いささか長いが、ここに嘉兵衛に関係する部分を掲載することにする。

ペテロパヴロフスク港に滞在中、私は日本の官吏である高田屋嘉兵衛と知り合いになった。彼は日本で捕虜になって投獄されているゴロヴニン艦長を救出するための最良の仲介役としてリコルド艦長によりフリゲート艦ディアナ号で当地に連行されてきたのだった。私の所にいた中国人の召使いは、さほど苦労することもなく、高田屋嘉兵衛と日本の文字で相互に理解することができる。彼〔中国人召使〕は英語も話せた。この中国人を介して自分の考えを日本人に伝えるのは具合がよかった。嘉兵衛はきわめて呑み込みが早く、さまざまな事柄について自分からも考えと感情を表明した。カムチャツカにいる同じような境遇の中国人よりはるかに多くの知識と学識を私に示した。このことから、前述したように、日本人は中国人より賢くて学識があると私は結論するにいたった。彼は熱心に自分の知識を増やそうとした。彼の祖国ではほとんど知られていないヨーロッパの習慣、政治、宗教、生活様式やその他について常に理にかなった質問をした。地球上の六分の一以上の面積を占めるロシア帝国を地図上で示して我々は彼を驚かせた。この帝国を統治しているのは一人の皇帝であり、特別の警護をつけず一人で民衆の間を歩けるくらい自分の民衆に愛されていると話すと、彼はさらに驚いた。皇帝自身が軍隊を統率し、多くのスラヴ民族がロシアに侵入したフランスに勝利するため目下戦っていると聞くと、彼はますます驚いた。

嘉兵衛は言った。「ロシアが占めている空間と比較すると日本は小国だが、人口が多い。日本には皇帝が二人いる。二人の皇帝がいなくてどうして国を治めることができるのか分からない。一人は精神界の皇帝で、もう一人は世俗界の皇帝である。嘉兵衛にヨーロッパにおける聖職者について少し説明すると、われわれのシステムを理解したようであったが、彼は次のように言った。「驚きだ。皇帝権力がカムチャツカのような遠隔地でこのようにきちんと統治しているとは」。彼はカムチャツカ半島の状態をほめそやした。そして、クリル諸島は日露の交流と交易のために自然が作った橋に似ていると言い、日露双方に莫大な利益をもたらす日本人と東アジアとの自由な交流を日本政府の古くからの政策が妨げているのをとても残念がった。嘉兵衛はフィリピンとマレー諸島の多くの産物を知っていた。それらは日本がきわめて必要としているもので、カムチャツカを日本への中継点とすると手工業品と交換に産物を運びこむのが便利になる。私とさまざまな事柄について話をすると、彼は常に感動し、日本の皇帝とはきわめて異なるロシアの皇帝に対する尊敬の念をうやうやしく示した。

ある時、驚いたことに、早朝の朝食直後に、高田屋嘉兵衛は日本人全員を引き連れて私の所にやってきた。彼を出迎えるために席を立とうとした。しかし、彼は、私に座ったままでいるよう強い調子で合図した。一緒にいた日本人の一人から、赤い絹の布をかけた大きなクッションを受けとった。その上には日本刀があった。彼は両手で刀を頭上に持ち上げると、下におろし、頭を床にすりつけんばかりにした。九回叩頭すると、クッションの上にある刀を机の上におき、挨拶の言葉を述べた。当方の中国人はそれを次のように説明した。すなわち、リコルド艦長および私〔ドベリ〕と何度も話をするうちに、嘉兵衛は、ロシアの皇帝陛下の徳に対し深い尊敬の念を抱きはじめ、心服するようになった。私がサンクトペテルブルグに上京し、皇帝陛下に拝謁すると聞いたので、尊敬と感服のしるしに自分の愛刀を私に託したのである。その際、彼は皇帝陛下に捧げるにふさわしい儀式を行い、かかる広大な国家をいとも簡単に治めている剛毅な君主のみに対して払う尊敬の念を示したというわけだ。

折を見て艦長リコルドの友情ある寛大な行動に対しても捧げものをするつもりであると私〔ドベリ〕に言うよう彼は中国人に頼んだ。なぜなら、嘉兵衛は捕虜であるが、武器やその他の物を身につけ、自由に使用してよかったからである。それに対し彼はとても感謝していた。彼はロシア人から受けたホスピタリティと厚遇を決して忘れないであろう。この人物が、遅かれ早かれ、二大強国間の交流を開始する仲介役となることを望む。嘉兵衛はきわめて強くそれを望んでおり、洞察力と卓見をまじえ両国がそれにより得る利益を示し、常にこのことを話題にした。実際、それらの多くが利益をもたらすことは目に見えていた。日本やフィリピン諸島ほど交易を開くことでシベリアやカムチャツカに幸福な暮らしをもたらす所はないであろう。海、追い風および、その他の天然の手段は、あらゆる形の交流に対する両列強の使命を驚くほど示している。

カムチャツカと日本にとってのフィリピン諸島の重要性は、英国やヨーロッパにとっての東インド諸島のように、きわめて大きい。土地が肥沃であること、さまざまな有益物質や贅沢品があることを考慮にいれると、東インド諸島以上である。しかし、今は話を日本の役人に戻そう。彼は五〇歳くらいで、中背で、情熱的な性格だった。はっきりした顔立ちだが、きわめて日本的である。ひと目で、太っ腹な性格であることが分かる。彼が意気消沈していることはめったになかった。不幸を勇気でもって克服する哲学の教えにしたがっているようであった。人に対し影響力を持ち、敵対的な状況も和やかにした。彼はしばしば日本人の生活習慣や儀式に関する面白い話をして、われわれを楽しませてくれた。しかも、判断はきわめて鋭かった。彼はおかしなことを笑い、不作法だと思うことを非難した。ある時、彼はわれわれに刀を使う練習を見せてくれた。それは両手を使いきわめて素早く行うものだった。しかし、日本のフェンシングはわれわれのものよりはるかに劣るものだった。

嘉兵衛はロシアの兵卒と砲兵の教練を見ると、日本の兵力のことを笑い、馬鹿にした。彼が言うには、ヨーロッパの兵力と比べると、日本のそれは子供のレベルである。ここで再びこの日本人に敬意を表さないわけにはいられない。私は、このような告白をできる精神的に寛大な中国人に会ったことは一度もない。ところで、中国人は勇気、芸術、その他あらゆる点でも日本人よりはるかに劣る。砲兵は、ことに嘉兵衛の注目をひいた。コルマコフ陸軍中尉、この砲兵司令官を正当に評価しなければならない。完全な秩序のある砲兵隊がカムチャツカにあるのは彼のおかげで、このことにより彼には至る所で名誉がもたらされるであろう。

アジアの諸国にいた時に私が集めた全ての情報から判断すると、日本の兵力は、人数は多いが、ほとんど機能しておらず、国を防衛する力があるようには思えない。実際、あらゆる港、湾、町は十分な数の大砲をそなえ防備されているが、そのほとんどは貧弱で、突貫工事で建造されたものである。その多くは布でそれらしく見せかけた砦柵にすぎない。それゆえ、爆弾ひとつでひとたまりもないであろう。軍事的な欠陥があるので、日本人は勇気と豪胆を備えているが、彼らは攻撃者の犠牲になるであろう。彼らを征服するにはかなりの兵力がいる。というのは、彼らは人数が多いから。しかし小規模な遠征隊を派遣すれば、隣国と友好的な貢納関係に入らせることができるであろう。高田屋嘉兵衛に見られるように、日本人は、率直さと洞察力の点で優れているので、科学や芸術の分野でいつまでもヨーロッパの後塵を拝することはないであろう。彼らの理性をとらえている古い習慣への偏見をなくし、日本人を、中国人のように、力ずくで変えさせることはできる。

高田屋嘉兵衛は、日本が攻撃される際の危険性を完全に予知したようで、日本人にとっての多くの重要な利害について述べた。彼はきわめて善良な心をもち、偽ることなく、友情と憎しみを示した〔他のアジア人ときわめて異なっている〕。彼の私に対する心服は心からのものであり、同様に彼が述べた考えも偽りのないものであると信じている。ロシアとの交易を開くという考えは嘉兵衛のお気にいりのもので、彼は両強国にとり何が重要なことかということを絶えず話している。私がカムチャツカを出発するにあたり、彼は別れを惜しみ、私に永遠の友情を約束した。嘉兵衛は悲しみを表明し、高齢で健康状態も良くないので、私と一緒にサンクトペテルブルグに行くことはできないが、彼の名前で皇帝陛下に刀を贈呈することを忘れないように頼んだ。

ドベリは嘉兵衛を高く評価し、それを日本人全体への高い評価にまで敷衍している。さらに、嘉兵衛が千島列島を「日露の交易の交流のために自然が作った橋」と位置づけ、鎖国政策に批判的であっただけでなく、日本、フィリピン、シベリア、カムチャツカをカバーする壮大な交易圏構想をもっていたことも示唆している。その一方で、日露の軍事力に差がありすぎるのを目撃し、日本には平和な交易関係を構築する以外に生き残る道がないことを認識していた嘉兵衛の姿も伝えている。

ゴロヴニンの嘉兵衛観

嘉兵衛の業績を世界的に有名にしたのはゴロヴニンであった。一八一四年（文化一一）、ゴロヴニンは解放されて七年ぶりにサンクトペテルブルグに戻った。飛び級で海軍中佐に昇進し、生涯年金を授与された。一八一六年（文化一三）に、ツァーリの命をうけて、海軍印刷所から官費で『一八一一、一八一二、一八一三年の日本人のもとにおける抑留中の諸事件に関する海軍大尉ゴロヴニンの手記』三巻をペテルブルグで出版した。たちまちベストセラーとなり、英語、フランス語、ドイツ語、スウェーデン語、オランダ語に翻訳された。ドイツ語からのオランダ語訳が出版され、それが日本に入り、ゴロヴニンにロシア語を学んだ馬場佐十郎が和訳に着手した。一八二一年のことである。翌年馬場佐十郎が病没したので、杉田《すぎた》立卿《りゅうけい》、青地《あおち》林宗《りんそう》が跡をつぎ、一八二五年（文政八）に『遭厄日本紀事』と題して世に出した。ゴロヴニンの日本体験陀談と日本論が展開されている。特に日本論は従来のヨーロッパにあった日本イメージ（キリスト教徒を迫害する野蛮な国）を一新するものとなった。ゴロヴニンは、公式の場で二度ほど嘉兵衛に会っただけなので、彼の業績を詳しく書いた訳ではないが、それでも以下のように書いている。

ゴロヴニンの肖像画
（2010年, ゴロヴニンが埋葬されたミトロファーノフスカヤ墓地跡に設置されたメモリー・プレート）

彼は単に船長であるばかりでなく、それらの船の持主であり、豪商でもあった。しかも非常に聡明で誠実な人物であったから、日本人の間では大変な尊敬を受け、最も位の高い役人たちでも彼には敬意を払っていた。要するに彼を知る限りの人は皆彼を敬愛していた。だからリコルド君を始め彼と一緒に暮らしたロシアの士官たちが、初めのうちは彼を官吏だと思ったのも当然である。けだし彼のように主立った人物になると、僻遠の地では武士と同様に両刀を帯しているからである（Головнин, 1816）。

ゴロヴニンは事件収集後の一八一七年（文化一四）、カムチャツカ号で二度目の世界周航を成功させた。一八一九年（文政二）、海軍大佐、翌年には海軍准将になり、海軍兵学校の校長補佐になっている。一八二七年（文政一〇）、海軍中将に昇進したが、一八三一年（天保二）、ペテルブルグで猛威をふるったコレラにかかって病没した。享年五五歳であった。ペテルブルグのミトロファノフスカヤ墓地に葬られた。この墓地は同年、コレラ患者用に開設された墓地で、一九二七年（昭和二）に閉鎖の決定がなされた。二〇一〇年（平成二二）、墓地跡にゴロヴニンのメモリアルプレートが設置された。

リコルドの嘉兵衛観

嘉兵衛をロシアだけでなく、世界に知らしめた最大の貢献者はリコルドである。リコルドは日本から帰国すると、日露善隣関係を構築した功績により海軍中佐に昇進し、生涯年金を受け取った。皇帝が彼の肖像画を描くよう命じたおかげで、リコルドの当時の面影がとどめられることになった。彼はアレクサンドル一世の命令によりゴロヴニン救出の顚末を、『一八一一、一八一三年の日本沿岸への航海ならびに日本人との交流に関するリコルド艦長の手記』（日本では『対日折衝記』）と題して出版した。全編嘉兵衛への深い尊敬と信頼の念で貫かれている。彼は嘉兵衛を通じて、日本にはあらゆる意味で人間という崇高な名で呼ぶに相応しい人物がいると言っている。

リコルドの肖像画
（対日交渉の功績をたたえ，ツァーリの命令により描かれた肖像画）

嘉兵衛も読んでいた『遭厄日本紀事』

一八二五年（文政八）、日本でもゴロヴニンの著作の翻訳が『遭厄日本紀事』（全一二巻・付録二巻）と題して世に出た。リコルドの手記も『遭厄日本紀事付録』上下として、そのなかに入っている。原著のロシア語のドイツ語訳から重訳されたオランダ語訳（一八一七〜一八年刊）からの邦訳で、嘉兵衛が亡くなる二年前に出ている。この写本は、『国書総目録』（一九九〇年）では二七冊、『古典籍総合目録』では三冊の存在が確認できる。今回、さらに徳島文理大学図書館所蔵の新竹文書の中から発見された「高田屋嘉兵衛関係文書」の中にある『遭厄日本紀事』のマイクロフィルムを徳島県立博物館で閲覧し、複写する事ができた。この所在は高田屋嘉兵衛顕彰会の北山学氏をはじめとする会員の方にご教示いただいた。そのなかには付録の上の最後に「遭厄日本紀事　付録上淡州都志本村　高田屋嘉兵衛」、下の最後に

「遭厄日本紀事付録巻之下終　津名郡都志本村　高田屋嘉兵衛　但　此日本紀事ハ御内密之事故表向世上江流布仕候書ニ無御座候間、左様被為遊ご承知内覧奉願上候　以上」とある。

嘉兵衛の書きこみは、淡路島でもオランダ語からの翻訳書を読むことができたという鎖国の実態を改めて伝えると共に、ロシア語、ドイツ語、オランダ語を経て重訳された書物により、リコルドの嘉兵衛に対する感謝と尊敬の気持ちが彼に伝わっていたことも示している。

藤沢東畡の賛

前述したように、弥吉は姉くにの許しを得て、父の肖像画を模写した。さらに、一八二二年（文政五）に藤沢東畡に頼んで「題高田屋嘉兵衛翁真」と題した賛を書き加えている。東畡は弥吉に嘉兵衛の生涯を尋ね、それを伝記に仕立てあげた。その全文は須藤隆仙『高田屋嘉兵衛』に出ているので、ここでは省略する。大半はエトロフ航路開拓、エトロフ島開発、日露紛争の事実経過にささげられている。わけても拿捕・抑留事件は大きくとりあげている。特に注目したいのは、以下の評価部分である。世間では、嘉兵衛を匈奴に捕らえられ、一一年間捕虜になった前漢の張騫《ちょうけん》とくらべ、「小張騫」と言っているが、嘉兵衛は「撫」により日露に平和をもたらしたことが、「征」によりことをなした張騫と違う。「仁」と「暴」は隔絶しているので、嘉兵衛の功績は張騫より比較にならないくらい大きいとする。東畡が、世間が見落としている大事な部分である、対話による解決の重要性を書き、嘉兵衛への敬意を表しえたのは、その原話をした弥吉の力があずかっている。

3　偉業の継承

リコルドの業績

リコルドは、一八一七年（文化一四）にカムチャツカの長官に任じられ、五年間在任して成果を挙げた。カムチャツカはロシア帝国の辺境地であるが、太平洋への玄関口として重要な港であった。しかし、慢性的な食料不足と伝染病に悩まされていた。彼ははじめて都市計画に基づくカムチャツカとペトロパヴロフスク港の再開発を行った。この彼の地図が残っているが、インフラ整備を心がけている。リコルドが嘉兵衛と夢見たペトロパヴロフスクの将来構想の中には日本との交易が入っていたに違いない。

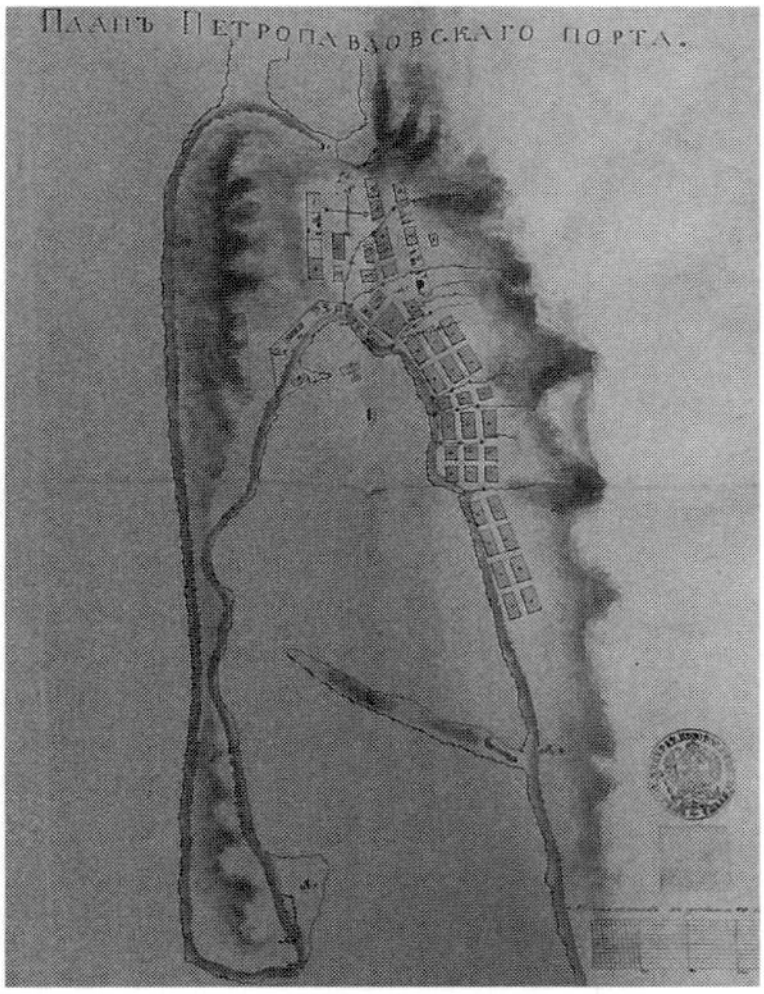

リコルドの地図
（リコルドが描いたペトロパヴロフスクの未来図）

リコルドは一八二八（文政一一）～三二年（天保三）にはロシア艦隊によるダーダネルス海峡の封鎖を成功させ、オスマントルコからのギリシャの独立を助けた。この功績に対しギリシャ国会は彼に名誉国民の称号を与えた。一八四三年

(天保一四)、海軍大将に昇進し、軍人として頂点をきわめ、白鷲勲章とアレクサンドル・ネフスキー勲章を授与されている。

一八四四年の手紙

まじめな軍人であるリコルドは日露交渉でやり残した今ひとつの訓令(国境を確定して通商関係を樹立する)のことが気になってしかたがなかった。一八四四年(弘化元)の段階では、オランダ国王ウィレム二世から開国をすすめる親書が日本へ届くほど、「鎖国」は世界が放置できないものとなっていた。

同年春、クルウゼンシュテルンは日本との国交関係樹立をニコライ一世に提言した。アヘン戦争後の中国の様子を見て、日本も変わると見たのである。この時、海軍大将となっていたリコルドは露米会社がエトロフ島に対日交渉のために船を出すというので、日本の友人たちに三一年ぶりに以下のような手紙を書いた。部分のみ引用する。

諸兄の国からの距離という点でも、行動様式の点でも、ヨーロッパ諸国でロシア以上に諸兄に近い国があるでしょうか。(中略)日本とロシアは二つの大国です。両国とも、国民生活に必要なものはすべて備えており、欠けているものはないのです。しかし、隣国と友好的な関係をもたないことは罪であり、よくないことであるということは、同意していただけるでしょう(Мельницкий, 1856)。

返礼の着物

この手紙の返答としてリコルドは手紙と礼服をうけとった。感激したリコルドは和服を着用しては、知人たちに日本の礼服を以下のように説明した。「このゆったりした袖はですね、日本の役人にとって筆記用具一式を入れておく場所なんです」。

和服を着たリコルドの姿は肖像画に描かれている。発見したのは、ペテルブルグのナショナル・ライブラリー手稿部の古文書学者である故ザグレービン氏で、中村喜和氏との共同研究の成果である。画家はD・P・マリャービンである。二〇〇八年に筆者もペテルブルグの海軍中央博物館に所蔵されているのを確認している。この肖像画は一見すると、ガウンを着用しているようにも見える。しかし、リコルドは厳格な軍人で、礼を重んじる人間なので、部屋着のガウン姿で自分のポートレートを描かせるとは考えにくい。日本の礼服と見るべきであろう。開いている北の門を通って日本からの礼服は届けられたのである。

和服を羽織ったリコルド
（1844年に日本の友人たちへ送った手紙の返礼として受け取った和服を着ている）

一八五〇年の申請書

老境に入ってもリコルドは日本でやり残したことを忘れることができなかった。七五歳になったリコルドは日本との交渉に自分を派遣するように、次のように願い出た。「あえて申しあげるが、ロシアにおいてだけでなく、全ヨーロッパにおいて、日本に関する情報の点で私に太刀打ちできる者はあるまい」(Головнин, 1972)。

リコルドは日露関係樹立に死の直前まで執念を燃やした。自分が嘉兵衛と語りあった夢をどうしても死ぬ前に実現したかったのだ。没交渉となった日露関係を通商関係構築にもっていきたかった。千島列島を「日露にかかる橋」と呼んだ嘉兵衛もそれを切望していた。しかし嘉兵衛は幕府の政策転換(蝦夷地直轄廃止)のもとでは、自分の代では実現不可能とみて、次世代に委ねることにした。

リコルドは七五歳の老体に鞭を打って、自分が日露交渉の矢面に立とうとしたのである。再来日は実現できなかったが、リコルドは日露和親条約締結まで生き延びただけでなく、クリミア戦争で大きな働きをしている。すなわち、彼はバルチック艦隊を率いてイギリス・フランスの連合艦隊からペテルブルグを守ったのである。彼が死去したのは、一八五五年(安政二)、日露和親条約締結のわずか三週間後のことであった。遺体はアレクサンドル・ネフスキー大修道院に埋葬された。

プチャーチン表敬訪問しようとした

一八五四年(安政元)九月、前年に長崎で行った外交交渉継続のため再来日したプチャーチンは箱館に来航した。日本全権を大阪に派遣するよう依頼するためだった。プチャーチンは次官であるポシェトを箱館に上陸させ、高田屋嘉兵衛の子孫へ贈物をするよう命じた。箱館奉行所の役人たちは、現在子孫はいないし、住居跡も他人の魚物類の物置になっており、たとえ子孫がいても、贈物は国禁であるから、奉行に申し上げなければならないと言った(『大日本古文書、幕末外国関係書之七』)。プチャーチンは嘉兵衛に対する表敬を示したうえで、次なる交渉に臨もうとしたのである。

4　嘉兵衛の墓

嘉兵衛の遺体は五色町都志茅生の隈に埋葬されている。葬儀は長林寺で行われ、遺体は大きな瓶に納めて、朱詰めにされたという。棺内に朱（赤色顔料）を塗る埋葬法は、当時貴人を葬る際に用いられ、魔除けや防腐効果があるとされた。

淡路の埋葬墓と参り墓

高田屋嘉兵衛の参り墓は菩提寺である多聞寺にある。当時の淡路島は有徳の士などに対しては両墓制で、遺体が埋葬されている埋葬墓と墓参りのための参り墓があった。嘉兵衛の約二メートルの石造五輪塔の墓碑があり、正面には「高誉院至徳唐貫居士」と彫られている。両側には嘉兵衛の父母の墓、

茅生の隈の埋葬墓
（高田屋嘉兵衛顕彰館近くの都志の小高い斜面にある。隣には金兵衛が眠っている）

多聞寺の参り墓
（高田家の菩提寺である多聞寺には，約２メートルの嘉兵衛の墓碑のほか，父母や弟たちの墓など，高田一族の墓碑が７基ある）

左側には、二代目嘉兵衛（次男の嘉吉）や三代目嘉兵衛（嘉兵衛の孫の鶴喜代）の墓もあり、高田屋一族の墓碑が全部で七基ある。

さらに多聞寺には、高田屋嘉兵衛の位牌と過去帳がある。過去帳には、一八二七年（文政一〇）四月五日のところに「高誉院至徳唐貫居士　高田屋嘉兵衛　高田嘉兵辰悦　五九才」とあった。住職のお話では「高田嘉兵辰悦」は呼び名・俗名であるという。一八二八年（文政一一）二月二九日のところに「如実院妙幻大姉　大阪ニ而没　高田嘉兵衛妻ふさ　高田弥吉母儀」とあり、「高田弥吉母儀」の部分は赤で書かれていた。さらに、一八五四年（安政元）八月八日のところに「高田弥吉　没大阪六〇歳　弥十郎改め高田弥吉　嘉兵衛長男　勘当さる」とあり、一八六九年（明治二）六月一八日のところに「嘉蔵三男改め高田屋嘉兵衛清房死、大阪」とある。

寺の一角にある大師堂には、四国八十八ヶ所の遺影仏があり、嘉兵衛とふさが施主となった石仏も安置されている。一九九七年（平成九）に旧来迎寺跡の現在地に移転した。一九九九年（平成一一）、高田屋嘉兵衛生誕二三〇年を記念し、本村の人々は大きな墓碑を建立した。

函館称名寺の参り墓

称名寺の境内には高田屋三代目嘉市（金兵衛の養子、闕所後は源左衛門と改名）以降の箱館本店系の高田屋一族が眠っている。その高田屋嘉兵衛一族の墓所に、高田嘉蔵、嘉兵衛、金兵衛と三人の名前が刻まれた墓石がある。一隅にはつねの墓もある。二〇〇〇年（平成一二）、嘉兵衛の一八四回忌に「高田屋嘉兵衛顕彰碑」を建てて、功績が顕彰された。

称名寺の参り墓
（箱館高田一族の墓。真中にあるのが高田嘉蔵，嘉兵衛，金兵衛の三戒名が刻まれた墓。右にある小さいのがつねの墓）

大阪藤次寺の参り墓

大阪市天王寺区生玉町にある藤次《とうじ》寺の境内にも高田屋嘉兵衛の参り墓がある。しかもふさと嘉兵衛の二人の戒名が並んで彫られている。住職の話では、墓には嘉兵衛の遺髪と爪、ふさの遺体が入っているという。墓石表面には「高誉院至徳唐貫居士」「如実院観性如幻大姉」、裏面には「父　文政十年丁亥四月五日」「母　文政十一年戊子二月二十九日」とある。藤次寺にある墓石ならびに過去帳に記された日付は高田屋の菩提寺である淡路都志の多聞寺の過去帳にある記述と一致する。ふさの没年に関しては、従来かならずしも明らかにされていたわけではなかった。病弱であったことから嘉兵衛のやさしい愛情にしたりつつ遂に先立ったとする説が有力であった（瀬川亀・岡久殻三郎、一九四二）。淡路の多聞寺と大阪藤次寺の過去帳調査からして、文政一一年二月二九日とみるべきであろう。ただ、藤次寺の過去帳のほうには、施主が父母とも「福原屋平五郎」となっている。弥吉は名前を変えたのか、誰かに依頼したようである。弥吉が大阪に墓を建てることにより、離別した父と母を同じ空間でやすらげるようにしたのかもしれない。隣には嘉兵衛の末弟嘉十郎の墓もある。嘉十郎は嘉兵衛たちが兵庫で世話になった堺屋の家名を継いだが、子供ができなかったので、妻の弟を養子にし、その妻に兄嘉兵衛の妾腹の子である龍を迎えたという言い伝えが残っている。龍の生年は不明であるが、没年は一八四八年（弘化五）三月三日だという。

藤次寺の参り墓
（「高誉院至徳唐貫居士」「如実院観性如幻大姉」と刻まれた嘉兵衛とふさの墓がある）

5　顕彰される嘉兵衛

嘉兵衛が日本で復権するのは、徳川の世が終わり明治になってからである。彼の悲劇は時代の先を行き過ぎたことにあった。ロシアでは彼の顕彰は早い時期から行われている。

ロシアでの顕彰

事件解決当時すでに、オホーツク港長官ミニツキーから嘉兵衛に感謝状が贈られている。一八五四年（安政元）、プチャーチンが箱館の嘉兵衛を表敬訪問をしようとし、一八六一年（文久元）には、ニコライが表敬訪問をしようとしたが、嘉兵衛はすでに死亡していた。ニコライは、遺族に嘉兵衛の肖像画をプレゼントしたことはすでに述べた。

一九二六年（大正一五）、函館で開催された高田屋嘉兵衛没後一〇〇年に、駐日ソヴィエト通商代表のヤンソンが来賓として感謝の意をのべた。

二〇〇九年（平成二〇）、カムチャツカ州政府がロシア地理学会の提案をうけてナリツェヴォ自然公園（一九九六年ユネスコ世界遺産登録）にある山に、ゴロヴニン山、リコルド山、カヘイ峰の名前をつけた。日露友好の証を後世に伝えるためである。ロシアでは地名に人名をつけるが、日本人名がつけられたのは、ロシア連邦では史上はじめてである。

日露友好の像
（高田屋嘉兵衛没後170周年と日露国交回復40周年を記念して建てられた，嘉兵衛とゴロヴニンの像）

淡路島における顕彰

高田屋兄弟の故郷、淡路の都志は闕所処分になって帰郷した金兵衛を受け入れた。一八四七年（弘化四）に彼が没したとき、遺体は茅生の隈にある嘉兵衛の埋め墓の隣に埋葬された。しかし、日本で嘉兵衛が顕彰されるのは、明治時代を待たなければならなかった。

明治政府による名誉回復をうけて、他のゆかりの地に先駆けて、地元淡路で、一九〇六年（明治三九）、塩尾港を改修した嘉兵衛の徳をたたえ、嘉兵衛像と塩尾港改修記念碑が建立された。さらに、一九一五年（大正四）、嘉兵衛が北海開発の功績を認められ正五位を追贈されたのを記念して、全国の中学生および朝野の有志の寄付金により、彼の旧邸宅跡に六・四メートルの庵治石《あじいし》を使って、高田屋嘉兵衛翁記念碑が建立された。

嘉兵衛の顕彰は学校でも行われ、一九三三年（昭和八）には洲本商業学校に高田屋嘉兵衛の銅像が建立されたが、戦争中に銅像が供出されてしまい、台座のみが残った。戦後になると、一九五三年（昭和二八）には都志小学校で高田屋嘉兵衛石像が建立され、一九七〇年（昭和四五）には洲本商業学校の後身である洲本実業高等学校でも高田屋嘉兵衛の銅像が再建された。以前の台座は利用されたが、立像は胸像に変わった。

教育機関が顕彰に乗り出したことの効果は大きく、嘉兵衛の偉業は地元で広く知られるようになった。一九六九年（昭和四四）、五色町主催で生誕二〇〇年祭が執行され、高田屋嘉兵衛顕彰会が設立された。一〇年後、顕彰会の努力が実り、高田屋嘉兵衛翁記念館が一九七九年（昭和五四）地元出身の土井福市氏の寄贈により、屋敷跡の東側に竣工された。嘉兵衛愛用の遠眼鏡、煙草盆、硯、商用印などの遺品や、手紙、嘉兵衛の肖像画などを中心に展示されている。

九〇年代になると淡路は嘉兵衛の顕彰ラッシュ時代を迎える。一九九五年、高田屋嘉兵衛を顕彰し、長く後世の人に語り継ぐために、高田屋嘉兵衛公園（ウェルネスパーク五色）がオープンし、嘉兵衛の偉業を顕彰するために、高田屋顕彰館・歴史文化資料館（菜の花ホール）が建造された。辰悦丸の二分の一の模型、嘉兵衛の生涯に関する資料などが展示されている。翌一九九六年、高田屋嘉兵衛没後一七〇周年および日露国交回復四〇周年を記念して、公園内に設けられた日露友好の像の除幕式が執り行われた。嘉兵衛とゴロヴニンの立像で、嘉兵衛と関係の深いリコルドは入っていない。

二〇〇一年には、ペトロパヴロフスク・カムチャツキーにおける嘉兵衛とリコルドの対座像の除幕式が行われた。作者はドミトリエヴァとマクシモヴァで、高田屋顕彰館・歴史文化資料館で展示されている。

兵庫における顕彰

一七九〇年（寛政二）、嘉兵衛が淡路から出てきて以来、一七九六年（寛政八）に兵庫の西出町に開設した高田屋本店を一八二二年（文政五）に箱館に移すまでの三二年の間、彼の本拠地は兵庫であった。「エトロフ島請負人」「蝦夷地定雇船頭」を拝命しても、彼の肩書きは、同時に「兵庫西出町高田屋嘉兵衛」であった。

兵庫でも昭和になってから顕彰の動きがあり、一九三九年（昭和一四）、兵庫の高田屋嘉兵衛の邸宅があった入江小学校で、高田屋嘉兵衛顕彰祭が執行された。さらに、一九五三年（昭和二八）、地元の有志が入江小学校に高田屋嘉兵衛顕彰碑を建立した。小学校の廃校にともない、現在は竹尾稲荷神社に移設されている。近くの西出鎮守稲荷神社（通称ちぢみさん）には嘉兵衛が献納した一対の石灯籠が残っている。

函館における顕彰

一七九八年（寛政一〇）に箱館に出店して以来、一八一八年（文政元）に箱館を離れるまで、二〇年間、嘉兵衛は箱館に単身赴任をし、めざましい活躍をした。

一九一七年（大正六）、嘉兵衛没後九〇年に函館公会堂で嘉兵衛木像の開眼式が行われ、嘉兵衛にゆかりのある称名寺からは院殿号を追贈された。

戦後になってから、一九五六年（昭和三一）、嘉兵衛の偉業を偲び、ゆかりの地である宝来町に高田屋嘉兵衛屋敷跡の石碑が建てられた。二年後の一九五八年（昭和三三）、函館開港一〇〇周年を記念して、函館の基礎を築いた嘉兵衛の功績をたたえる高田屋嘉兵衛銅像（二四〇頁）が建立された。函館山を背にそびえ立っている像は、高さ三・六メートルで、函館出身の彫刻家・梁川剛一の作品である。正装姿で帯刀し、右手には松前奉行の教諭書を、左手には、ディアナ号で正装に着替えた時に脱いだ衣服を持っている。

一九八六年（昭和六一）、嘉兵衛が船作事場を開設した場所に函館高田屋嘉兵衛資料館が開館した。当時の海運や商いの資料など、嘉兵衛ゆかりの品を展示している。その二年後、高田屋七代目の高田嘉七氏が、社団法人北方歴史研究会をつくり、北方歴史資料館をオープンさせた。自らが館長をつとめ、一階には開架図書を備えた研修室や書庫があり、二階は展示室になっている。弥吉が所持していた嘉兵衛の肖像画など嘉兵衛ゆかりの品が展示されているほか、書庫には、未公開の古文書史料を含む貴重な関連史料が多数保管されている。資料館の隣には、箱館の高田本宅の敷地に安置されていた高田屋恵比寿神社も設置されている。

二〇〇〇年（平成一二）、函館の称名寺の境内に嘉兵衛の胸像が浮き彫りにされた高田屋嘉兵衛顕彰碑が設置された。

6　嘉兵衛の日露物語の生命力

書き継がれる嘉兵衛物語

嘉兵衛の日露関係物語はそのきわめて強い生命力に特徴がある。幕府により日露関係構築の花を折られても地中の根は枯れなかった。それぞれの後裔である高田嘉七（箱館高田屋、すなわち金兵衛の筋の七代目）、ピョートル・ゴロヴニン（ゴロヴニン七代目）、アナトーリイ・チホツキー（リコルドの娘の血筋）は互いに相手を見つけだし、先祖の友情を再確認し、それを現在さまざまな形で具現化している。

嘉兵衛の日露友好物語は、嘉兵衛、リコルド、ゴロヴニンが死去したことで、終焉した。高田屋は没落し、海軍大将にまでのぼりつめたリコルドの墓は革命の混乱のなかで破壊され、ゴロヴニンの墓所も破壊された。すべては忘却のかなたに消えたかに見えた。

ロシアでの後日譚

物語の続編は、一九八六年（昭和六一）、高田嘉七氏が北方歴史資料館の開館の資料を集めにレニングラード（現ペテルブルグ）のロシア地理学協会を訪れ、ゴロヴニンの子孫がレニングラードにいることを知った時に始まった。翌一九八七年（昭和六二）、レニングラードを再訪した嘉七氏は、ロシア地理学協会の仲介でピョートル・ゴロヴニンと一七四年ぶりの「再会」を果たすことができた。ここから七代目同士の友情物語がはじまり、ゴロヴニン氏は先祖の胸像を嘉七氏に贈り、嘉七氏は一九八八年（昭和六三）、北方歴史資料館の開館式にゴロヴニン氏を招待した。彼らの日露友好物語はテレビや新聞・雑誌で取り上げられた。一方、リコルドには男子の相続者がなく、家系は途絶えたと思われていた。

日本での後日譚

一九九六年（平成八）、淡路の五色町の高田屋嘉兵衛公園の一角に日露友好の像が設置された。ゴロヴニンと嘉兵衛の立像である。実際には、嘉兵衛とゴロヴニンは二回ほどしか会っていないが、像が制作された当時はリコルドのことは念頭になかったようである。序幕式には、モスクワからドミトリィ・ヴォリフ氏（ピョートル・ゴロヴニンの叔父）が出席した。

一九九九年、淡路の五色町は、高田屋嘉兵衛生誕二三〇年を記念して、三人の子孫のピョートル・ゴロヴニンとアナトーリィ・チホツキー、それに高田嘉七氏を招待して、日露紛争解決後一八六年ぶりの友情と親善の対面式を行った。アナトリィ・チホツキーは、リコルドの一人娘が嫁いだチホツキーの姓を名のっているが、リコルドの六代目にあたる。彼の妻がロシア海軍文書館の館員をしていたことから、ゴロヴニン事件の史料を収集していた岡山大学の故保田孝一教授にリコルドの子孫が生存していることが伝わり、教授のイニシアティヴのもと、「三人の後裔の再会劇」が実現したのである。三人は嘉兵衛の墓に参り、植樹した。ゴロヴニンとチホツキーは函館や松前にも足をのばし、先祖の幽閉地を訪問した。

日露友好物語続編

(高田屋嘉兵衛生誕240周年を記念して企画されたカムチャツカ・カヘイ山視察ツアーに参加し友好物語を書き継いだ３人の子孫たち。左からゴロヴニン氏，チホツキー氏，筆者，高田嘉七氏)

その半年後には、劇団わらび座による「菜の花の沖」(司馬遼太郎原作・ジェームス三木脚本)が上演され、嘉兵衛ブームがおこった。二〇〇〇年には、NHK開局七五周年記念として連続ドラマ「菜の花の沖」が放映された。

二〇〇六年（平成一八）、ゴロヴニンとリコルドの生誕二三〇周年を記念して、カムチャツカ政府は、ユネスコの世界遺産に登録されているナリツェヴォ自然公園にある山にゴロヴニン山、リコルド山、カヘイ峰と命名し、登録した。ゴロヴニン事件を後世に伝え、日露友好の証を刻むようにというロシア地理学協会と、ピョートル・ゴロヴニンとアナトーリィ・チホツキーがメンバーであるペテルブルグの貴族会の要請にこたえたものであった。

再びロシアで

二〇〇九年（平成二一）、高田屋嘉兵衛生誕二四〇周年を記念して、高田屋嘉兵衛翁顕彰会がカムチャツカにあるカヘイ山視察のツアーを企画した。ツアーには高田嘉七氏、ゴロヴニン氏、チホツキー氏も参加することになり、三人の友情物語の続きが、ペテルブルグ、淡路、函館に次いで、嘉兵衛抑留の地であるカムチャツカでも展開したのであった。筆者もツアーに参加させていただいたが、嘉兵衛物語は時代の先を行き過ぎた男の物語であること、現代も続編が書き加えられつつあることを実感させられた。

参考文献

（1）日本語文献

赤岩州五・北吉洋一『藩と県――日本各地の意外なつながり』草思社、二〇一〇年
秋月俊幸『日露関係とサハリン島――幕末明治初年の領土問題』筑摩書房、一九九四年
足立栗園・坂田耕雲『高田屋嘉兵衛』積善館、一九〇四年
安部宗男『元文の黒船――仙台藩異国船騒動記』宝文堂、一九八九年
有泉和子「海賊にされた海軍士官フヴォストフとダヴィドフ」（*Slavistika 19*、東京大学大学院人文社会系科学科スラヴ語スラヴ文学研究室、二〇〇四年）
有泉和子「フヴォストフ・ダヴィドフ事件と日本の見方――ロシアの貿易利害との関連で」（『ロシア語ロシア文学研究』第三六号、日本ロシア文学会、二〇〇四年）
有泉和子「ゴロヴニン事件とフヴォストフ事件の因果関係――その変容と解決」（*Slavonic Studies 20*、スラヴィアーナ編集委員会、二〇〇五年）
有泉和子「政治的に利用された事件解決――ゴロヴニン事件の逮捕理由と釈放理由の矛盾」「ゴロヴニン事件解決時のロシア語文書」「ゴロヴニン事件解決時におけるロシア語翻訳文の比較検討」（『東北アジア研究センターシンポジウム　開国以前の日露関係』東北大学東北アジア研究センター、二〇〇六年）
アルパートフ著、下瀬川彗子他訳『ロシア・ソビエトにおける日本語教育』東海大学出版会、一九九二年

生田美智子『外交儀礼から見た幕末日露文化交流史――描かれた相互イメージ・表象』ミネルヴァ書房、二〇〇八年
生田美智子「カムチャツカの高田屋嘉兵衛」(『言語文化研究』第三六号、大阪大学大学院言語文化研究科、二〇一〇年)
生田美智子「一九世紀初頭の日露外交――高田屋嘉兵衛拿捕事件を通してみる」(『言語文化研究』第三七号、大阪大学大学院言語文化研究科、二〇一一年)
石井謙治編『日本海事史の諸問題　対外関係編』文献出版、一九九五年
オークニ、S・V著、原子林二郎訳『カムチャツカの歴史――カムチャツカ植民政策史』大阪屋号書店、一九四三年
大国正美「高田屋嘉兵衛研究の動向と文献一覧(高田屋嘉兵衛の新研究)」(『歴史と神戸』第四八号、神戸史学会、二〇〇九年)
大島幹雄『魯西亜から来た日本人――漂流民善六物語』廣済堂出版、一九九六年
大森好男『はこだて郷土史雑考第一集』一九八四年
岡田鴨里『高田屋嘉兵衛伝』一八六八年
岡田健蔵編『函館市功労者小伝』函館市、一九三五年
岡本柳之助編『日魯交渉北海道史稿』田中三七、一八九八年
小川恭一編『寛政譜以降旗本家百科事典』東洋書林、一九九七年
加藤九祚『北東アジア民族学史の研究』恒文社、一九八六年
金指正三『日本海事慣習史』吉川弘文館、一九六七年
鏑木勢屹『銭屋五兵衛の研究』銭五顕彰会、一九七二年

神山茂『函館の史蹟』函館市教育委員会、一九五六年
神山茂『高田屋嘉兵衛年譜』函館市、一九五六年
川上淳「一八世紀～一九世紀初頭の千島アイヌと千島交易ルート」（『メナシの世界』北海道出版企画センター、一九九六年）
川上淳「リコルドの交渉と高田屋嘉兵衛」（『根室市博物館開設準備室紀要』第一二号、根室市博物館開設準備室、一九九八年）
菊池勇夫『北方史のなかの近世日本』校倉書房、一九九一年
菊池勇夫『エトロフ島――つくられた国境』吉川弘文館、一九九九年
菊池俊彦「カムチャツカ半島出土の寛永通宝」（『北からの日本史』第二集、三省堂、一九九〇年）
菊池俊彦『北東アジア古代文化の研究』北海道大学図書刊行会、一九九五年
木崎良平『漂流民とロシア――北の黒船に揺れた幕末日本』中央公論社、一九九一年
北構保男『千島・シベリア探検史』名著出版、一九八二年
北山学「高田屋嘉兵衛の手船と浜田客船帳について」（『歴史と神戸』第四八号、神戸史学会、二〇〇九年）
木村和男『北太平洋の「発見」――毛皮交易とアメリカ太平洋岸の分割』山川出版社、二〇〇七年
木村直樹「露米会社とイギリス東インド会社」（『日本の対外関係6　近世的世界の成熟』吉川弘文館、二〇一〇年）
喜代吉榮徳「へんろ石物語――刻字《高田屋嘉兵衛》のこと」（『四国辺路研究』第二四号、海王舎、二〇〇五年）
キリチェンコ、A・A「海賊船ユノナ号とアヴォシ号――ロシア側当事者の行動から見る樺太・択捉島襲撃事件」（『東北アジア研究』第六号、東北大学東北アジア研究センター、二〇〇二年）

邦光史郎『豪商物語』博文館新社、一九八六年
クリモワ・オリガ「黎明期日露関係におけるフヴォストフとダヴィドフの遠征」博士論文（大阪大学大学院言語文化研究科）、二〇〇八年
黒部亨『高田屋嘉兵衛』神戸新聞総合出版センター、二〇〇〇年
河野常吉「安永以前松前藩と露人との関係」（『史学雑誌』第二七編第六号、史学会、一九二二年）
小谷野敦『間宮林蔵〈隠密説〉の虚実』教育出版、一九九八年
五色町教育委員会編『高田屋嘉兵衛』兵庫県教育委員会、一九六〇年
五色町史編纂委員会『五色町史』五色町、一九八七年
小林裕幸『箱館をめぐる人物史』函館大学出版会、二〇〇二年
ザグレービン・中村喜和「キモノを着たロシアの提督――リコルドの手紙の謎」（『窓』第一二五号、ナウカ社、二〇〇三年）
シーボルト著、中井晶夫・妹尾守雄・末木文美士・石山禎一訳『日本』第四巻、雄松堂書店、一九七八年
シチェグロフ著、吉村柳里訳『シベリヤ年代史』日本公論社、一九四三年
柴村羊五『北方の王者高田屋嘉兵衛――北方領土問題のルーツ』亜紀書房、一九七八年
司馬遼太郎『菜の花の沖』文芸春秋、一九八二年
島田清『高田屋嘉兵衛年譜』一九七六年
島谷良吉『最上徳内』吉川弘文館、一九七七年
小学館『歴史の道』編集部『高田屋嘉兵衛北前船と択捉航路』小学館、二〇一一年
庄司邦昭『図説船の歴史』河出書房新社、二〇一〇年
白山友正『松前蝦夷地場所請負制度の研究』慶文堂書店、一九六一年

白山友正「場所請負人としての高田屋嘉兵衛」（『日本歴史』第一八七号、吉川弘文館、一九六三年）
新修神戸史編集委員会『新修神戸市史　歴史編三　近世』神戸市、一九九二年
須藤孝太郎『高田屋嘉兵衛を語る――非常時日本の怪傑』国際日本協会、一九三五年
須藤隆仙『高田屋嘉兵衛伝――日露交渉の先駆者』国書刊行会、一九八九年
須藤隆仙・好川之範『高田屋嘉兵衛のすべて』新人物往来社、二〇〇八年
ズナメンスキー著、秋月俊幸訳『ロシア人の日本発見――北太平洋における航海と地図の歴史』北海道大学図書出版会、一九七九年
瀬川亀・岡久殻三郎『高田屋嘉兵衛』掘書店、一九四二年
高田敬一『高田屋嘉兵衛翁伝』寶文館、一九三三年
高田耕作「高田屋嘉兵衛と北前船」（『海事博物館研究年報』第三五号、神戸大学、二〇〇七年）
高田篤太郎『高田屋嘉兵衛履歴』一八八三年
高田篤太郎『高田屋嘉兵衛逐年履歴』一八八三年
高田屋嘉兵衛顕彰会編『高田屋嘉兵衛略年譜並関係主要事項』高田屋嘉兵衛顕彰会、出版年不明
高田屋嘉兵衛展実行委員会編『豪商高田屋嘉兵衛』高田屋嘉兵衛展実行委員会、二〇〇〇年
高田屋顕彰館・歴史文化資料館『高田屋嘉兵衛翁伝　嘉兵衛翁生誕二四〇周年記念版』財団法人五色ふるさと振興公社、二〇〇九年
高田義松編『贈五位高田屋嘉兵衛略伝』一九二六年
高野明『日本とロシア――両国交渉の歴史』紀伊国屋書店、一九七一年
高野明「フヴォストフ文書考」（『早稲田大学図書館紀要』第六号、早稲田大学図書館、一九六四年）
田中明『ウラー・ディアナ　知られざる日本北辺関係史』近代文芸社、一九九五年

武田信一『北の海から日が昇る――日ロ和平につくした高田屋嘉兵衛』大河ドラマ『高田屋嘉兵衛』を実現する会、一九九八年
田野登『水都大阪の民俗誌』和泉書院、二〇〇〇年
田保橋潔『近代日本外国関係史』明治百年史叢書第二四六巻、原書房、一九七六年
津名郡都志町高田屋研究会編『高田屋嘉兵翁略伝』津名郡都志町高田屋研究会編、一九三八年
津名町史編纂委員会『津名町史』津名町、一九八八年
寺山恭輔編『東北アジア研究センターシンポジウム　開国以前の日露関係』東北大学東北アジア研究センター、二〇〇六年
外川継男「ニコライ・フヴォストフ略伝」（『えうゐ』第一〇号、白馬書房、一九八二年）
童門冬二『高田屋嘉兵衛――物語と史蹟をたずねて』成美堂出版、一九八八年
冨谷至『ゴビに生きた男たち――李陵と蘇武』白帝社、一九九四年
中川清治『史伝高田屋嘉兵衛』審美社、一九九五年
長田偶得『高田屋嘉兵衛』裳華書房、一八九六年
中村喜和『ロシアの木霊』風行社、二〇〇六年
中村喜和「追悼故ヴァチスラフ・M・ザグレーピン氏」（『愛知県立大学「おろしや会」会報』第一二号、愛知県立大学おろしや会、二〇〇五年）
中村冷露『高田屋嘉兵衛』博文館、一九〇二年
ニコライ著、中村健之介編訳『ニコライの日記――ロシア人宣教師が生きた明治日本』岩波書店、二〇一一年
函館区役所『函館区史』名著出版、一九七三年
函館市教育委員会社会教育課『函館の史蹟』箱館市教育委員会、一九五六年

原喜覚『高田屋嘉兵衛と北方領土』ぎょうせい、一九七七年
平岡雅英『日露交渉史話』原書房、一九四四年
平川新『開国への道』日本の歴史第一二巻、小学館、二〇〇八年
平川新／キリチェンコ『日本とロシア――その歴史をふりかえる』東北大学東北アジア研究センター、二〇〇三年
平川新監修、寺山恭輔ほか編『ロシア史料にみる一八〜一九世紀の日露関係　全五集』東北大学東北アジア研究センター、二〇〇四〜一〇年
ファインベルグ著、小川政邦訳『ロシアと日本――その交流の歴史』新時代社、一九七三年
深井甚三『近世日本海海運史の研究――北前船と抜荷』東京堂出版、二〇〇九年
藤井貴一『朔風に挺して』出版社不明、一九七八年
藤川建夫「平和の使者――高田屋嘉兵衛」『藤川建夫戯曲集』星雲書房、一九八八年
藤田覚『近世後期政治史と対外関係』東京大学出版会、二〇〇五年
噴火湾漁客「高田屋嘉兵衛偉蹟」（『東京経済雑誌』第五九七号〜六一九号、経済雑誌社、一八九一〜九二年）
ベルグ著、小場有米訳『カムチャッカ発見とベーリング探検』龍吟社、一九四二年
保谷徹（研究代表）『前近代東アジアにおける日本関係史料の研究』二〇〇三〜〇六年度科学研究費補助金基盤研究A、二〇〇七年
北海道編『新北海道史』第一巻、北海道、一九八一年
北海道庁編『北海道史』第一巻、北海道庁、一九一八年
北海道庁編『新撰北海道史』第二巻、北海道庁、一九三七年
北海道・東北史研究会編『メナシの世界　根室シンポジウム「北からの日本史」』北海道出版企画センター、一

九九六年
ボルホヴィチノフ他著、寺山恭輔編『ロシアの北太平洋進出と日本――『ロシア領アメリカの歴史』より』東北アジア東北アジア研究センター、二〇〇九年
松岡秀隆『工楽松右衛門略敍』友月書房、二〇〇九年
松本英治「北方問題の緊迫と貸本『北海異談』の筆禍――文化期における幕府の情報統制」（『洋学史研究』第一五巻、洋学史研究会、一九九八年）
村尾元良編『近藤守重事蹟考』村尾元良、一八九三年
村山七郎『北千島語――文献学的研究』吉川弘文館、一九七一年
元木省吾『北方渡来』時事通信社、一九六一年
元木省吾『箱館郷土史話』箱館郷土史研究会、一九六五年
保田孝一「ゴロヴニン事件と高田屋嘉兵衛――新発見のシベリア委員会文書と『飄々謾集』を中心に」（『はこだて』第二六号、函館市史編さん室、一九九七年）
保田孝一「リコルドがエトモで書いた書簡」（『はこだて』第三一号、函館市史編さん室、二〇〇〇年）
安田泰子「高田屋嘉兵衛書状について」（『歴史と神戸』第二一巻一号通巻一一〇号、神戸史学会、一九八二年）
安冨歩『経済学の船出――創発の海へ』NTT出版、二〇一〇年
柚木学『日本海水上交通史』文献出版、一九八六年
吉田武三『蝦夷から北海道へ』北海道新聞社、一九七六年
吉田登『みなとまち高砂の偉人たち　未来へ発信・先人に学ぶまちづくり』友月書房、二〇一〇年
ワクセル著、平林広人訳「ベーリングの大探検」『世界教養全集』第二三巻、平凡社、一九六一年
渡辺一英『北海道及花街』北海之花街発行所、一九二五年

渡辺霞亭『高田屋嘉兵衛』大鐙閣、一九二二年
渡辺京二『黒船前夜――ロシア・アイヌ・日本の三国史』洋泉社、二〇一〇年
渡辺修二郎『俠傑高田屋嘉兵衛』大学館、一九〇〇年
和田春樹『開国――日露国境交渉』日本放送出版協会、一九九一年

(2) 日本語史料

「赤蝦夷風説考」工藤平助(大友喜作編『北門叢書』第一冊、国書刊行会、一九七二年)
「異聞雑稿」曲亭馬琴(市島謙吉編『続燕石十種』第二、国書刊行会、一九〇九年)
「永寿丸魯西亜漂流記」(木崎良平、明玄書房、一九八二年)
「蝦夷国風俗人情之沙汰」最上徳内(『日本庶民生活史料集成』第四巻、三一書房、一九六九年)
「蝦夷拾遺」佐藤玄六郎(大友喜作編『北門叢書』第一冊、国書刊行会、一九七二年)
「蝦夷草紙」最上徳内(大友喜作編『北門叢書』第一冊、国書刊行会、一九七二年)
「蝦夷草紙後編」最上徳内(大友喜作編『北門叢書』第三冊、国書刊行会、一九七二年)
「蝦夷地一件」(北海道編『新北海道史』第七巻史料、一九六七年)
「蝦夷日記」木村謙次(山田栄作編『木村謙次集』一九八六年)
「蝦夷日誌」松浦武四郎(『函館市史・史料編二』函館市、一九七四年)
「蝦夷物語」渡辺月石(黒田敏男『淡路堅磐草――自筆校本』二〇〇〇年)
『江戸参府紀行』シーボルト著、斉藤信訳、平凡社、一九六七年
「えとろふ渡航ノ事」宮本源次郎孝卿(岡本柳之助『日魯交渉北海道史稿』田中三七発行、一八九八年)
『外国新聞に見る日本――国際ニュース事典』第一巻、毎日コミュニケーションズ、一九八九年

「樺太カムチャツカのことなど」高田屋嘉兵衛、徳島文理大学図書館蔵、一八一四年
『北風遺事・残燈照古抄』安田荘右衛門、喜多善平発行、一九六三年
「休明光記」「休明光記附録」羽太正養（北海道庁編纂『新撰北海道史』第五巻、北海道庁、一九三七年）
『クルウゼンシュテルン日本紀行』クルウゼンシュテルン著、羽仁五郎訳注、雄松堂書店、一九六六年
『高嘉秘説』天理大学附属天理図書館蔵
『私残記――大村治五平に拠るエトロフ島事件』森荘已池、中央公論社、一九七七年
「遭厄日本記事附録　上・下」兀老尹著、杉田予・青地盈訳、徳島文理大学図書館蔵
『遭厄日本紀事附録』リコルド著、現代訳・解説文北山学、友月書房、二〇〇八年
『大黒屋光太夫史料集　全四巻』山下恒夫編、日本評論社、二〇〇三年
「題高田屋嘉兵衛翁真」藤沢東畡（高田敬一『高田家嘉兵翁伝』一九三三年）
『対日折衝記』リコルド著、斉藤智之訳（英訳からの重訳）、二〇〇二年
『大日本古文書　幕末外国関係書之七』東京帝国大学文学部史料編纂掛編纂、一九四二年
『高田屋嘉兵衛記』函館市中央図書館蔵
『高田屋嘉兵衛帰朝記』函館市中央図書館蔵
『高田嘉兵衛系図』高田清房出、北方歴史資料館蔵
「高田家嘉兵衛書状」高田家嘉兵衛、神戸市立博物館蔵、一八一二年
『高田屋嘉兵衛遭厄自記』大阪府立中之島図書館蔵、一八一四年
『高田屋嘉兵衛遭厄自記（訳文）』高田家嘉兵衛顕彰会、二〇〇三年
「高田屋嘉兵衛逐年経歴」高田篤太郎（原喜覚『高田屋嘉兵衛と北方領土』ぎょうせい、一九七七年）
『高田屋嘉兵衛話』村上恒夫、神戸市立博物館蔵、一八四二年

参考文献

『高田屋嘉兵衛露国行一件始末』高田篤太郎、函館市中央図書館蔵
「高田屋嘉兵衛露船に捕らわれし始末解読記」(原喜覚『高田屋嘉兵衛と北方領土』ぎょうせい、一九七七年)
「高田屋金兵衛及び二代目金兵衛にわたる幕府蝦夷地御用及び松前家御用公文書写し(原喜覚『高田屋嘉兵衛と北方領土』ぎょうせい、一九七七年)
『千島誌』ポロンスキー著、榎本武揚訳(『北方未公開古文書集成』第七巻、叢文社、一九七九年)
「千島の白波」平田篤胤(『北方史料集成』第五巻、北海道出版企画センター、一九九四年)
「地北寓談」大原左金吾(『北門叢書』第三冊、国書刊行会、一九七二年)
『通航一覧』第七巻、第八巻、国書刊行会、一九一三年
『ドゥーフ日本回想録』永積洋子訳、雄松堂出版、二〇〇三年
『日魯交渉北海道史稿』岡本柳之助、田中三七発行、一八九八年
『日本滞在記』レザーノフ著、大島幹雄訳、岩波書店、二〇〇〇年
『日本俘虜実記』ゴロヴニン著、徳力真太郎訳、講談社、一九八四年
『日本幽囚記』ゴロヴニン著、井上満訳、岩波書店、一九四三年
『日本幽囚記』ゴロヴニン著、斉藤智之訳(英語からの重訳)、二〇〇六年
「箱館夜話草全」淡斎如水(『函館市史』史料編第一巻、函館市、一九七四年)
『函館来槎書類』古河歴史博物館蔵
「婆心録」松平定信(『随筆文学選集』第一巻、書斎社、一九二七年)
『夫木和歌抄』藤原長清選、汲古書院、一九八三年
『プロビデンス号北太平洋航海記』ブロートン著、久末進一訳・編、プロビデンス号建造検討委員会、一九九二年
『兵庫県神社誌』兵庫県神職会編纂、兵庫神職会、一九三七年

『飄々謾集』北海道立文書館蔵
『船長日記』池田寛親（鈴木太吉編『池田寛親自筆本船長日記』愛知県郷土資料刊行会、二〇〇〇年）
「文化九申年高田屋嘉兵衛ヲロシア船ニ被雌召捕翌酉年ヲロシア船ニ而送来候ニ付生国淡州都志本村江罷帰候処」
高田家嘉兵衛、徳島文理大学附属図書館蔵
「文化九年高田屋嘉兵江魯西亜船ニ被捕同十年帰国御公儀松前奉行江止申始始末書」高田家嘉兵衛、函館市立中
央図書館蔵、一八一四年
「文化十酉年蝦夷地江ヲロシア船渡来ニ付　魯西亜人書」ペートル・イリコリッツ著、村上貞助訳、徳島文理大学
附属図書館蔵、一八一三年
「文政雑説集」『未刊随筆百種』第一九、三升屋二三治撰、三田村鳶魚校訂、臨川書店、一九六九年
『ベニョフスキー航海記』ベニョフスキー著、水口志計夫・沼田次郎編訳、平凡社、一九七〇年
『北槎聞略』桂川甫周著、亀井高孝校訂、岩波書店、一九九〇年
北信記聞（『飛驒屋久兵衛』飛驒屋久兵衛研究会編、下呂ロータリークラブ、一九八三年）
「北辺探事補遺　附或問」（吉田厚子「大槻玄沢『環海異聞』と北方問題」『日蘭学会会誌』第一四巻第二号、一
九九〇年）
「松前蝦夷記」『松前町史・史料編一』松前町史編集室、一九七四年
『視聴草』福井保編、汲古書院、一九九六年
『ラペルーズ世界周航記』ラペルーズ著、小林忠雄訳、白水社、一九八八年
『魯西亜異聞』西蔵著、東京大学史料編纂所蔵
「魯西亜人取扱手留」松平定信（山下恒夫編『大黒屋光太夫史料集』第一巻、日本評論社、二〇〇三年）
「魯西亜人丙寅秋唐太島エ指置書写」古川歴史博物館蔵

「和田姓堺屋喜兵衛高田屋嘉兵衛実伝記」北方歴史資料館蔵

（3）欧文文献

Болховитинов Н. Н. (Ред.). История русской Америки 1732-1867. Т. 2. Деятельность Российско-Американской компании 1799-1825. М. 1999.

Володин А. П. Ительмены. СПб. 2003.

Головнин П. А. и Тихотский А. И. Русский адмирал Петр Иванович Рикорд и его родственное окружение. (Домашное издание). СПб. 1999.

Икута М. Деятельность П. И. Рикорда в Петропавловск-Камчатском//Верные долгу и отечеству. Петропавловск-Камчатский. 2010.

Кожевникова И. П. Знаменательная встреча Василия Головнина и Такадая Кахэй: давняя страница русско-японских отношений//ACTA SLAVICA IAPONICA. Vol. 15. 1997.

Крушанов А. И. (Ред.). История и культура ительменов. Л. 1990.

Курохтина Н. И. Камчатка: от открытия до наших дней. Петропавловск-Камчатский. 2008.

Леонов В. П. (Ред.). Россия и Япония. Сборник научных трудов. СПб. 2007.

Россия и США: становление отношений 1765-1815. М. 1980.

Сгибнев А. С. Исторический очерк главнейших событий в Камчатке с 1650 по 1856 гг.//Вопросы истории Камчатки. Вып. 1 и Вып. 2. Петропавловск-Камчатский. 2008.

Старкова Н. К. Ительмены. М. 1976.

Файнберг Э. Я. Русско-японские отношения в 1697-1875 гг. М. 1960.

Рубинштейн Л. Японские пленники. М. 1931.

Черевко К. Е. Зарождение русско-японских отношений. М. 1999.

Lensen, G. A., *The Russian Push toward Japan : Russo-Japanese Relations 1697-1875*. Princeton, New Jersey: Princeton Uuiversity Press, 1959.

Mikhailova Yu and Steel W. （Ed.）, *Japan and Russia : Three Centuries of Mutial Images*. Manchester: Gloval Oriental, 2008.

Wellw D. N., *Russian Views of Japan, 1782-1913*. London and New York: Routledge Curzon, 2004.

（4）欧文史料

Головнин В. М. Записки флота капитана Головнина о приключениях его в плену у японцев в 1811, 1812 и 1813 годах, с его приобщением замечаний его о Японском государстве и народе. СПб. 1816.

Головнин В. М. Записки флота капитана Головнина о приключениях его в плену у японцев в 1811, 1812 и 1813 годах, с его приобщением замечаний его о Японском государстве и народе. Хабаровск. 1972.

Давыдов Г. И. Двукратное путешествие в Америку морских офицеров Хвостова и Давыдова писанное сим последним, изданное его превосходительством Александром Семеновичем Шишковым. СПб. 1812.

Добель П. И. (Пер. Г. К.). Записки путешественника по Сибири//Сын отечества. Ч. 27. No. 1. СПб. 1816.

Крашенинников С. П. Описание земли Камчатки в двух томах. СПб. 1755.

Лаксман А. Лаксмана журнал мореплавания в Японию//Историческский архив. No. 4. М. 1792（1961）.

Мельницкий В. Адмирал Петр Иванович Рикорд и его современники. СПб. 1856.

Оглоблин Н. Н. Первый японец в России 1701-1705 гг.//Русская старина. Т. 72. СПб. 1891.

Полонский А., Курилы//Записки Императорского Русского Географического Общества по отделению этнографии. Т. IV. СПб. 1871.

Резанов Н. П. Сост. Авдюков Ю., П. Командор Красноярск. 1995.

Рикорд П. И. Записки флота капитана Рикорда о плавании его к японским берегам в 1812 и 1813 годах, и осношениях с японцами//Головнин В. М. Записки флота капитана Головнина о приключениях его в плену у японцев в 1811, 1812 и 1813 годах, с его приобщением замечаний его о Японском государстве и народе. СПб. 1816.

Российско-американская компания и изучение тихоокеанского севера 1799-1815. Сборник документов. М. 1994.

РГИА（ロシア国立歴史文書館），Ф. 1264. Оп. 1. Д. 577.

РГИА, Ф. 1281. Оп. 11. Д. 45.

РГИА, Ф. 18. Оп. 5. Д. 1202.

АВПРА（ロシア帝国外交史料館），Японский стол. Ф. 150. Оп. 493. Д. 2946.

РГАВМФ（ロシア海軍文書館），Ф. 166. Оп. 1. Д. 3989.

РГАВМФ. 166. Оп. 1. Д. 2498.

Langsdorff G. H., *Voyages and Travels in Various Parts of the World during the Years 1803, 1804, 1805, and 1807.* Amsterdam New York: Da Capo Press, 1968.

Steller, G. W., Steller's *History of Kamchatka.* Fairbanks, Alaska: University of Alaska Press, 2003.

あとがき

私はこれまで日露交流史を研究してきた。しかし、一人の人物の生涯の軌跡を生まれてから死ぬまで追ったことはなかった。高田屋嘉兵衛にはすぐれた類書が多々あり、それにもう一冊あらたに拙著をつけ加えることに意味があるのかというのが悩みだった。

類書を視野にいれ、次のような点に気づいた。第一は、女性の影が少ないこと。第二は、ロシア語の資料を利用したものが少ないことである。少なくともこの二点を補うことに本書の意義はあるのではないかと思い至った。

女性に関しては、嘉兵衛のカムチャツカ歌妓の素性調査に苦労させられた。彼女の民族性を特定すべく、歌のカタカナ表記を直接あるいは、人を介して、専門家の先生方にみていただいた。同僚の堤一昭先生には中国語と満州語、岸田文隆先生には満州語と朝鮮語、清水政明先生にはベトナム語、今岡良子先生にはモンゴル語の可能性、国立民族学博物館副館長の佐々木史郎先生には北方少数民族の可能性をお尋ねした。さらに、ビルマ語の可能性をお尋ねした同僚の加藤昌彦先生は、八方問い合わせのメールを送ってくださったが、特定することはできなかった。そんななかで千葉大学のイテリメン語の専門家である小野智香子先生から、時代と地域からしてイテリメン語南部語の可能性があるとのご指摘があった。江戸時代のカタカナ表記でもあり、現在は消滅した言語なので特定はできないと思うが、可能性が浮かんだだけでも嬉しかった。

ロシアの資料に関しては、有名なリコルドやゴロヴニンの著作以外に嘉兵衛の人となりを肉声で聞ける史料がないか探した。『菜の花の沖』や二〇〇〇年放映のNHKの番組「北海の勇者　高田屋嘉兵衛」でドベリが出ていたので、彼に照準を当てることにした。高田屋嘉兵衛顕彰会の斉藤智之さんに紹介していただいたリコルドの子孫チホツキー氏夫人がペテルブルグの文書館で働いているので、調査を依頼したが分からなかった。カムチャツカ郷土図書館では、彼の著書を探したが何もなかった。雑誌を見ようとしたが、当時は雑誌そのものがカムチャツカでまだ発行されていなかったことが判明した。やがて場所をペテルブルグにうつし、今度はロシアナショナル図書館でドベリの著書を探した。彼の著書は何冊が見つかったが、嘉兵衛に関する記述はなかった。雑誌に照準をあわせ、やっと『祖国の息子』に嘉兵衛のことを書いたドベリの記事を見つけることができたのである。

嘉兵衛の長男弥吉と次男嘉吉の過去帳にも苦労させられた。高田嘉七氏に聞いたが、一切記載がないとのことであった。氏が『高田屋嘉兵衛のすべて』に書かれている「高田屋嘉兵衛の出自と系譜」でも、弥吉と嘉吉の没年と戒名は高田屋の過去帳には一切記載がないとしている。過去帳に実子の記載がないのは何故だろうと不思議に思うようになり、箱館高田屋は家業を継ぎ、淡路高田家が家名を継いだのではないかと発想するようになった。果たせるかな、淡路高田家の菩提寺である多聞寺では二人の没年と戒名を見つけることができた。

本書は、最近の研究成果、すなわち、科学研究費補助金基盤研究（A）「前近代東アジアにおける日本関係史料の研究」（研究代表・保谷徹東京大学史料編纂所教授）が収集したロシア語史料、ならびに、東北大学東北アジア研究センターが出版した史料集、すなわち、『ロシア史料にみる一八〜一九世紀の日露関係』全五集（平川新監修、寺山恭輔ほか編）、藤田覚氏の日露関係と近世後期政治史をめぐる一連の研究、有泉和子氏のフヴォストフ・ダヴィドフに関する一連の研究などの恩恵を受けている。

いかにして淡路島で生を受けた農民の息子が日本一の豪商になり、函館の祖といわれ、日露の紛争連鎖を断ち切ることができたのかについて、人的ネットワークがそれを可能にしたことが明らかになったのではないだろうか。ロシアの南下に対抗する幕府の蝦夷地内国化政策（東蝦夷地上知、西蝦夷地上知）が高田屋の急激な成長をうみ、嘉兵衛の尽力で従来の秩序が回復できたことによる政府の政策転換（幕府天領であった蝦夷地の松前氏への返還）が高田屋の取りつぶしを生んだことを示せたのではないだろうか。

執筆に際し、多くの方々に史料の提供やアドバイスをうけた。ロシアでは、ゴロヴニン七代目・ピョートル・ゴロヴニン、リコルド六代目・アナトーリィ・チホツキー氏には貴重な資料を提供いただいた。さらに、ペテルブルグのロシア国立歴史文書館の館長ソコロフ・アレクサンドル氏を始め閲覧室員のみなさん、ロシア海軍文書館のマレヴィチ・マリナ氏、エレナ・ニカンドロヴァ氏、ロシアナショナル・ライブラリー手稿部の方々、ロシア科学アカデミー図書館、モスクワの外務省外交史料館のみなさん、カムチャツカ郷土学術図書館のヴィテル・イリーナ氏に感謝したい。

日本では、函館市立中央図書館の奥野進氏、市立函館博物館の佐藤智雄氏、北海道道立北方民族博物館の中田甫氏、古河歴史博物館学芸員の永用俊彦氏、天理大学附属図書館複写係の皆さん、兵庫県立歴史博物館の前田徹氏、高田屋嘉兵衛翁顕彰会の琴井谷恵民氏、北山学氏、徳島県立文書館の金原祐樹氏に感謝したい。淡路の長林寺御住職の中尾清員氏、大阪藤次寺御住職の桑原昌道氏、兵庫七宮神社御宮司の太田忠夫氏、函館の称名寺御住職の須藤隆仙氏にも記して感謝する。友人の神戸市外国語大学名誉教授のエルマコワ・リュドミラ氏、広島市立大学教授のミハイロヴァ・ユリヤ氏にはロシア語の解読について、また大阪大学同僚の深沢一幸先生には、和製漢文の解読でご教示いただいた。

とりわけ、貴重な史料をご提供いただいた北方歴史資料館館長の高田嘉七氏、高田屋嘉兵衛翁顕彰会理事の高田耕作氏、高田屋顕彰館の斉藤智之氏、淡路五色町多聞寺御住職・鈴木暸導氏に感謝したい。和歌山大学名誉教授の後藤正人先生には古文書の解読で多大なご教示を賜った。また、高田耕作氏、斉藤智之氏、畠山禎氏、小野寺歌子氏には校正を手伝っていただき、貴重な御意見を頂戴した。

最後になったが、遅筆な筆者の脱稿を辛抱強く待ってくださったミネルヴァ書房編集部の下村麻優子さんにも感謝したい。

二〇一一年一〇月

生田美智子

高田屋嘉兵衛略年譜

和暦	露暦	齢	関係事項	一般事項
明和 六	一七六九	1	嘉兵衛、淡路島都志本村（現五色町都志）に誕生（幼名は菊弥）。	兵庫津が兵庫藩から天領になる。ロシア人の植民団ウルップ島に来る。
八	一七七一	3		ベニョフスキー、ロシアの対日侵寇を警告。近藤重蔵誕生。
安永 四	一七七五	7	都志川の河口で潮の干満を観察、干潮・満潮の時刻を言い当てる。都志本村医師の小出某に読み書きを習う。	間宮林蔵誕生。
八	一七七九	11		ロシア人厚岸に来航、通商を要求。
天明 元	一七八一	13	家を出て、都志浦新在家親戚の弥右衛門方に身を寄せ漁業に従事し、かたわら親戚の和田喜十郎方で商売の手伝いをする。	
三	一七八三	15		工藤平助『赤蝦夷風説考』完成。

五	一七八五	17		林子平『三国通覧図説』刊。
六	一七八六	18		最上徳内、エトロフ島に渡り、ロシア人イジョ以下三人に遭う。8月田沼意次失脚。10月天明の蝦夷地探検打ち切り。
寛政元	一七八九	21	この頃都志浦新在家の網屋幾右衛門の次女ふさと知り合う。	クナシリ・メナシの乱おこる。
二	一七九〇	22	兵庫に出て堺屋喜兵衛方に身をよせ、樽廻船の水主として働く。長女くに誕生。	
三	一七九一	23		林子平『海国兵談』刊。
四	一七九二	24	水主から表仕（船の進路を指揮する役）に昇進、兵庫西出町にふさと所帯をもつ。	第一回ロシア使節ラクスマン根室に来航、漂流民送還と通商を求める。
五	一七九三	25	沖船頭に昇進。	ロシア使節ラクスマンに信牌を与えて帰国させる。
六	一七九四	26	船をおり、紀州熊野沖で鰹漁業に従事、鰹漁で相当の利益を得る。	
七	一七九五	27	兵庫に帰り、和泉屋伊兵衛の沖船頭になり、北前航路で酒田に航海する。長男弥吉誕生。	
八	一七九六	28	辰悦丸が完成、高田屋の屋号を公称。兵庫西出町に	英国船プロビデンス号絵鞆に来

			高田屋本店開設。	航。
九	一七九七	29	兵庫の家で太陽が北海から昇る夢を見て、北海雄飛を決意する。箱館で白鳥勝右衛門方を宿として商売を行う。	英国船プロビデンス号絵鞆（現室蘭）に再来。
一〇	一七九八	30	箱館大町に支店を開き、弟金兵衛に支配させる。辰悦丸の船持船頭として独立か。	一八〇名を超える蝦夷地調査団派遣。近藤重蔵、エトロフ島に「大日本恵登呂府」の標柱を立てる。
一一	一七九九	31	幕吏高橋三平・三橋藤右衛門と知り合い、松前・酒田の産物輸送を命じられる。厚岸で近藤重蔵と知り合い、クナシリ島水道の潮の動向を尋ねる。幕吏の勧めを受け入れ、幕府のエトロフ島海路試乗の船頭募集に応募。クナシリ島アトイヤ岬でクナシリ水道の流れを観察後、エトロフ島渡海に成功する。エトロフ開発の幕命を受け、兵庫で物資、資材、職人を手配。幕府の蝦夷地御用御雇《おやとい》となる。	幕府、東蝦夷地の場所請負人を廃して七年間直轄とする（仮直轄）。運上屋は会所と改称。露米会社創設、レザノフ総支配人に就任。
一二	一八〇〇	32	近藤重蔵に従い、エトロフ島へ行き、西海岸に一七ヶ所の漁場を開く。幕府からエトロフ航路用の官船五艘の建造の命を受ける。	伊能忠敬、蝦夷地を測量する。
享和 元	一八〇一	33	大坂で官船五艘を完成、手船三艘を加えた八船団で	アレクサンドル一世即位。

			箱館へ回航。弟嘉蔵らと共に幕府のウルップ島などの蝦夷地巡察に従う。幕府から蝦夷地定雇《じょうやとい》船頭を拝命し、三人扶持・二七両、苗字帯刀を許される。姓を高田、屋号を高田屋とする。官許を得て、箱館恵比須町に五万坪を埋め立て、一角に屋敷をつくる。この頃、娘のくにを船大工の紀国屋半左衛門に嫁がせるか。	
二	一八〇二	34	エトロフ島アリモイに築港する。	2月幕府、箱館に蝦夷奉行を置き、5月箱館奉行と改め、7月箱館付近および東蝦夷地を永久直轄とする。
三	一八〇三	35	淡路・兵庫からハマグリ、シジミ、コイ、フナ、ウナギなどを運び、箱館および、その近郊に移植。摂津池田の松、杉苗を箱館山や亀田に植林。	
文化元	一八〇四	36	幕府埋立地の接続に自費で八二五坪を埋め立て、船作事場をつくる。	幕府、箱館港に築島を埋築。ロシア使節レザノフ長崎来航。近藤重蔵『辺要分界図考』を著す。
二	一八〇五	37	箱館の開墾をすすめ、大坂、淡路から農民数十戸を移住させる。江戸と大坂に高田屋の支店を置く。	ロシア使節レザノフの通商要求を拒否、信牌もとりあげる。レザノフ、ペトロパヴロフスクへ

三	一八〇六	38	幕府の直捌き制度実施に伴い、兵庫における蝦夷地御用取扱人（物産売捌方）となる。箱館大火により店を焼失、私財を投じて被災者に米、銭、古着などを与え、長屋を建てるなど救援活動を行う。	帰港。**1月**魯西亜船に関する触書（文化の薪水給付令）。南部慶祥丸漂流民、アイヌの助けで千島列島縦断自力帰還。**9月**フヴォストフがカラフトに来航、略奪襲撃。
四	一八〇七	39	箱館大火にともない、新たに土地を下付され、箱館大町に新店舗を建設。幕府の命により奥羽諸藩三〇〇〇人出兵の輸送を担当。幕命により軍船三艘を建設。嘉兵衛、仙台藩の用達となる。大火の経験から箱館市中九ヶ所に井戸を掘り、竜吐水（ポンプ）を据える。	**3月**幕府は全蝦夷地を直轄し、松前藩を奥州梁川に転封。**4～6月**ロシアのフヴォストフがエトロフ島、カラフトなどで略奪暴行。**10月**幕府、箱館奉行を松前に移し、松前奉行と改称。**12月**幕府、魯西亜船打払い令を出す。
五	一八〇八	40	松前奉行より、軍船・唐船の建造について下問を受け、答申する。	間宮林蔵のカラフト探検、カラフトが島であることを発見、嘉蔵が同行。英軍艦フェートン号が長崎港に乱入、狼藉。
六	一八〇九	41	幕府から、官船建造（四五艘）の功績とロシア船来	幕府、カラフトを北蝦夷地と改

			襲時の兵員輸送への尽力を賞される。自費で松前街道の一部を修理。	称する。間宮林蔵、カラフト・アムール川地方を探検。
七	一八一〇	42	場所請負制を復活させようとする幕府から、実験的試みとして、エトロフ場所の請負を命じられる。	幕府、異国船防御令を出す。
八	一八一一	43		ゴロヴニン事件でロシア人七名とアイヌ人一名が抑留される。リコルドは、いったんペトロパヴロフスクへ引き揚げる。
九	一八一二	44	8月観世丸でクナシリ沖を通りかかり、リコルドに拿捕され、五人の配下の者と共にカムチャツカに連行される。9月ペトロパヴロフスクに到着、抑留生活がはじまる。12月リコルドとの深夜の会談。	幕府、東蝦夷地直捌制を廃し、入札による請負制を復活。リコルド、ゴロヴニン救出のため五郎次ほか六人の漂流民を連れてクナシリ島来航。6月ナポレオンロシア侵攻するが、ロシアの焦土作戦や冬将軍により敗走、12月パリ帰着。
一〇	一八一三	45	2月嘉兵衛に同行した文治病死。3月同行したアイヌのシトカと吉蔵が病死。リコルドにオホーツクに寄港せず、日本直行を談判。5月ディアナ号でクナシリ島沖に来航。クナシリ会所とディアナ号を往復	弟嘉蔵や息子の弥吉が嘉兵衛の無事帰国の願文を都志八幡神社に捧げる。リコルド、カムチャツカ長官を拝命。6月リコルド、

			し、ゴロヴニン事件解決のため双方の間をとりもち、松前奉行吟味役高橋三平の名代を拝命する。6月高橋三平とともにクナシリを出帆、松前で事の顛末を報告する。8月箱館に到着、ディアナ号も箱館に入港しリコルドと再会をはたす。嘉兵衛は交渉準備の役を拝命、幕府役人とディアナ号の間を往復する。10月（和暦9月）、ディアナ号、「ウラー、タイショウ」と叫び、箱館を出帆。10月箱館の称名寺に監禁されていたが、帰宅を許される。	釈明書を取りにオホーツクへ帰還。8月松前奉行、ゴロヴニンたちに釈放を申し渡す。
一一	一八一四	46	3月日本出国の謹慎が解け、蝦夷地定雇船頭に復帰。妾腹の子嘉吉誕生。5月幕府から日露紛争解決の功により金五両を賜る。9月ゴロヴニン事件に関し、大坂町奉行の調べを受けるが、饗応される。12月特別指名により根室場所を請け負う。手船一八艘が淡路都志浦に集結、五〇〇人の船員が山高の船旗を振り、都志八幡神社に無事帰国成就のお礼の参拝。父弥吉一七回忌、母久利一三回忌の法要を営む。	
一二	一八一五	47		幕府、北辺防備を撤廃する。
一三	一八一六	48	根室場所、荒天続きで大損害を受ける。	リコルド著『対日折衝記』とゴロヴニン著『日本幽囚記』出版。

一四	一八一七			イギリス船、浦賀来航。
文政元	一八一八	50	6月つね死去。9月高田屋の家訓作成、長男弥吉が筆頭。病気療養のため都志へ帰る途中、江戸で絵師朗卿に肖像画を描かせる。	弟嘉蔵、嘉兵衛の無事帰国を感謝して、都志八幡神社随心門を建立・寄進する、弥吉の名前も見える。
二	一八一九	51		弟金兵衛が箱館尻沢辺海中の巨石（亀石）を屋敷に引かせ米銭を給与し、不漁による箱館付近の窮民を救済する。
四	一八二一	53	幕府の政策転換により蝦夷地定雇船頭を免ぜられ、手当てとして米七〇俵を賜る。	12月幕府、蝦夷地直轄支配をやめ、松前藩復領。
五	一八二二	54	2月大坂野田に別荘を建て、妻ふさを養生させる。10月箱館店を高田屋の本店とし、兵庫の西出町店、大坂の助右衛東詰西笹町店、江戸の八町掘店を支店とする。	10月弟金兵衛、松前藩御用達となり、苗字帯刀を許される。
六	一八二三	55	自費を投じ、都志本村と宮村に灌漑用の川池築造に際し費用のほとんどを拠出。	
七	一八二四	56	隠居する。	
八	一八二五	57	都志本村の新池築造を援助する。都志浦波戸の大防波堤修築工事に際し、全額負担を断られ、一〇年に	幕府、異国船打払令を出す。ゴロヴニンの『日本幽囚記』のオ

			わたり多額の寄付をする。	ランダ語訳からの邦訳『遭厄日本紀事』が完成。
九	一八二六	58	津名郡塩尾港改修工事に金一〇〇〇両を寄付。完成は五年後。高田屋港といわれた。領主蜂須賀侯から功労を賞されて、小高取格に取立てられ、苗字帯刀を許される。養子に出していた妾腹の子嘉吉に祝言を挙げさせ、二代目嘉兵衛を継がせる。	
一〇	一八二七	59	徳島城において阿波藩主蜂須賀侯に拝謁する。郷里で没す、法号は高誉院至徳唐貫居士、葬儀は長林寺にて執行、都志本村の茅生の隈に埋葬される。墓碑は多聞寺に建立。長男弥吉、死に目にあえず。	
一一	一八二八		2月ふさ、大坂で死去。	
天保二	一八三一			6月ゴロヴニン、死去。
三	一八三二			高田屋、ロシアと密貿易の嫌疑により松前藩の取調べを受ける。江戸に呼び出され、翌年にかけて幕府の取調べを受ける。
四	一八三三			高田屋は闕所となり、財産は没収される。
安政二	一八五五			3月リコルド死去。

文久　元	一八六一	宣教師ニコライが箱館に来日し、嘉兵衛の肖像画を遺族に贈る。
明治一三	一八八〇	太政大臣三条実美より追賞される。
一六	一八八三	農商大臣西郷従道より追賞される。
三九	一九〇六	淡路の邸宅跡に記念碑が建立される。
四四	一九一一	正五位が追賞される（最上徳内、近藤重蔵とともに）。
昭和六二	一九八七	レニングラードで函館高田屋の七代目嘉七氏がゴロヴニン七代目と再会をはたし、日露で話題になる。
平成　二	一九九九	淡路の五色町で函館高田屋七代目、ゴロヴニン七代目、リコルド六代目のチホツキーの三人が再会し、嘉兵衛の墓に参拝。
一八	二〇〇六	カムチャツカのナリツェヴォ国立公園にある山に、ゴロヴニン山、リコルド山とならんで、カヘイ峰の名前がつけられる。
二一	二〇〇九	高田屋嘉兵衛生誕二四〇周年を

	記念して、カムチャツカのペトロパヴロフスクでゴロヴニン、リコルド、嘉兵衛の子孫が再会。

＊ 作成にあたっては、島田清『高田屋嘉兵衛年譜』、高田屋嘉兵衛顕彰会編『高田屋嘉兵衛略年譜並関係主要事項』、高田屋嘉兵衛展実行委員会編『豪商 高田屋嘉兵衛』、高田屋顕彰館・歴史文化資料館編『高田屋嘉兵衛翁伝 嘉兵衛翁生誕二四〇周年記念版』等を参照した。

人名索引

あ 行

か 行

さ　行

た　行

な　行

は　行

ま　行

や　行

ら・わ行

事項索引

か　行

さ　行

は　行

ま・や行

ら・わ　行

《著者紹介》

生田美智子（いくた・みちこ）

1946年　生まれ。

1974年　大阪外国語大学大学院外国語学研究科ロシア語学専攻修士課程修了，2002年博士（言語文化学，大阪大学）。

現　在　大阪大学大学院言語文化研究科教授。

主　著　『大黒屋光太夫の接吻――異文化コミュニケーションと身体』平凡社，1997年。

『外交儀礼から見た幕末日露文化交流史――描かれた相互イメージ・表象』ミネルヴァ書房，2008年。

Japan and Russia: Three Centuries of Mutual Images（共著）Folkstone: Global Oriental, 2008.

ミネルヴァ日本評伝選

高《たか》田《だ》屋《や》嘉《か》兵《へ》衛《え》

――只天下のためを存おり候――

2012年3月10日　初版第1刷発行　〈検印省略〉

定価はカバーに
表示しています

著　者　生　田　美智子

発行者　杉　田　啓　三

印刷者　江　戸　宏　介

発行所　株式会社　ミネルヴァ書房

607-8494 京都市山科区日ノ岡堤谷町1
電話（075）581-5191（代表）
振替口座 01020-0-8076番

共同印刷工業・新生製本

ISBN978-4-623-06311-6

Printed in Japan

刊行のことば

歴史を動かすものは人間であり、興趣に富んだ人間の動きを通じて、世の移り変わりを考えるのは、歴史に接する醍醐味である。

しかし過去の歴史学を顧みるとき、人間不在という批判さえ見られたように、歴史における人間のすがたが、必ずしも十分に描かれてきたとはいえない。二十一世紀を迎えた今、歴史の中の人物像を蘇生させようとの要請はいよいよ強く、またそのための条件もしだいに熟してきている。

この「ミネルヴァ日本評伝選」は、正確な史実に基づいて書かれるのはいうまでもないが、単に経歴の羅列にとどまらず、歴史を動かしてきたすぐれた個性をいきいきとよみがえらせたいと考える。そのためには、対象とした人物とじっくりと対話し、ときにはきびしく対決していくことも必要になるだろう。

今日の歴史学が直面している困難の一つに、研究の過度の細分化、瑣末化が挙げられる。それは緻密さを求めるが故に陥った弊害といえるが、その結果として、歴史の大きな見通しが失われ、歴史学を通しての社会への働きかけの途が閉ざされ、人々の歴史への関心を弱める危険性がある。今こそ歴史が何のためにあるのかという、基本的な課題に応える必要があろう。評伝という興味ある方法を通じて、解決の手がかりを見出せないだろうかというのも、この企画の一つのねらいである。

狭義の歴史学の研究者だけでなく、多くの分野ですぐれた業績をあげている著者たちを迎えて、従来見られなかった規模の大きな人物史の叢書として、「ミネルヴァ日本評伝選」の刊行を開始したい。

平成十五年（二〇〇三）九月

ミネルヴァ書房

ミネルヴァ日本評伝選

企画推薦　梅原　猛　ドナルド・キーン　佐伯彰一　角田文衞

監修委員　上横手雅敬　芳賀　徹

編集委員　石川九楊　伊藤之雄　猪木武徳　今谷　明　今橋映子　熊倉功夫　佐伯順子　坂本多加雄　武田佐知子　竹西寛子　西口順子　兵藤裕己　御厨　貴

上代

*俾弥呼　古田武彦
日本武尊　西宮秀紀
仁徳天皇　若井敏明
雄略天皇　吉村武彦
*蘇我氏四代　遠山美都男
推古天皇　義江明子
聖徳太子　仁藤敦史
斉明天皇　武田佐知子
小野妹子・毛人　大橋信弥
*額田王　梶川信行
弘文天皇　遠山美都男
天武天皇　新川登亀男
持統天皇　丸山裕美子
阿倍比羅夫　熊田亮介
柿本人麻呂　古橋信孝
*元明天皇・元正天皇　渡部育子
聖武天皇　本郷真紹
光明皇后　寺崎保広
孝謙天皇　勝浦令子
藤原不比等　荒木敏夫
吉備真備　今津勝紀
*藤原仲麻呂　木本好信
道　鏡　吉川真司
大伴家持　和田　萃
行　基　吉田靖雄

平安

*桓武天皇　井上満郎
嵯峨天皇　西別府元日
宇多天皇　古藤真平
醍醐天皇　石上英一
村上天皇　京樂真帆子
花山天皇　上島　享
*三条天皇　倉本一宏
藤原薬子　中野渡俊治
小野小町　錦　仁
藤原良房・基経　瀧浪貞子
菅原道真　竹居明男
*紀貫之　神田龍身
源高明　所　功
*安倍晴明　斎藤英喜
藤原実資　橋本義則
*藤原道長　朧谷　寿
藤原伊周・隆家　倉本一宏
藤原定子　山本淳子
清少納言　後藤祥子
紫式部　竹西寛子
和泉式部　ツベタナ・クリステワ
大江匡房　小峯和明
阿弖流為　樋口知志
坂上田村麻呂　熊谷公男
*源満仲・頼光　元木泰雄
平将門　西山良平
藤原純友　寺内　浩
空　海　頼富本宏
最　澄　吉田一彦
*空　也　石井義長
奝　然　上川通夫
*源　信　小原　仁
後白河天皇　美川　圭
式子内親王　奥野陽子
建礼門院　生形貴重
藤原秀衡　入間田宣夫
平時子・時忠　元木泰雄
平維盛　根井　浄
守覚法親王　阿部泰郎
藤原隆信・信実　山本陽子

鎌倉

源頼朝　川合　康
*源義経　近藤好和
源実朝　神田龍身
後鳥羽天皇　五味文彦
九条兼実　村井康彦
九条道家　上横手雅敬
北条時政　野口　実
熊谷直実　佐伯真一
*北条政子　関　幸彦
北条義時　岡田清一
曾我十郎・五郎　杉橋隆夫
北条時宗　近藤成一
安達泰盛　山陰加春夫
平頼綱　細川重男
竹崎季長　堀本一繁
西　行　光田和伸
藤原定家　赤瀬信吾
*京極為兼　今谷　明
*兼　好　島内裕子
重　源　横内裕人
*運　慶　根立研介
快　慶　井上一稔

法然 今堀太逸
慈円 大隅和雄
明恵 西山厚
親鸞 末木文美士
恵信尼・覚信尼 西口順子
覚如 今井雅晴
道元 船岡誠
叡尊 細川涼一
*忍性 松尾剛次
*日蓮 佐藤弘夫
一遍 蒲池勢至
夢窓疎石 田中博美
*宗峰妙超 竹貫元勝

南北朝・室町

後醍醐天皇 上横手雅敬
護良親王 新井孝重
赤松氏五代 渡邊大門
*北畠親房 岡野友彦
楠正成 兵藤裕己
*新田義貞 山本隆志
光厳天皇 深津睦夫
足利尊氏 市沢哲
佐々木道誉 下坂守
円観・文観 田中貴子
足利義詮 早島大祐

足利義満 川嶋將生
足利義持 吉田賢司
足利義教 横井清
大内義弘 平瀬直樹
伏見宮貞成親王 松薗斉
山名宗全 山本隆志
日野富子 脇田晴子
世阿弥 西野春雄
雪舟等楊 河合正朝
宗祇 鶴崎裕雄
*満済 森茂暁
一休宗純 原田正俊
蓮如 岡村喜史

戦国・織豊

北条早雲 家永遵嗣
毛利元就 岸田裕之
毛利輝元 光成準治
*今川義元 小和田哲男
*武田信玄 笹本正治
*武田勝頼 笹本正治
*真田氏三代 笹本正治
三好長慶 天野忠幸
*宇喜多直家・秀家 渡邊大門
*上杉謙信 矢田俊文

島津義久・義弘 福島金治
吉田兼倶 西山克
山科言継 松薗斉
*雪村周継 赤澤英二
織田信長 三鬼清一郎
豊臣秀吉 藤井讓治
*北政所おね 田端泰子
*淀殿 福田千鶴
*黒田如水 小和田哲男
前田利家 東四柳史明
蒲生氏郷 藤田達生
*細川ガラシャ 田端泰子
伊達政宗 伊藤喜良
*支倉常長 田中英道
ルイス・フロイス エンゲルベルト・ヨリッセン
*長谷川等伯 宮島新一
顕如 神田千里

江戸

徳川家康 笠谷和比古
徳川家光 野村玄
徳川吉宗 横田冬彦
*後水尾天皇 久保貴子
光格天皇 藤田覚
崇伝 杣田善雄

春日局 福田千鶴
池田光政 倉地克直
シャクシャイン 岩崎奈緒子
*田沼意次 藤田覚
*二宮尊徳 小林惟司
末次平蔵 岡美穂子
*高田屋嘉兵衛 生田美智子
林羅山 鈴木健一
吉野太夫 渡辺憲司
中江藤樹 辻本雅史
山崎闇斎 澤井啓一
山鹿素行 前田勉
*北村季吟 島内景二
貝原益軒 辻本雅史
松尾芭蕉 楠元六男
*ケンペル B・M・ボダルト＝ベイリー
荻生徂徠 柴田純
*雨森芳洲 上田正昭
石田梅岩 高野秀晴
前野良沢 松田清
平賀源内 石上敏
本居宣長 田尻祐一郎
杉田玄白 吉田忠
上田秋成 佐藤深雪
木村蒹葭堂 有坂道子

*大田南畝 沓掛良彦
菅江真澄 赤坂憲雄
*鶴屋南北 諏訪春雄
良寛 阿部龍一
*山東京伝 佐藤至子
*滝沢馬琴 高田衛
平田篤胤 山下久夫
シーボルト 宮坂正英
本阿弥光悦 岡佳子
小堀遠州 中村利則
狩野探幽・山雪 山下善也
尾形光琳・乾山 河野元昭
*二代目市川團十郎 田口章子
与謝蕪村 佐々木丞平
伊藤若冲 狩野博幸
鈴木春信 小林忠
円山応挙 佐々木正子
*佐竹曙山 成瀬不二雄
葛飾北斎 岸文和
酒井抱一 玉蟲敏子
孝明天皇 青山忠正
*和宮 辻ミチ子
徳川慶喜 大庭邦彦
島津斉彬 原口泉

*古賀謹一郎　小野寺龍太
*栗本鋤雲　小野寺龍太
塚本明毅　塚本　学
*月　性　海原　徹
*吉田松陰　海原　徹
*高杉晋作　海原　徹
ペリー　遠藤泰生
オールコック　佐野真由子
アーネスト・サトウ　奈良岡聰智
緒方洪庵　米田該典
冷泉為恭　中部義隆

近代

*明治天皇　伊藤之雄
*大正天皇　F・R・ディキンソン
*昭憲皇太后・貞明皇后　小田部雄次
大久保利通　三谷太一郎
山県有朋　鳥海　靖
木戸孝允　落合弘樹
井上　馨　伊藤之雄
*松方正義　室山義正
北垣国道　小林丈広
板垣退助　小川原正道
長与専斎　笠原英彦
大隈重信　五百旗頭薫
伊藤博文　坂本一登
井上　毅　大石　眞
井上　勝　老川慶喜
*桂　太郎　小林道彦
渡辺洪基　瀧井一博
*乃木希典　佐々木英昭
林　董　君塚直隆
*児玉源太郎　小林道彦
*高宗・閔妃　木村　幹
山本権兵衛　室山義正
高橋是清　鈴木俊夫
小村寿太郎　簑原俊洋
*犬養　毅　小林惟司
加藤高明　櫻井良樹
加藤友三郎・寛治　麻田貞雄
牧野伸顕　小宮一夫
田中義一　黒沢文貴
内田康哉　高橋勝浩
石井菊次郎　廣部　泉
平沼騏一郎　堀田慎一郎
宇垣一成　北岡伸一
宮崎滔天　榎本泰子
*浜口雄幸　川田　稔
幣原喜重郎　西田敏宏
関　一　玉井金五
水野広徳　片山慶隆
広田弘毅　井上寿一
安重根　上垣外憲一
*グルー　廣部　泉
*永田鉄山　森　靖夫
東條英機　牛村　圭
今村　均　前田雅之
蔣介石　劉　岸偉
石原莞爾　山室信一
木戸幸一　波多野澄雄
*岩崎弥太郎　武田晴人
伊藤忠兵衛　末永國紀
五代友厚　田付茉莉子
大倉喜八郎　村上勝彦
*安田善次郎　由井常彦
渋沢栄一　武田晴人
山辺丈夫　宮本又郎
武藤山治　阿部武司・桑原哲也
西原亀三　森川正則
小林一三　橋爪紳也
大倉恒吉　石川健次郎
大原孫三郎　猪木武徳
*河竹黙阿弥　今尾哲也
イザベラ・バード　加納孝代
*林　忠正　木々康子
森　鷗外　小堀桂一郎
二葉亭四迷　ヨコタ村上孝之
夏目漱石　佐々木英昭
巌谷小波　千葉信胤
樋口一葉　佐伯順子
島崎藤村　十川信介
泉　鏡花　東郷克美
有島武郎　亀井俊介
永井荷風　川本三郎
北原白秋　平石典子
菊池　寛　山本芳明
宮澤賢治　千葉一幹
正岡子規　夏石番矢
高浜虚子　坪内稔典
与謝野晶子　佐伯順子
*種田山頭火　村上　護
*斎藤茂吉　品田悦一
*高村光太郎　湯原かの子
萩原朔太郎　エリス俊子
原阿佐緒　秋山佐和子
*狩野芳崖・高橋由一　古田　亮
竹内栖鳳　北澤憲昭
黒田清輝　高階秀爾
中村不折　石川九楊
横山大観　高階秀爾
*橋本関雪　西原大輔
小出楢重　芳賀　徹
土田麦僊　天野一夫
岸田劉生　北澤憲昭
松旭斎天勝　川添　裕
中山みき　鎌田東二
佐田介石　谷川　穣
ニコライ　中村健之介
出口なお・王仁三郎　川村邦光
島地黙雷　阪本是丸
*新島　襄　太田雄三
木下広次　冨岡　勝
嘉納治五郎　クリストファー・スピルマン
津田梅子　田中智子
*澤柳政太郎　新田義之
河口慧海　高山龍三
山室軍平　室田保夫
大谷光瑞　白須淨眞
*久米邦武　高田誠二
フェノロサ　伊藤　豊
三宅雪嶺　長妻三佐雄
*岡倉天心　木下長宏
志賀重昂　中野目徹
徳富蘇峰　杉原志啓

竹越與三郎　西田　毅
内藤湖南・桑原隲蔵　礪波　護
岩村　透　今橋映子
西田幾多郎　大橋良介
金沢庄三郎　石川遼子
上田　敏　及川　茂
柳田国男　鶴見太郎
厨川白村　張　競
大川周明　山内昌之
西田直二郎　林　淳
折口信夫　斎藤英喜
九鬼周造　粕谷一希
辰野　隆　金沢公子
シュタイン　瀧井一博
*西　周　清水多吉
*福澤諭吉　平山　洋
福地桜痴　山田俊治
田口卯吉　鈴木栄樹
*陸　羯南　松田宏一郎
黒岩涙香　奥　武則
宮武外骨　山口昌男
*吉野作造　田澤晴子
野間清治　佐藤卓己
山川　均　米原　謙
岩波茂雄　十重田裕一
*北　一輝　岡本幸治
中野正剛　吉田則昭

満川亀太郎　福家崇洋
杉　亨二　速水　融
*北里柴三郎　福田眞人
田辺朔郎　秋元せき
*南方熊楠　飯倉照平
寺田寅彦　金森　修
石原　純　金子　務
J・コンドル　鈴木博之
辰野金吾　河上真理・清水重敦
*七代目小川治兵衛　尼崎博正
ブルーノ・タウト　北村昌史

現代

昭和天皇　御厨　貴
高松宮宣仁親王　後藤致人
*李方子　小田部雄次
吉田　茂　中西　寛
マッカーサー　柴山　太
石橋湛山　増田　弘
重光　葵　武田知己
市川房枝　村井良太
*池田勇人　藤井信幸

高野　実　篠田　徹
和田博雄　庄司俊作
朴正熙　木村　幹
竹下　登　真渕　勝
*松永安左エ門　橘川武郎
鮎川義介　井口治夫
出光佐三　橘川武郎
松下幸之助　米倉誠一郎
渋沢敬三　井上　潤
*本田宗一郎　伊丹敬之
井深　大　武田　徹
佐治敬三　小玉　武
幸田家の人々　金井景子
*正宗白鳥　大嶋　仁
大佛次郎　福島行一
*川端康成　大久保喬樹
*薩摩治郎八　小林　茂
松本清張　杉原志啓
安部公房　成田龍一
*三島由紀夫　島内景二
R・H・ブライス　菅原克也
金素雲　林　容澤
柳　宗悦　熊倉功夫

バーナード・リーチ　鈴木禎宏
イサム・ノグチ　酒井忠康
川端龍子　岡部昌幸
藤田嗣治　林　洋子
*井上有一　海上雅臣
*手塚治虫　竹内オサム
山田耕筰　後藤暢子
古賀政男　藍川由美
*吉田　正　金子　勇
武満　徹　船山　隆
*力道山　岡村正史
*西田天香　宮田昌明
安倍能成　中根隆行
サンソム夫妻　平川祐弘・牧野陽子
和辻哲郎　小坂国継
矢代幸雄　稲賀繁美
石田幹之助　岡本さえ
*平泉　澄　若井敏明
安岡正篤　片山杜秀
島田謹二　小林信行
前嶋信次　杉田英明
保田與重郎　谷崎昭男
福田恆存　川久保剛
井筒俊彦　安藤礼二
佐々木惣一　松尾尊兊

*瀧川幸辰　伊藤孝夫
矢内原忠雄　等松春夫
福本和夫　伊藤　晃
*フランク・ロイド・ライト　大久保美春
大宅壮一　有馬　学
今西錦司　山極寿一

*は既刊
二〇一二年三月現在